중국어 핵심문형 99

주지평(朱志平) 이성우(李晟宇) 복학봉(伏学凤) 이나(李娜) 공저

중국어 핵심문형 99

초판인쇄 2010년 7월 30일
1판 2쇄 2015년 10월 5일

저자	朱志平 李晟宇 伏学凤 李娜
펴낸이	엄태상
펴낸곳	(주)시사중국어사
등록일자	1988년 2월 13일
등록번호	제1 - 657호
주소	서울시 종로구 자하문로 300 시사빌딩
전화	주문문의 (02) 3676 - 0808
	내용문의 (02) 3671 - 0542
팩스	(02) 747 - 1945
홈페이지	book.chinasisa.com
이메일	sisachinabook@hanmail.net

* 이 교재의 내용을 사전 허가없이 전재하거나 복제할 경우 법적인 제재를 받게 됨을 알려 드립니다.
* 잘못된 책은 구입하신 서점이나 본사에서 교환해 드립니다.
* 정가는 표지에 표시되어 있습니다.

머리말

〈중국어 핵심문형 99〉는 북경사범대학교 한어문화학원 연구항목 "화제 및 문형의 연구"의 성과 중 하나이다. 저자는 모두 중국어 교육 일선에 계신 선생님들이다. 이렇게 다년간 중국어 교육에 몸 담고 계신 선생님들께서 아래의 몇 가지 문제를 발견했다.

첫째, 중국어 학습자들은 자신들이 배운 문법 지식을 어떤 상황에서 써야 하는지 모르는 경우가 많다. 게다가 지금 나와있는 중국어 교재들이 제공하는 내용들은 한계가 있으며, 많은 교사들이 짧은 시간 안에 어법의 사용 상황, 특성, 유의 사항들을 알려주기에는 무리가 없지 않다.
예를 들어, "你是学生吗？(당신은 학생입니까)"라는 이 문장은 상대방의 신분에 대해 물을 때도 사용한다. 문장 안에 사용된 "是"에 강세를 주고 읽을 때는 상대방의 신분에 대해 묻는 것으로, 이 부분의 미묘한 차이를 학생들은 어려워 할 수밖에 없다. 두 가지 조건에 따라서 난이도가 다른데 교재에서는 이런 부분까지 다루기 어렵다. 당연히 일선에서 교사들이 이 부분에 대한 설명을 자세히 해주지 못하는 경우도 없지 않다.

둘째, 학습자들이 어떤 어법을 익힌 후, 막상 사용을 할 때는 그것을 이용하여 완성된 문장을 만들 수 없다는 것이다. 예를 들어, "我对这本书感兴趣。"라고 말해야 하는 것을 흔히 "我感兴趣这本书。"라고 틀리게 사용한다. 이렇게 잘못된 표현을 사용하는 원인은 "感兴趣"를 일반적인 타동사로 보기 때문이고, 다른 하나는 많은 학습자들이 "对……感兴趣"를 하나의 완전한 문형으로 생각하지 않는다는 데 있다. 한자는 한 글자 한 글자가 각각의 뜻을 가지고 그것으로 문장을 만든다는 특징이 있는데 이런 차이를 문장이나 단문에서 학습자들이 발견한다는 것은 쉽지 않은 일이다.
학습자들이 느끼는 이런 어려운 문제들을 해결하고 싶은 일선의 교사로서 느끼는 책임 의식으로 우리는 이 책에 학습자들이 반드시 알아야 할 문법적인 지식과 사용 시 유의해야 할 점을 실었다.
이 교재의 기본적인 구성은, 각 문형들의 뜻과 기능에 대해 분류를 했으며 연관이 있는 기능들은 한대에 묶고 각 상황에 대해 좀 더 세분화시켰다. 또한 각 문형 예문들은 일상생활에서 가장 많이 사용되는 것들로 되어 있다.

〈중국어 핵심문형 99〉에서는 학습자들의 필요에 따라 필요한 부분을 펼쳐 궁금한 부분을 그때그때 해결할 수 있게 되어 있는 점도 하나의 특징이라 할 수 있다.
아무쪼록 이 교재가 여러분의 중국어 학습에 많은 도움이 되기를 바라면서 모두에게 좋은 결과가 있기를 바란다.

지은이
2010년 7월

이 책을 효과적으로 활용하는 방법

● 다양한 상황을 책 한 권으로 경험하기!

일상생활에서 부딪힐 수 있는 다양한 상황을 설정하였고 그 상황에서 많이 쓰이는 문장을 어법을 중심으로 하여 일목요연하게 정리해 놓았습니다. 이 책을 공부하는 학습자를 배려한 자세한 설명은 차근차근 읽어나감과 동시에 이해가 가능하여 효율적인 학습이 가능합니다. 중국어가 어렵다고 느끼시는 분들이 공부하기에는 최고의 책입니다.

● 문장구조 익히기!

자연스러운 중국어를 구사하기 위해서 가장 기본적으로 익혀야 할 것은 문장의 구조를 파악하는 것입니다. 예를 들면 '나는 밥을 먹었다.' 즉, '주어 + 목적어 + 동사'의 구조를 이루고 있는 문장은 완전한 문장이라 할 수 있습니다. 그러나 '밥을 나는 먹었다.'와 같이 '목적어 + 주어+ 동사'의 구조를 이루는 문장은 그 대강의 뜻을 짐작할 수는 있지만 결코 옳은 문장이라고 할 수 없습니다.

따라서 본 책에서는 중국어의 이러한 문장 구조를 어법 설명을 통해 풀어놓음으로써 학습자들이 좀 더 효율적이고 체계적으로 중국어 문장을 배울 수 있도록 하였습니다.

● 풍부한 예문 100% 활용하기!

정확하고 완전한 어법실력을 쌓으셨다면 예문을 활용하여 배운 내용을 완벽히 습득하는 것도 굉장히 중요합니다. 문장의 구조를 익히고, 예문을 따라 읽으며, 눈과 귀와 입에 익을 때까지 반복적으로 꾸준히 학습한다면 중국어 실력이 쑥쑥 향상되어 있는 자신의 모습을 느끼실 수 있을 겁니다.

● 연습문제를 통한 문제풀이 능력 향상!

앞에서 배운 내용에 근거하여 연습문제를 풀어봄으로써 반복을 통한 학습이 가능하도록 하였습니다. 단어를 바꾸어가며 말하고 연습하는 문제, 묻고 답하기 문제, 문장 만들기 문제 등을 통해서 문장 구조를 완벽하게 이해하고 반복적으로 학습한다면 중국어 학습에서 좋은 성과를 얻으실 수 있을 겁니다.

중국어 공부 잘하는 방법

1. 정확한 발음은 중국어 학습의 기본 중에 기본

아무리 유창한 중국어를 구사하더라도 발음이 정확하지 않으면 중국인다운 중국어를 구사할 수 없습니다. 이건 어느 외국어를 배우든지 마찬가지입니다. 발음이 가장 기본이 된다는 것! 꼭 기억하세요!

2. 기본적인 문장 구조의 이해

정확한 발음과 풍부한 단어량을 보유하고 있는 수준 높은 실력자라 하더라도 문장의 구조를 이해하지 못한다면 꿀 먹은 벙어리가 될 수 있습니다. 가장 기초적인 문장부터 하나하나 이어나가세요. 그러다 보면 아무리 긴 문장도 술술 구사할 수 있습니다.

3. 이 세상에 존재하는 모든 단어 마스터하기

머릿속에 하고 싶은 말이 많이 떠오를 때, 사소한 궁금증이 생길 때 문득 이 궁금증을 해소하기 위해 무슨 말이든지 꺼내고 싶지만, 단어를 모르면 아무 것도 말할 수도, 아무 것도 들을 수도 없습니다. 외국어를 배울 때 마지막 승부수를 띠울 수 있는 것, 그것은 바로 풍부한 어휘량입니다.

4. 꾸준히 반복하기

문장을 완벽하게 이해했지만 반복하지 않는다면 완전한 내 것으로 만들 수 없습니다. 이미 배운 문장 구조이지만, 이미 아는 뜻이지만 계속해서 보고, 듣고, 읽고, 쓰고를 반복하다 보면 한국어만큼이나 친근한 중국어를 느낄 수 있습니다. 욕심내지 말고 하루에 한 문장씩 시작해 보세요.

5. 문장을 통으로 외우기

머리로는 이해가 되지만 입으로는 시원스레 나오지 않는 것이 외국어입니다. 하루에 한 문장씩, 자신감이 생기면 3~4 문장씩 그 양을 늘려가며 천천히 외워보세요. 처음에는 쉽지 않지만 인내심을 가지고 하다 보면 분명 좋은 성과를 낼 수 있을 겁니다.

중국어 학습에서 좋은 성과를 얻으시기를 바랍니다.

차례

1. 문의하기

- Unit 1   시간을 물을 때 · 12
- Unit 2   장소를 물을 때 · 16
- Unit 3   수량을 물을 때 · 21
- Unit 4   성질과 상태에 대해 물을 때 · 26
- Unit 5   원인과 이유에 대해 물을 때 · 31
- Unit 6   의견에 대해 물을 때 · 35
- Unit 7   느낌을 물을 때 · 38
- Unit 8   동작이나 행위의 발생 여부를 물을 때 · 42
- Unit 9   동작이나 행위의 대상에 대해 물을 때 · 46
- Unit 10 동작이나 행위의 진행 방식에 대해 물을 때 · 50
- Unit 11 동작이나 행위의 주체나 사물의 소속에 대해 물을 때 · 53
- Unit 12 일정한 특징을 가진 사람이나 사물에 대해 물을 때 · 57
- Unit 13 어디에 무엇이 있는지 물을 때 · 61

2. 추측과 검증하기

- Unit 14 사람의 이름을 추측할 때 · 66
- Unit 15 사람의 신분을 추측할 때 · 70
- Unit 16 사람의 이력을 추측할 때 · 74
- Unit 17 시간을 추측할 때 · 78
- Unit 18 장소에 대해 추측할 때 · 82
- Unit 19 구체적 사물을 추측할 때 · 86
- Unit 20 일에 대하여 추측할 때 · 90
- Unit 21 사물의 성질, 특징, 역할(기능) 및 수량에 대해 추측할 때 · 95
- Unit 22 다른 사람의 감정에 대해 추측할 때 · 99
- Unit 23 행위나 동작의 방식을 추측할 때 · 104
- Unit 24 행위나 동작을 발생시킨 이유나 목적에 대해 추측할 때 · 108
- Unit 25 사물의 소속에 대해 추측할 때 · 112
- Unit 26 두 대상 간의 공통점의 유무를 추측할 때 · 116
- Unit 27 어떤 장소에 누가 혹은 무엇이 있는지 추측할 때 · 122

3. 확인하기

Unit 28 이름을 확인할 때 · 128
Unit 29 신분을 확인할 때 · 131
Unit 30 이력을 확인할 때 · 134
Unit 31 시간을 확인할 때 · 137
Unit 32 장소를 확인할 때 · 140
Unit 33 구체적인 사물을 확인할 때 · 143
Unit 34 사건을 확인할 때 · 146
Unit 35 사물의 성질, 특징, 작용을 확인할 때 · 149
Unit 36 과거에 발생한 행위나 동작을 확인할 때 · 153
Unit 37 생각이나 사고를 통한 선택을 확인할 때 · 156
Unit 38 어떤 사람이나 사물의 공통점을 확인할 때 · 159
Unit 39 어떤 장소에 어떤 물건이 있는지 확인할 때 · 162
Unit 40 사물의 소속(소유)관계를 확인할 때 · 165
Unit 41 범위를 확인할 때 · 168

4. 서술하기

Unit 42 곧 발생할 행위동작을 서술할 때 · 174
Unit 43 현재 진행 중인 동작을 서술할 때 · 178
Unit 44 과거에 이미 발생한 동작을 서술할 때 · 181
Unit 45 한쪽이 다른 한쪽에 의해 진행되는 동작을 서술할 때 · 186
Unit 46 한쪽의 행동이 다른 한쪽의 동작에 도움을 줌을 서술할 때 · 191
Unit 47 쌍방이 공통으로 진행하는 행위나 동작을 서술할 때 · 194
Unit 48 두 사람 혹은 여러 사람이 같은 동작을 하는 것을 서술할 때 · 198
Unit 49 다른 사람에게 미치는 동작의 대상을 서술할 때 · 201
Unit 50 혼자 진행하는 동작을 서술할 때 · 204
Unit 51 소식의 근원을 서술할 때 · 208
Unit 52 원치 않지만 반드시 하게 되는 동작을 서술할 때 · 211
Unit 53 어떤 사람이 사람, 일, 물건에 대한 의견을 서술할 때 · 214

5. 묘사하기 I

- Unit 54 동작의 조건을 묘사할 때 · 220
- Unit 55 동작의 결과를 묘사할 때 · 224
- Unit 56 동작의 가능성을 묘사할 때 · 231
- Unit 57 동작의 수량이나 시간을 묘사할 때 · 234
- Unit 58 동작의 방향을 묘사할 때 · 239
- Unit 59 동작의 목적을 묘사할 때 · 249

6. 묘사하기 II

- Unit 60 사람이나 사물의 성질과 상태를 묘사할 때 · 254
- Unit 61 내적인 감정을 묘사할 때 · 260
- Unit 62 내적인 바람이나 희망을 묘사할 때 · 266
- Unit 63 동시에 진행되는 동작을 묘사할 때 · 269

7. 부정(긍정)

- Unit 64 현재 진행 중이거나 이미 진행된 행위를 부정할 때 · 274
- Unit 65 시간을 부정할 때 · 278
- Unit 66 방향과 장소를 부정할 때 · 281
- Unit 67 행위나 동작의 방식을 부정할 때 · 284
- Unit 68 행위나 동작의 목적을 부정할 때 · 287
- Unit 69 어떤 사람이 어떤 물건을 소유하고 있음을 부정할 때 · 290
- Unit 70 부정과 동시에 정정할 때 · 293

8. 찬성(반대)

- Unit 71 찬성이나 반대를 할 때 · 298

9. 제안(조언)

- Unit 72 제안이나 조언을 할 때 · 304
- Unit 73 부정적인 제안이나 조언을 할 때 · 309

10. 평가하기

- Unit 74 긍정적으로 평가할 때 · 314
- Unit 75 부정적으로 평가할 때 · 317
- Unit 76 이성적으로 평가할 때 · 321

11. 비교하기

- Unit 77 두 사물 간에 공통점이 있는지의 여부를 비교할 때 · 326
- Unit 78 두 사물 중에 어느 한 쪽이 뛰어남을 나타낼 때 · 331
- Unit 79 두 사물 간에 큰 차이가 없음을 나타낼 때 · 335

12. 강조하기

- Unit 80 시간을 강조할 때 · 342
- Unit 81 방향과 장소를 강조할 때 · 345
- Unit 82 행위나 동작의 방식을 강조할 때 · 348
- Unit 83 목적을 강조할 때 · 351
- Unit 84 사물의 수량이나 행위, 동작의 횟수가 전혀 없음을 강조할 때 · 354
- Unit 85 반드시 해야 하는 행위나 동작을 강조할 때 · 357
- Unit 86 어떤 상태가 전혀 존재하지 않음을 강조할 때 · 360
- Unit 87 어떤 사람, 사건, 사물의 특징이 일반적인 정도를 벗어났음을 강조할 때 · 363
- Unit 88 발생할 수 없거나 발생하지 말아야 할 상황을 강조할 때 · 367

13. 변화하기   Unit 89 변화를 나타낼 때 · 372

14. 시간의 지속과 공간의 확대   Unit 90 시간의 지속과 공간의 확대 · 378

15. 관계

- Unit 91 조건의 관계를 나타낼 때 · 384
- Unit 92 가정의 관계를 나타낼 때 · 389
- Unit 93 인과관계를 나타낼 때 · 392
- Unit 94 병렬적 관계를 나타낼 때 · 395
- Unit 95 전환의 관계를 나타낼 때 · 398
- Unit 96 순차적 관계를 나타낼 때 · 401
- Unit 97 열거의 관계를 나타낼 때 · 406
- Unit 98 점층의 관계를 나타낼 때 · 412
- Unit 99 양보의 관계를 나타낼 때 · 416

1. 문의하기

　문의의 쓰임은 다양하다. 예를 들면 시간, 장소, 수량, 성질과 형태, 원인, 의견, 느낌 등을 묻거나 행위나 동작의 발생 여부, 행위나 동작의 대상, 행위나 동작의 진행 방식, 행위와 동작의 주체 또는 물건의 대해 물을 수 있으며 어떠한 특징을 갖춘 사람이나 사물에 대해 묻거나 어디에 무엇이 있는지에 대해서도 물을 수 있다.
　문의의 내용과 방식에 있어 다양한 형식으로 동일한 내용의 질문을 할 수 있는 반면 한가지 방식으로 서로 다른 내용의 질문을 할 수도 있다. 그러나 구체적인 상황에서는 그 질문 내용에 가장 적합한 형식이 있기 마련이다.

Unit 1		시간을 물을 때
Unit 2		장소를 물을 때
Unit 3		수량을 물을 때
Unit 4		성질과 상태에 대해 물을 때
Unit 5		원인과 이유에 대해 물을 때
Unit 6		의견에 대해 물을 때
Unit 7		느낌을 물을 때
Unit 8		동작이나 행위의 발생 여부를 물을 때
Unit 9		동작이나 행위의 대상에 대해 물을 때
Unit 10		동작이나 행위의 진행 방식에 대해 물을 때
Unit 11		동작이나 행위의 주체나 사물의 소속에 대해 물을 때
Unit 12		일정한 특징을 가진 사람이나 사물에 대해 물을 때
Unit 13		어디에 무엇이 있는지 물을 때

Unit 1 시간을 물을 때

01 명사(구)+几点(号, 月)?

현재의 시간, 어떠한 사건이 발생한 시간 등 구체적인 시간을 물을 때 자주 사용된다. 시각을 물을 때 "几点, 几号, 几月"라고 하며 날짜인 "星期"를 물을 때는 "星期几"라고 한다. 때로는 "是"를 사용해 강조의 뜻을 나타내기도 한다.

예
- 现在(是)几点？ (지금(은) 몇시야?)
  Xiànzài (shì) jǐ diǎn?

- 今天(是)几号？ (오늘은(이) 며칠이야?)
  Jīntiān (shì) jǐ hào?

- 今天(是)星期几？ (오늘은(이) 무슨 요일이야?)
  Jīntiān (shì) xīngqī jǐ?

02 명사(구)/대사+동사+哪年(月, 日, 星期, 天)(+동사구)?

일정한 범위 내에서의 시간에 대한 선택 즉 구체적인 연, 월, 일이나 요일을 물을 때 사용된다. ❶ 哪年(月, 日, 星期, 天)앞에 사람이나 기관 등 명사가 와서 누가 언제 무엇을 하는지에 대해 문의한다. ❷ 哪年(月, 日, 星期, 天)앞에 사람이나 사물을 나타내는 명사가 와서 수동적 의미의 질문에 사용된다. ❸ 哪年(月, 日, 星期, 天)앞에는 생일이나 명절 등 특별한 날을 나타내는 명사를 사용하여 그 특별한 날이 언제인지 묻는다. 이런 경우 "명사구+是哪天(哪个月, 哪个星期, 哪年)" 또는 "명사구+在哪天(哪个月, 哪个星期, 哪年)" 형식을 취한다.

예
- 您要哪天的机票？ (당신은 며칠 날짜의 항공권을 원하세요?)
  Nín yào nǎ tiān de jīpiào?

- 这座桥是哪年建造的？ (이 다리는 언제 세워졌나요?)
  Zhè zuò qiáo shì nǎ nián jiànzào de?

- 你的生日在哪个星期？ (너의 생일은 몇째 주이니?)
  Nǐ de shēngrì zài nǎ ge xīngqī?

03 명사(구)/대사+是+几点(号, 月)/哪年(月, 日, 星期, 天)+동사(구)+的?

"是"와 "的" 사이에 의문사를 끼워 넣어 시간에 대해 문의하는 문형을 만들 수 있다. 이 경우에 언급되는 시간은 일반적으로 이미 발생한 과거이다.

예
- 您是几点离开的？ (당신은 몇 시에 떠났나요?)
  Nín shì jǐ diǎn líkāi de?

- 您是哪年来这个城市的？ (당신은 어느 해에 이 도시에 왔나요?)
  Nín shì nǎ nián lái zhè ge chéngshì de?

- 您是星期几通知小李的？ (당신은 몇 요일에 이 씨에게 알렸나요?)
  Nín shì xīngqī jǐ tōngzhī Xiǎo Lǐ de?

04 명사(구)/대사+什么时候+동사(구)?

시간을 물을 때 자주 사용된다. "什么时候" 뒤에는 일반적으로 동사구가 온다.

예
- 我什么时候可以吃冰激凌？ (저는 언제 아이스크림을 먹을 수 있나요?)
  Wǒ shénme shíhou kěyǐ chī bīngjīlíng?

- 他们什么时候上班？ (그들은 언제 출근하나요?)
  Tāmen shéme shíhou shàngbān?

- 我们什么时候去秋游？ (우리는 언제 가을 소풍을 갑니까?)
  Wǒmen shénme shíhou qù qiūyóu?

Unit 1 연습문제

1 아래의 단어를 이용하여 바꿔 말해보세요.

(1) 星期天 几点(号)?

今天
现在
明天

(2) 你的生日 在(是)哪天?

母亲节
春节
会议

(3) 妈妈 是 星期几去 的?

他
老师
姐姐

几点上班
哪年回国
星期几走

(4) 我们 什么时候 去北京 ?

您
他们
哥哥

有时间
去买书
结婚

2 아래의 대화를 완성하세요.

(1) A : _____?

B : 我早上六点起床。

(2) A : _____?

B : 我的生日是6月1号。

(3) A : _____?

B : 他是1998年开始学习汉语的。

(4) A : _____?

　　B : 我们学校7月15号放假。

(5) A : _____?

　　B : 我最喜欢星期五。

3　단어를 이용하여 문장을 만들어 보세요.

(1) 星期几, 你, 考试

→ _____?

(2) 今天, 下课, 几点, 我们

→ _____?

(3) 什么时候, 你们, 放假

→ _____?

(4) 去美国, 是, 的, 几号, 你

→ _____?

(5) 在哪天, 生日, 爸爸的

→ _____?

Unit 1 시간을 물을 때　15

Unit 2 장소를 물을 때

01 명사(구)/대사+在哪里(哪儿)?

사람이나 사물이 어디에 있는지 문의할 때 사용하거나 장소의 위치를 물을 때 사용한다. "在+哪里(哪儿)" 앞에는 일반적으로 사람이나 사물을 나타내는 명사(구)나 대사가 온다. 구어체에서는 "哪里" 대신 "哪儿"을 사용한다.

예
- 小张在哪里(哪儿)? (장 군은 어디에 있나요?)
  Xiǎo Zhāng zài nǎli (nǎr)?

- 我的词典在哪里(哪儿)? (내 사전은 어디에 있지?)
  Wǒ de cídiǎn zài nǎli (nǎr)?

- 办公室在哪里(哪儿)? (사무실은 어디인가요?)
  Bàngōngshì zài nǎli (nǎr)?

02 명사(구)/대사+동사+哪里(哪儿)?

행위나 동작의 목적지를 문의할 때 사용된다. 이 경우 "동사구+哪里(哪儿)" 앞에는 사람을 나타내는 단어가 오고 동사구에는 "去, 到" 등의 단어가 사용되며 "哪里(哪儿)"은 장소를 나타낸다.

예
- 你去哪里(哪儿)? (너는 어디 가니?)
  Nǐ qù nǎli (nǎr)?

- 我们去哪里(哪儿)? (우리는 어디에 갑니까?)
  Wǒmen qù nǎli (nǎr)?

- 他到了哪里(哪儿)? (그는 어디에 도착했나요?)
  Tā dàole nǎli (nǎr)?

03 명사/대사+동사(구)+在哪里(哪儿)?

행위나 동작의 목적지 혹은 동작이 발생한 장소를 문의할 때 사용된다. 이때 동사는 일반적으로 "放, 住" 등이며 동사 앞에는 사람이나 사물을 가리키는 명사나 대사가 온다. 동사 앞에 오는 사람이나 사물이 행위의 주체가 되는 경우가 있는가 하면 그렇지 않은 경우도 있다. 동사 앞에 오는 사람이나 사물이 행위의 주체가 아닌 경우 그 행위나 동작은 동사 앞에 오는 사람이나 사물을 지배하게 된다.

예
- 杯子放在哪里(哪儿)? (컵은 어디에 놓여 있나요?)
  Bēizi fàng zài nǎli (nǎr)?

- 照片摆在哪里(哪儿)? (사진은 어디에 진열되어 있나요?)
  Zhàopiàn bǎi zài nǎli (nǎr)?

- 我们坐在哪里(哪儿)? (우리는 어디에 앉을까요?)
  Wǒmen zuò zài nǎli (nǎr)?

04 哪里(哪儿)+동사(구)/명사(구)?

특징을 가진 장소나 물건을, 문의하거나 찾을 때 사용된다. 이 경우 "哪里(哪儿)" 뒤에는 형용사나 동사가 와서 "哪"의 특징을 설명해 준다.

예
- 哪里(哪儿)有这种书? (어디에 이런 책이 있어?)
  Nǎli (nǎr) yǒu zhè zhǒng shū?

- 哪里(哪儿)卖北京烤鸭? (어디서 베이징 오리구이를 팔아?)
  Nǎli (nǎr) mài Běijīng kǎoyā?

- 哪里(哪儿)有地铁站? (어디에 지하철역이 있니?)
  Nǎli (nǎr) yǒu dìtiězhàn?

05 명사(구)/대사+从哪里(哪儿)来?
　　　到哪里(哪儿)去?

사람이나 사물의 출처나 행방을 문의할 때 사용된다. "从"이나 "到" 앞에는 사람이나 사물을 나타내는 명사나 대사가 온다.

예
- 您从哪里(哪儿)来? (당신은 어디에서 왔나요?)
  Nín cóng nǎli (nǎr) lái?

- 王小明从哪里(哪儿)来? (왕소명은 어디에서 왔나요?)
  Wáng Xiǎomíng cóng nǎli (nǎr) lái?

- 您到哪里(哪儿)去? (당신은 어디로 가나요?)
  Nín dào nǎli (nǎr) qù?

06 명사(구)/대사+呢?

어떤 사람이나 사물이 존재하는 장소를 문의할 때 사용된다. "呢" 앞에는 사람이나 사물을 나타내는 명사나 대사가 온다.

예
- 小李呢? / 他在图书馆。 (이 군은요? / 그는 도서관에 있어요.)
  Xiǎo Lǐ ne?　Tā zài túshūguǎn.

- 我的帽子呢? / 在衣架上。 (내 모자는요? / 옷걸이에 걸려 있어요.)
  Wǒ de màozi ne?　Zài yījià shang.

- 钥匙呢? / 在我这儿。 (열쇠는? / 나한테 있어.)
  Yàoshi ne?　Zài wǒ zhèr.

Unit 2 연습문제

1 아래의 단어를 이용하여 바꿔 말해보세요.

(1) 你的房间 在哪里(哪儿)?

王老师
汉语课本
卫生间

(2) 这件衣服 放在哪里(哪儿)?

词典
杯子
箱子

(3) 哪里(哪儿) 卖便宜的衣服 ?

卖烤鸭
有电话
产苹果

(4) 王老师 呢?

我的钱包
我的照片
电视

2 아래의 대화를 완성하세요.

(1) A : _____?

B : 英语老师的办公室在二楼。

(2) A : _____?

B : 我现在去图书馆。

(3) A : _____?

B : 我住在学校东门外边。

(4) A: ?

B: 超市里卖便宜的水果。

(5) A: ?

B: 周末我去图书馆了。

3 단어를 이용하여 문장을 만들어 보세요.

(1) 教室, 哪里, 在

→ ?

(2) 我的, 呢, 衣服

→ ?

(3) 便宜的, 卖, 水果, 哪里

→ ?

(4) 作业, 哪里, 放在

→ ?

(5) 从, 你, 哪里, 来

→ ?

Unit 3 수량을 물을 때

01-1 명사(구)/대사+동사(구)+几+명량사+명사?

사람과 사물의 수량을 물을 때 사용되며 이때 "个, 只, 条, 本" 등 명사적 단위양사가 사용된다.

예
- 教室里有几个学生？(교실에 학생이 몇 명 있나요?)
  Jiàoshì li yǒu jǐ ge xuésheng?

- 你买了几本书？(너는 책을 몇 권 샀니?)
  Nǐ mǎile jǐ běn shū?

- 你买了几个苹果？(너는 사과를 몇 개 샀니?)
  Nǐ mǎile jǐ ge píngguǒ?

- 一年有几个月？(1년은 몇 개월이니?)
  Yì nián yǒu jǐ ge yuè?

- 你来北京几个月了？(너는 베이징에 온 지 몇 개월 됐니?)
  Nǐ lái Běijīng jǐ ge yuè le?

01-2 명사(구)/대사+동사(구)+几+동량사+명사?

동작과 행위의 횟수를 물을 때 사용되며 "次, 遍, 回, 趟, 下儿" 등 동량사가 사용된다. "几+동량사"는 일반적으로 동사 뒤에서 보어로 사용된다.

예
- 你读了几遍课文？(너는 본문을 몇 번 읽었니?)
  Nǐ dúle jǐ biàn kèwén?

- 你来过几次长城？(너는 만리장성에 몇 번 와 봤니?)
  Nǐ láiguo jǐ cì Chángchéng?

- 你跑了几趟医院？(너는 병원에 몇 번 가봤니?)
  Nǐ pǎole jǐ tàng yīyuàn?

02-1 명사구/대사(+동사구)+多少(+명량사)+명사(구)?

위 두 문형은 물건이나 시간에 대한 수량을 문의할 때 사용된다. 때로는 "多少本(书), 多少杯(酒)" 등과 같이 명사를 사용하지 않을 수도 있다. 시간을 문의할 때는 "多少天, 多少年, 多少分钟, 多少小时"처럼 직접 시간명사를 사용하기도 한다. 또한 "多少书, 多少水, 多少苹果"처럼 명량사를 생략하는 경우도 있다.

예
- 你来北京多少天了？ (너는 베이징에 온 지 며칠이 되었니?)
  Nǐ lái Běijīng duōshao tiān le?

- 教室里有多少人？ (교실에 사람이 얼마나 있나요?)
  Jiàoshì li yǒu duōshao rén?

- 你买了多少(个)苹果？ (너는 사과를 얼마나 샀니?)
  Nǐ mǎile duōshao (ge) píngguǒ?

02-2 명사(구)/대사+동사구+多少+동량사(+명사(구))?

명사구+동사구+多少+동량사(+명사구)는 동작이 발생한 횟수를 물을 때 사용하며, 동량사에는 "次, 遍, 趟" 등이 있다.

예
- 你去过多少趟(上海)？ (너 (상하이에) 몇 번이나 가봤니?)
  Nǐ qùguo duōshao tàng (Shànghǎi)?

- 她读了多少遍(这本小说)？ (그녀는 (이 책을) 몇 번이나 읽었나요?)
  Tā dúle duōshao biàn (zhè běn xiǎoshuō)?

- 他们听了多少次？ (그들은 몇 번이나 들었나요?)
  Tāmen tīngle duōshao cì?

Unit 3 수량을 물을 때

03-1 명사(구)+동사(구)+多少+명사(구)?

수량을 문의할 때 사용된다. "多少" 앞에는 일반적으로 시간, 장소, 사물을 가리키는 명사가 온다. 때로는 "买多少斤"처럼 동사 뒤에 "多少"가 오는 경우도 있다. 가격에 대해 물을 때에는 일반적으로 "명사구+多少钱?"의 형식을 취한다.

예
- 这件衣服多少钱? (이 옷은 얼마에요?)
  Zhè jiàn yīfu duōshao qián?

- 你的公司有多少人? (네 회사에는 [직원이] 몇 명 있니?)
  Nǐ de gōngsī yǒu duōshao rén?

- 昨天来了多少客人? (어제 몇 명의 손님이 왔나요?)
  Zuótiān láile duōshao kèren?

03-2 명사(구)/대사+多+형용사?

나이, 면적, 길이, 너비, 무게, 두께, 거리 등을 물을 때 사용된다. 일반적으로 "大(크다), 高(높다), 长(길다), 重(무겁다), 宽(넓다), 厚(두텁다), 远(멀다)" 등의 형용사가 사용된다.

예
- 你多大了? (너는 몇 살이니?)
  Nǐ duō dà le?

- 他多高? (그는 키가 얼마나 되나요?)
  Tā duō gāo?

- 那个箱子多重? (그 박스는 얼마나 무거운가요?)
  Nà ge xiāngzi duō zhòng?

연습문제

1 아래의 단어를 이용하여 바꿔 말해보세요.

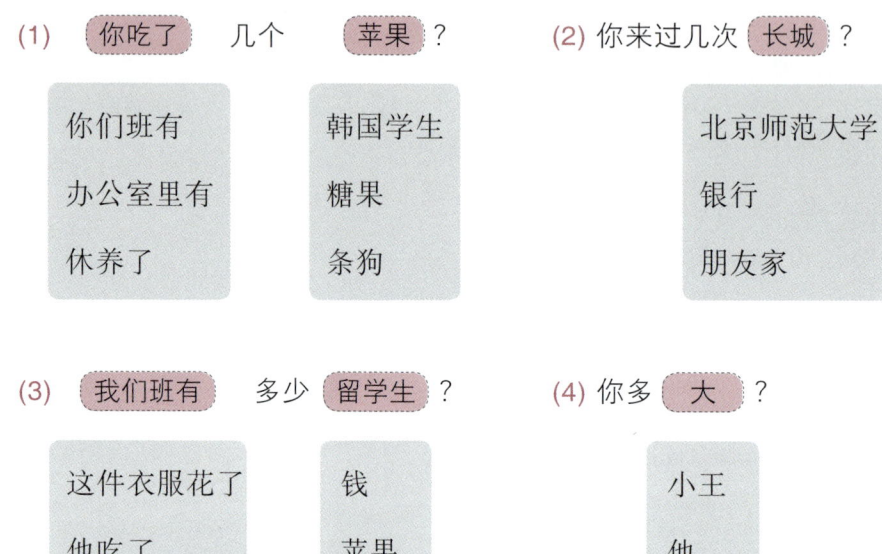

(1) 你吃了 几个 苹果？

你们班有	韩国学生
办公室里有	糖果
休养了	条狗

(2) 你来过几次 长城？

| 北京师范大学 |
| 银行 |
| 朋友家 |

(3) 我们班有 多少 留学生？

这件衣服花了	钱
他吃了	苹果
来了	人

(4) 你多 大？

| 小王 |
| 他 |
| 箱子 |

2 아래의 대화를 완성하세요.

(1) A：　　　　　　　　　　　　　　　　　　　　？

　　B：我们班有<u>五位老师</u>。

(2) A：　　　　　　　　　　　　　　　　　　　　？

　　B：今年二月有<u>28天</u>。

(3) A：　　　　　　　　　　　　　　　　　　　　？

　　B：今天的作业有<u>五道题</u>。

(4) A : _____?

　　B : 从我家到学校坐车需要一个小时。

(5) A : _____?

　　B : 我只吃过一次中国菜。

3 단어를 이용하여 문장을 만들어 보세요.

(1) 吃了, 几个, 香蕉, 你

→ _____?

(2) 医院, 去过, 你, 几次

→ _____?

(3) 有, 教室里, 多少, 学生

→ _____?

(4) 烤鸭, 吃过, 你, 几次

→ _____?

(5) 你的, 多, 高, 爸爸

→ _____?

성질과 상태에 대해 물을 때

01 명사(구)/대사+동사(구)+什么+명사(구)?

동작이나 행위의 대상이 어떤 특징을 갖고 있는지를 질문할 때 사용된다. 이때 "什么+명사(구)"는 뒤에 오는 명사(구)의 형태, 종류, 특징을 물을 때 사용한다.

예
- 您喝什么酒？ (당신은 무슨 술을 마십니까?)
  Nín hē shénme jiǔ?

- 你买什么衣服？ (너는 무슨 옷을 샀니?)
  Nǐ mǎi shénme yīfu?

- 他要买什么书？ (그는 무슨 책을 사려고 하나요?)
  Tā yào mǎi shénme shū?

02 명사구+多+형용사?

사물의 부피, 길이, 면적, 높이, 거리 및 사람의 나이 등을 물어볼 때 쓰인다. "多" 뒤에는 일반적으로 "大(크다), 高(높다), 远(멀다), 长(길다), 重(무겁다)" 등의 형용사를 사용한다.

예
- 这个运动员多高？ (이 운동선수는 [키가] 얼마나 큰가요?)/(이 운동선수의 키는 얼마인가요?)
  Zhè ge yùndòngyuán duō gāo?

- 这根绳子多长？ (이 끈은 얼마나 긴가요?)/(이 끈의 길이는 얼마인가요?)
  Zhè gēn shéngzi duō cháng?

- 这个房间多大？ (이 방은 얼마나 큰가요?)/(이 방의 크기는 얼마나 되나요?)
  Zhè ge fángjiān duō dà?

03 명사구+형용사+不+형용사?

사람, 일, 사물의 성질, 특징, 상태를 물어볼 때 쓰인다. "형용사+不+형용사"의 두 형용사는 일반적으로 같은 단어를 사용한다.

예
- 北京的夏天热不热？(베이징의 날씨는 덥니 덥지 않니?)
  Běijīng de xiàtiān rè bu rè?

- 你住的地方远不远？(네가 살고 있는 곳은 머니 멀지 않니?)
  Nǐ zhù de dìfang yuǎn bu yuǎn?

- 市中心热闹不热闹？(도심은 번화한가요 번화하지 않은가요?)
  Shì zhōngxīn rènao bu rènao?

04 명사(구)₁/대사₁+동사구, 명사(구)₂/대사₂+呢?

한 가지 일에 대해 상대방의 상황을 물을 때 사용된다. "명사(구)₁+동사구"는 명사(구)₁의 상황에 대한 설명이며, "명사(구)₂呢？"는 명사(구)₁과 같은 조건에서 명사(구)₂가 어떤지를 물어보는 것이다.

예
- 纽约现在天气很热，北京呢？(뉴욕은 지금 아주 더운데, 베이징은 어떻니?)
  Niǔyuē xiànzài tiānqì hěn rè, Běijīng ne?

- 我先走了，你呢？(나 먼저 갈게, 너는?)
  Wǒ xiān zǒu le, nǐ ne?

- 这个周末，我打算去郊游，你们呢？
  Zhè ge zhōumò, wǒ dǎsuan qù jiāoyóu, nǐmen ne?
  (이번 주말에 나는 교외로 소풍을 갈 예정인데, 너희들은?)

05 명사구+怎么样?

사람, 사물이나 어떤 일에 대한 상황을 물어볼 때 쓰인다. "怎么样" 앞에는 일반적으로 명사나 명사구가 온다.

예
- 今天天气**怎么样**? (오늘 날씨는 어떤가요?)
  Jīntiān tiānqì zěnmeyàng?

- 最近，妈妈的身体**怎么样**? (요즘 엄마의 건강은 어떠시니?)
  Zuìjìn, māma de shēntǐ zěnmeyàng?

- 您这次考试**怎么样**? (당신은 이번 시험을 어떻게 봤나요?)
  Nín zhè cì kǎoshì zěnmeyàng?

연습문제

1 아래의 단어를 이용하여 바꿔 말해보세요.

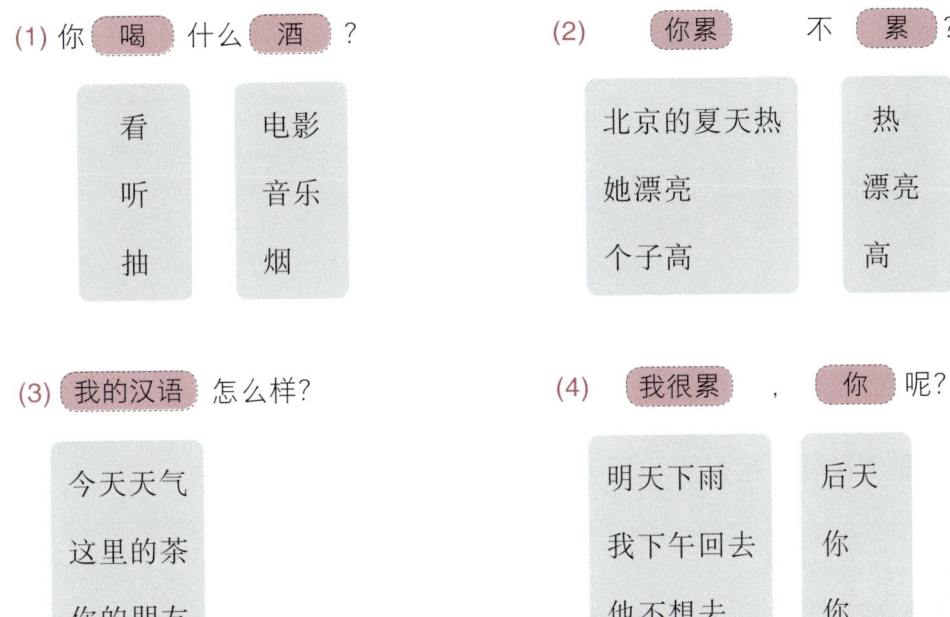

2 아래의 대화를 완성하세요.

(1) A : _____?

　　 B : 我买韩汉字典。

(2) A : _____?

　　 B : 我家离学校3,000米。

(3) A : _____?

　　 B : 北京的夏天很热。

(4) A : ?

　　B : 我现在学习很忙。

(5) A : ?

　　B : 我的汉语不太好。

3　단어를 이용하여 문장을 만들어 보세요.

(1) 菜, 你, 什么, 吃

→ ?

(2) 教室, 我们的, 大, 多

→ ?

(3) 你的, 聪明, 姐姐, 不聪明

→ ?

(4) 喜欢, 我, 中国菜, 呢, 你

→ ?

(5) 我的, 口语, 怎么样

→ ?

Unit 5 원인과 이유에 대해 물을 때

01 명사(구)/대사+怎么(+동사/형용사)了?

사람이나 사물에 평소와 다른 변화가 생겨, 그 변화의 원인에 대해 물을 때 사용한다. "怎么" 앞에는 사람, 장소를 나타내는 명사가 오고 "怎么" 뒤에는 동사나 형용사가 온다. "명사(구)+怎么了?"는 사람이나 사물이 어떤 장소에서 어떤 일이나 문제가 발생했는지를 문의할 때 사용한다. "怎么" 뒤에 동사가 오면 그 사람이 그 행동을 하게 된 이유에 대해 묻는 질문이 되고, "怎么" 뒤에 형용사가 오면 사람이나 사물 또는 장소가 그러한 성격이나 형태를 갖추게 된 이유에 대해 묻는 질문이 된다.

예
- 你怎么了? (너는 어떻게 된 거니?)
  Nǐ zěnme le?

- 你怎么睡觉了? (너는 어떻게 잠이 든 거니?)
  Nǐ zěnme shuìjiào le?

- 电脑怎么坏了? (컴퓨터가 왜 고장 났나요?)
  Diànnǎo zěnme huài le?

02 명사(구)/대사+怎么+동사구?

사람이나 사물의 이상한 점을 발견하고 그 원인에 대해 질문할 때 사용한다. "怎么" 앞에는 대개 동작이나 행위의 주체가 오며 일반적으로 사람을 나타내는 명사이고, "怎么" 뒤에는 동작이나 행동을 나타내는 동사가 온다.

예
- 这么漂亮的房子怎么没有厕所? (이렇게 예쁜 집에 왜 화장실이 없지?)
  Zhème piàoliang de fángzi zěnme méiyǒu cèsuǒ?

- 天气怎么变热了? (날씨가 왜 이렇게 더워진 거지?)
  Tiānqì zěnme biàn rè le?

- 你怎么买这么多东西? (넌 왜 이렇게 물건을 많이 사니?)
  Nǐ zěnme mǎi zhème duō dōngxi?

03 명사(구)/대사+为什么+동사(구)?
为什么+명사(구)/대사+동사(구)?
명사(구)/대사+동사구, 为什么?

위 세 문형은 현재 상황을 발생시킨 원인에 대해 물어볼 때 사용된다. "为什么" 앞에는 일반적으로 명사가 오고 뒤에는 동사나 짧은 문장이 온다. "为什么" 뒤에 긴 구문이 오는 경우, 구문을 먼저 나열하고 나서 문장의 맨 뒤 끝에 "为什么"를 단독으로 사용할 수 있다.

예
- 你为什么来晚了？(너 왜 이렇게 늦게 왔어?)
  Nǐ wèishénme lái wǎn le?

- 为什么你这几天总是迟到？(요 며칠 너 왜 계속 지각이야?)
  Wèishénme nǐ zhè jǐ tiān zǒngshì chídào?

- 他还没来，为什么？(그는 아직도 오지 않았어, 무슨 일이지?)
  Tā hái méi lái, wèishénme?

연습문제

1 아래의 단어를 이용하여 바꿔 말해보세요.

(1) 你的电话 怎么了?

你
你的眼睛
你的衣服

(2) 小王刚才怎么 笑 了?

哭
睡着
生气

(3) 为什么你 上课总是说话 ?

今天没有上课
没有交作业
说话不算数

(4) 你为什么 来晚了 ?

昨天没去
又来了
跑走了

2 아래의 대화를 완성하세요.

(1) A : _____?

B : 因为这部电影有意思，所以我喜欢。

(2) A : 你看起来不太高兴，怎么了?

B : _____。

(3) A : 昨天你为什么没有来上课?

B : _____。

(4) A : ?

　　B : 因为猪肉对我的身体不好。

(5) A : 已经8点了，张老师怎么没来上课?

　　B : 　　　　　　　　　　　　　　　　　。

3　단어를 이용하여 문장을 만들어 보세요.

(1) 你的, 怎么, 衣服, 了

→ ?

(2) 刚才, 你, 站起来, 了, 怎么

→ ?

(3) 这么, 难, 汉语, 怎么

→ ?

(4) 今天, 没有, 你, 吃, 早饭, 为什么

→ ?

(5) 为什么, 今天, 你, 不休息, 星期天

→ ?

의견에 대해 물을 때

01 동사구+怎么样?

어떤 일에 대해 화자가 먼저 자신의 견해를 밝힌 후 상대방의 의견을 물을 때 사용한다. 이때 "怎么样" 앞에는 일반적으로 동사구가 온다.

예
- 周末我们一起去野餐怎么样? (이번 주말에 우리 야외에서 식사하는 게 어때?)
  Zhōumò wǒmen yìqǐ qù yěcān zěnmeyàng?

- 再来两瓶啤酒怎么样? (맥주 두 병 더 시키는 게 어때?)
  Zài lái liǎng píng píjiǔ zěnmeyàng?

- 我穿这件衣服去参加舞会怎么样? (내가 이 옷을 입고 무도회에 가는 게 어때?)
  Wǒ chuān zhè jiàn yīfu qù cānjiā wǔhuì zěnmeyàng?

02 명사(구)/대사+동사구+还是+명사구/동사구?

상대방에게 선택의 여지를 제공하고 그에 대한 상대방의 의견을 구할 때 사용한다. 일반적인 경우, "还是" 앞에는 짧은 문장이나 동사 구문이 오고 뒤에는 명사(구)나 동사(구)가 와서 선택의 결과를 문의한다. 선택의 대상은 행위일 수도 있고 판단일 수도 있으며 답할 때에는 "还是"를 사용하지 않는다.

예
- 你吃饺子还是吃包子? (너 물만두 먹을래 아니면 호빵 먹을래?)
  Nǐ chī jiǎozi háishi chī bāozi?

- 您要这件(衣服)还是那件(衣服)? (당신 이 옷 입을래요 아니면 저 옷 입을래요?)
  Nín yào zhè jiàn (yīfu) háishi nà jiàn (yīfu)?

- 我们先去买衣服还是先去买饮料? (우리 먼저 옷 사러 갈까 아니면 음료수 사러 갈까?)
  Wǒmen xiān qù mǎi yīfu háishi xiān qù mǎi yǐnliào?

연습문제

1 아래의 단어를 이용하여 바꿔 말해보세요.

(1) 我们今天 去买衣服 怎么样?

去长城
吃烤鸭
去理发

(2) 晚上一起去看电影 怎么样?

我们一起去图书馆
我们一起散步
我们一起去打球

(3) 你 喝茶 还是 喝啤酒 ?

看电影　　听音乐
打篮球　　踢足球
去河边儿　爬山

2 아래의 대화를 완성하세요.

(1) A : _____?

B : 看电影是个好主意。

(2) A : _____?

B : 红色的没有蓝色的好看。

(3) A : _____?

B : 我更喜欢学汉语。

(4)　A：明天考完试，我们去唱歌还是跳舞？

　　　B：

(5)　A：美国电影好看还是法国电影好看？

　　　B：

3 단어를 이용하여 문장을 만들어 보세요.

(1) 怎么样, 我们, 今天, 游泳, 去

→ ?

(2) 一起, 我们, 学习, 怎么样

→ ?

(3) 喝茶, 你, 还是, 喝啤酒

→ ?

(4) 坐飞机, 去, 上海, 我们, 坐火车, 还是

→ ?

(5) 跳舞, 一起, 我们, 怎么样

→ ?

Unit 7 느낌을 물을 때

01 명사(구)/대사/동사(구)+怎么样?

상대방이나 다른 사람의 느낌이나 생각에 대해 물을 때 사용된다. 대부분의 경우, "怎么样" 앞에는 "명사(구) 혹은 동사(구)"가 온다.

예
- 你怎么样? (넌 어떠니?)
  Nǐ zěnmeyàng?

- 他今天怎么样? (그는 오늘 어떤가요?)
  Tā jīntiān zěnmeyàng?

- 您的感觉怎么样? (당신의 느낌은 어떤가요?)
  Nín de gǎnjué zěnmeyàng?

02 명사/대사+对+명사(구)/동사(구)+感(不感)/有(没有)+兴趣?

한 사람이 모종의 사물이나 일에 대해 좋아하는지 여부를 물을 때 사용한다. "명사+对+명사(구)/동사(구)+感/有+兴趣吗"에서 "对" 앞에는 사람을 나타내는 명사가 오고 뒤에는 명사, 동사 또는 짧은 문장이 와서 그 사람이 좋아하거나 싫어하는 대상을 문의한다. 이 때 "感兴趣吗"는 "有兴趣吗"로도 질문 가능하며 부정은 "不感兴趣"나 "没有兴趣"로 나타낼 수 있다. 이 밖에 "명사+对+명사(구)/동사(구)+感不感/有没有+兴趣"의 정반의문문 형식으로도 질문할 수 있다.

예
- 小李对武术有兴趣吗? (이 군은 무술에 관심이 있나요?)
  Xiǎo Lǐ duì wǔshù yǒu xìngqù ma?

- 你对做菜感不感兴趣? (너는 요리하는 것을 좋아하니 싫어하니?)
  Nǐ duì zuò cài gǎn bu gǎn xìngqù?

- 对有关明星的新闻，你有没有兴趣? (너는 스타 관련 뉴스에 관심이 있니 없니?)
  Duì yǒuguān míngxīng de xīnwén, nǐ yǒu méiyǒu xìngqù?

03 명사(구)₁+对+명사(구)₂+的印象怎么样?
  명사(구)₂+给+명사(구)₁+的印象怎么样?
  명사(구)₂+给+명사(구)₁+留下(一种)什么样的印象?

어떤 사람이 장소, 사물, 사람에 대한 그 사람의 느낌이 어떠한지를 물을 때 사용된다. 받은 느낌에 대해 강조하여 질문할 때는 "명사(구)₁+对+명사(구)₂+的印象怎么样"을 사용하고 느낌을 준 사물, 장소, 사람에 대하여 강조하여 물을 때는 "명사(구)₂+给+명사(구)₁+的印象怎么样" 또는 "명사(구)₂+给+명사(구)₁+留下(一种)什么样的印象"을 사용한다. "对" 앞에는 일반적으로 사람을 나타내는 명사(구)가 오며 "对" 뒤나 "给" 앞에는 사람이나 사물을 나타내는 명사(구)가 주로 오거나 동사나 짧은 문장이 오기도 한다. 답변은 주로 "好(좋다), 不好(나쁘다), 深刻(깊은 인상을 남겼다)" 등의 형용사로 하며 동사로 답변하는 경우도 가끔 있다.

예
- 小李对北京的印象怎么样? (베이징에 대한 이 군의 인상은 어땠나요?)
  Xiǎo Lǐ duì Běijīng de yìnxiàng zěnmeyàng?

- 北京给小李的印象怎么样? (베이징은 이 군에게 어떤 느낌이었나요?)
  Běijīng gěi Xiǎo Lǐ de yìnxiàng zěnmeyàng?

- 北京给小李留下了什么样的印象? (베이징은 이 군에게 어떤 인상을 남겼나요?)
  Běijīng gěi Xiǎo Lǐ liúxià le shénmeyàng de yìnxiàng?

연습문제

1 아래의 단어를 이용하여 바꿔 말해보세요.

(1) 你 今天 怎么样?

你觉得
你身体
你心情

(2) 你对 汉语 感兴趣吗?

电影
京剧
乒乓球

(3) 你对 北京 的印象怎么样?

王老师
小李的爸爸
那个农场

(4) 你对 看电影 有没有兴趣?

小王
去香山
西餐

2 아래의 대화를 완성하세요.

(1) A : _____?

B : 今天天气不错。

(2) A : _____?

B : 我对中国历史很感兴趣。

(3) A : _____?

B : 我对做饭没有兴趣。

(4) A: _____?

　　B: 李老师对小王的印象不好。

(5) A: 北京大学给你的印象怎么样?

　　B: _____。

3　단어를 이용하여 문장을 만들어 보세요.

(1) 你, 怎么样, 现在

　　→ _____?

(2) 汉语, 你, 对, 感兴趣, 吗

　　→ _____?

(3) 中国画, 你, 对, 有没有, 兴趣

　　→ _____?

(4) 上海, 的印象, 你, 对, 怎么样

　　→ _____?

(5) 留下了, 什么样, 的印象, 王老师, 给, 你

　　→ _____?

동작이나 행위의 발생 여부를 물을 때

01 명사/대사+동사+不/没+동사 (구)(+명사)?

위 문형은 두 가지 의미를 가진다. 첫째, 동작이나 행위의 현재 진행 여부 또는 향후 발생 여부를 물을 때 사용된다. "동사+不+동사"에서 두 동사는 동일한 단어로 장래에 발생하게 될 동작이나 습관적이고 일상적인 동작 또는 일부 심리상태를 나타내는 동사이다. 첫 번째 동사 앞에는 주로 명사나 대사가 오며 두 번째 동사 뒤에는 주로 명사가 오나 때로는 동사나 짧은 문장이 오는 경우도 있다.

예
- 你去不去？ (너 갈거니 안 갈거니?)
  Nǐ qù bu qù?

- 你买不买书？ (너 책 살거야 안 살거야?)
  Nǐ mǎi bu mǎi shū?

- 你去不去邮局？ (너 우체국에 갈 거야 안 갈 거야?)
  Nǐ qù bu qù yóujú?

02 명사/대사+동사+没+동사+过+명사 (구)+동사구?

둘째, 동작이나 행위가 이미 발생했는지를 물을 때 사용된다. 대개의 경우 동사 "有"가 사용되며 행위가 이미 존재했는지를 질문한다. 일반적으로 동사 뒤에 "过"를 붙인다.

예
- 你有没有去过上海？ (너는 상하이에 가본 적이 있니 없니?)
  Nǐ yǒu méiyǒu qùguo Shànghǎi?

- 你吃没吃过北京烤鸭？ (너는 베이징 오리구이를 먹어본 적이 있니 없니?)
  Nǐ chī méi chīguo Běijīng kǎoyā?

- 你想没想过毕业以后在北京找工作？
  Nǐ xiǎng méi xiǎngguo bìyè yǐhòu zài Běijīng zhǎo gōngzuò?
  (너는 졸업 후 베이징에 가서 직장을 구하는 일을 생각해본 적이 있니 없니?)

03 명사(구)/대사(+曾经)+동사+过+명사(구)/동사구+吗?

행위나 동작이 이미 경과 또는 종결되었는지 여부를 물을 때 사용된다. 긍정문 또는 의문문에서는 "曾经(벌써, 일찍이)"을 사용할 수도 생략할 수도 있다. 부정형식은 "没有+동사+过(……)"이며 "曾经"은 사용하지 않는다. "曾经"앞에는 사람을 가리키는 단어가 오며 "过"뒤에는 주로 명사가 온다.

예
- 你曾经去过长城吗? (너는 [일찍이] 만리장성에 가본 적이 있니?)
  Nǐ céngjīng qùguo Chángchéng ma?

- 你学过包饺子吗? (너는 [일찍이] 만두 빚는 것을 배운 적이 있니?)
  Nǐ xuéguo bāo jiǎozi ma?

- 她曾经看过那个电影吗? (그녀는 [일찍이] 그 영화를 본 적이 있나요?)
  Tā céngjīng kànguo nà ge diànyǐng ma?

Unit 8 연습문제

1 아래의 단어를 이용하여 바꿔 말해보세요.

(1) 你吃没吃过 饺子 ?

烤鸭
广东菜
烧烤

(2) 你曾经去过 法国 吗?

少林寺
上海
北京

(3) 你没学过 中文歌 吗?

京剧
汉语
羽毛球

(4) 你有没有去过 韩国 ?

美国
首尔
广州

2 아래의 대화를 완성하세요.

(1) A :   ?

　　B : 今天我不去上课。

(2) A :   ?

　　B : 今年他不出国。

(3) A :   ?

　　B : 我从来没有去过北京。

(4) A : _____ ?

　　B : 我曾经去过美国。

(5) A : _____ ?

　　B : 我没学过日语。

3　단어를 이용하여 문장을 만들어 보세요.

(1) 去不去, 你, 银行

→ _____ ?

(2) 中国菜, 你, 吃没吃过

→ _____ ?

(3) 曾经, 你, 去过, 九寨沟, 吗

→ _____ ?

(4) 曾经, 你, 在北京, 住过, 吗

→ _____ ?

(5) 中国画, 你, 学过, 没, 吗

→ _____ ?

동작이나 행위의 대상에 대해 물을 때

01 명사(구)/대사+동사(구)+什么(+명사(구))?

행위나 동작의 대상이 무엇인지를 질문할 때 사용된다. 동사구에는 다양한 동사가 올 수 있고 "什么"는 동작의 대상이다. 동사구 앞에는 주로 명사나 대사가 오며 "什么" 뒤에는 명사가 온다.

예
- 您喝点什么(酒)? (당신은 어떤 술을 마시겠습니까?)
  Nín hē diǎn shénme (jiǔ)?

- 您打算买什么(衣服)? (당신은 어떤 옷을 살 예정입니까?)
  Nín dǎsuan mǎi shénme (yīfu)?

- 今天晚上吃什么(菜)? (오늘 저녁 어떤 요리를 드시겠습니까?)
  Jīntiān wǎnshang chī shénme (cài)?

02 명사(구)/대사+동사+什么好?

주로 "무엇을 해야 하는지" 의견을 구할 때 사용된다. 즉, 무엇을 하면 합당한지 문의하는 것을 말한다. 이때 동사 앞에는 일반적으로 명사(구)가 오며 "什么"는 동작의 대상을 나타낸다.

예
- 我和他第一次见面, 说什么好? (나와 그는 초면인데 무슨 이야기를 하면 좋을까요?)
  Wǒ hé tā dì yī cì jiànmiàn, shuō shénme hǎo?

- 今天晚饭吃什么好? (오늘 저녁에 무엇을 먹으면 좋을까요?)
  Jīntiān wǎnfàn chī shénme hǎo?

- 我送什么好? (나는 무엇을 선물해야 좋을까요?)
  Wǒ sòng shénme hǎo?

03 명사/대사+동사(구)+谁(什么, 哪儿)?

동작이나 행위의 대상을 물을 때 사용된다. 동사(구) 앞에는 명사나 대사가 온다.

예
- 您找谁? (당신은 누구를 찾으세요?)
  Nín zhǎo shéi?

- 您住在哪儿? (당신은 어디 사세요?)
  Nín zhù zài nǎr?

- 您要哪一个? (당신은 어느 것을 원하세요?)
  Nín yào nǎ yí ge?

Unit 9 연습문제

1 아래의 단어를 이용하여 바꿔 말해보세요.

(1) 你 [打算学] 什么?

中午吃
下午做
在商店买

(2) [今天我有空儿], [做] 什么好?

我要去故宫
今天我们
明天我们

坐
吃
看

(3) 你 [要问] 谁?

要找
正在想
最喜欢

(4) 太多了, 你说 [穿] 什么好?

吃
看
拿

2 아래의 대화를 완성하세요.

(1) A :   ?

B : 我想喝点红酒。

(2) A :   ?

B : 他想买牛仔裤。

(3) A :   ?

B : 送给他一本书吧。

(4) A : ?

　　B : 第一次见面就谈谈天气吧。

(5) A : ?

　　B : 我要红色的那件。

3 단어를 이용하여 문장을 만들어 보세요.

(1) 要, 你, 什么, 做

→ ?

(2) 听, 我们, 什么, 好

→ ?

(3) 谁, 你, 要, 告诉

→ ?

(4) 哪儿, 现在, 你, 去

→ ?

(5) 什么, 看, 正在, 你

→ ?

동작이나 행위의 진행 방식에 대해 물을 때

01 (동사(구)/명사(구)/대사+)怎么+동사(구)?

행위나 동작이 완성되는 방식과 방법에 대해 문의할 때 사용된다. 일반적으로 "怎么" 앞에는 동작의 주체를 나타내는 단어가 오는데 주로 사람을 나타내는 명사이다. "怎么" 뒤에는 동작이나 행위를 나타내는 단어가 오며 주로 동사가 온다.

예
- 怎么去机场？ (공항에는 어떻게 가나요?)
  Zěnme qù jīchǎng?

- 去图书馆怎么走？ (도서관은 어떻게 가나요?)
  Qù túshūguǎn zěnme zǒu?

- 你每天怎么来学校？ (너는 매일 학교에 어떻게 오니?)
  Nǐ měitiān zěnme lái xuéxiào?

02 (명사(구)/대사+)怎么+동사+好?

어떻게 하면 합당한지를 문의할 때 사용된다. 대개의 경우 "怎么" 앞에는 명사가 오며 "怎么" 뒤에 오는 동사는 행위나 동작을 나타낸다.

예
- 怎么说好？ (어떻게 말하면 좋을까?)
  Zěnme shuō hǎo?

- 我们怎么去好？ (어떻게 가면 좋을까?)
  Wǒmen zěnme qù hǎo?

- 怎么分好？ (어떻게 나누면 좋을까?)
  Zěnme fēn hǎo?

Unit 10 연습문제

1 아래의 단어를 이용하여 바꿔 말해보세요.

(1) 怎么 提高汉语水平 ?

去图书馆
包饺子
用电脑

(2) 去 医院 怎么走?

银行
商场
你家

(3) 汉语 怎么 学 好?

下雨了，我们
钱
他今天不来了，我该

走
花
办

2 아래의 대화를 완성하세요.

(1) A : _____?

B : 我走路去学校。

(2) A : _____?

B : 往左拐就到超市了。

(3) A : 坐火车很慢，我们怎么去好?

B : _____。

(4) A: _____?

　　B：只要多听多说多写就能学好汉语。

(5) A: _____?

　　B：坐机场大巴比较方便。

3 단어를 이용하여 문장을 만들어 보세요.

(1) 去, 怎么, 饭店

→ _____?

(2) 故宫, 去, 走, 怎么

→ _____?

(3) 回, 你, 怎么, 学校

→ _____?

(4) 好, 衣服, 穿, 怎么

→ _____?

(5) 去, 怎么, 我们, 好

→ _____?

Unit 11 동작이나 행위의 주체나 사물의 소속에 대해 물을 때

01 명사(구)/대사+是谁的+명사?

사물의 소속을 문의할 때 사용된다. 이 문형은 "……是……"의 확장형이다. "是" 앞에는 주로 "这"나 "那"등과 같은 지시대사가 오고, "谁的" 뒤에는 사물을 가리키는 명사가 온다.

예
- 这是谁的足球? (이것은 누구의 축구공인가요?)
  Zhè shì shéi de zúqiú?

- 那是谁的雨伞? (저것은 누구의 우산인가요?)
  Nà shì shéi de yǔsǎn?

- 桌子上的是谁的钱包? (테이블 위에 있는 것은 누구의 지갑인가요?)
  Zhuōzi shang de shì shéi de qiánbāo?

02 谁+동사구(+명사(구))?

"谁+동사구"는 두 가지 뜻을 가진다. 첫째, 어떤 작업이나 일을 할 예정이거나, 할 수 있거나 이미 그 일을 했던 사람에 대해 문의할 때 사용된다. 동사 뒤에는 일반적으로 행위나 동작의 대상을 나타내는 단어가 온다. 둘째, 어떠한 특징을 가진 사람을 문의하는 의미로 사용된다.

예
- 谁去游泳? (누가 수영하러 가나요?)
  Shéi qù yóuyǒng?

- 谁去过北京? (누가 베이징에 가 봤나요?)
  Shéi qùguo Běijīng?

- 谁会打篮球? (누가 농구할 줄 아나요?)
  Shéi huì dǎ lánqiú?

03 谁/什么人+동사(구)+好?

어떤 일을 하기에 적합한 누구 혹은 어떤 사람이 적합한지에 대해 문의할 때 사용된다.

예
- 谁去好? (누가 가면 좋을까요?)
  Shéi qù hǎo?

- 什么人去送礼物好? (어떤 사람이 선물을 갖다주면 좋을까요?)
  Shénme rén qù sòng lǐwù hǎo?

- 谁做班长好? (누가 반장을 하면 좋을까요?)
  Shéi zuò bānzhǎng hǎo?

Unit 11 연습문제

1 아래의 단어를 이용하여 바꿔 말해보세요.

(1) 这是谁的 课本 ?

钱包
衣服
手机

(2) 谁去送 信 好?

礼物
作业
自行车

(3) 什么人 给他礼物 好?

回答这个问题
穿这件衣服
去请教授

(4) 谁去 游泳 ?

看电影
买衣服
吃饭

2 아래의 대화를 완성하세요.

(1) A :   ?

   B : 这是我的汉语书。

(2) A :   ?

   B : 小王去过上海。

(3) A :   ?

   B : 李丽会打篮球。

(4) A : 谁给老师打电话好?

B : _____。

(5) A : _____?

B : 他当班长合适。

3 단어를 이용하여 문장을 만들어 보세요.

(1) 词典, 这, 谁的, 是

→ _____?

(2) 找, 谁, 去, 小李

→ _____?

(3) 去, 好, 谁

→ _____?

(4) 钱, 去, 谁, 交

→ _____?

(5) 买票, 什么人, 去, 好

→ _____?

일정한 특징을 가진 사람이나 사물에 대해 물을 때

01-1
谁/哪位+是+명사?
명사(구)+是+谁/哪位?

어떤 사람을 찾을 때 사용된다. 문형 중에서 "谁是" 뒤와 "是谁" 앞에는 사람 또는 사람의 직업, 신분을 나타내는 명사나 대사가 온다. "哪位是……"라는 형태로 쓰이기도 한다.

예
- 谁是张老师? (어느 분이 장 선생님이셔?)
  Shéi shì Zhāng lǎoshī?

- 小李是谁? (누가 이 군이야?)
  Xiǎo Lǐ shì shéi?

- 他是谁? (그는 누구니?)
  Tā shì shéi?

01-2
(명사(구)+)谁/哪位+是+명사?

사람들 사이에서의 분업이나 역할을 확인할 때 사용된다. 일반적인 경우 "谁是" 뒤에는 업무, 직무, 가정에서의 역할을 나타내는 명사가 와서 누가 선생님이고 누가 학생인지, 누가 언니고 누가 여동생인지 구분하도록 한다.

예
- 在你们班，谁是班长? (너희 학급에서 누가 반장이니?)
  Zài nǐmen bān, shéi shì bānzhǎng?

- 谁是哥哥，谁是弟弟? (누가 형이고 누가 남동생이니?)
  Shéi shì gēge, shéi shì dìdi?

- 乘客中谁是医生? (승객 중에서 누가 의사입니까?)
  Chéngkè zhōng shéi shì yīshēng?

02 谁+동사구?

누가 어떤 특정한 동작이나 행위를 했는지 문의할 때 쓰인다.

예
- 谁走了？(누가 간 거니?)
  Shéi zǒu le?

- 谁喝汽水了？(누가 사이다를 마셨니?)
  Shéi hē qìshuǐ le?

- 谁吃饭？(누가 밥을 먹었니?)
  Shéi chīfàn?

Unit 12 연습문제

1 아래의 단어를 이용하여 바꿔 말해보세요.

(1) 谁是 小李的妈妈 ?

> 王老师
> 他的姐姐
> 李军的同学

(2) 饭店的老板 是谁?

> 公司的经理
> 4班的老师
> 那辆车的司机

(3) 谁 汉语最好 ?

> 钱最多
> 笑得最多
> 吃得最多

2 아래의 대화를 완성하세요.

(1) A : ＿＿＿＿＿＿＿＿＿＿＿＿＿＿＿＿＿＿?

　　B : 穿红衣服的那位是王老师。

(2) A : ＿＿＿＿＿＿＿＿＿＿＿＿＿＿＿＿＿＿?

　　B : 班长汉语最好。

(3) A : 谁的生日是6月1号?

　　B : ＿＿＿＿＿＿＿＿＿＿＿＿＿＿＿＿＿＿。

Unit 12 일정한 특징을 가진 사람이나 사물에 대해 물을 때

(4) A : 长头发的男生是谁?

　　　B :　　　　　　　　　　　　　　　　　　　　　　　　。

(5) A : 谁是姚明?

　　　B :　　　　　　　　　　　　　　　　　　　　　　　　。

3　단어를 이용하여 문장을 만들어 보세요.

(1) 是, 他的, 谁, 哥哥

→　　　　　　　　　　　　　　　　　　　　　　　　?

(2) 你的, 是, 弟弟, 哪位

→　　　　　　　　　　　　　　　　　　　　　　　　?

(3) 导游, 这里的, 哪位, 是

→　　　　　　　　　　　　　　　　　　　　　　　　?

(4) 睡觉, 最, 谁, 喜欢

→　　　　　　　　　　　　　　　　　　　　　　　　?

(5) 课本, 谁, 最多

→　　　　　　　　　　　　　　　　　　　　　　　　?

Unit 13 어디에 무엇이 있는지 물을 때

01 명사구+有+什么(+명사)?

일정한 장소에 어떤 물건이 있는지를 물을 때 쓰인다. "什么" 뒤에는 일반적으로 "东西(물건), 花(꽃), 菜(요리), 草(풀)" 등 분류나 총칭을 나타내는 명사가 온다.

예
- 箱子里面有什么(东西)? (상자 안에는 무엇이 들어 있나요?)
  Xiāngzi lǐmiàn yǒu shénme (dōngxi)?

- 这个公园里有什么? (이 공원에는 무엇이 있나요?)
  Zhè ge gōngyuán li yǒu shénme?

- 桌子上有什么? (테이블 위에는 무엇이 있나요?)
  Zhuōzi shang yǒu shénme?

Unit 13 연습문제

1 아래의 단어를 이용하여 바꿔 말해보세요.

(1) 教室里 有什么(东西)?

钱包里
桌子上
脑子里

(2) 房间左边 放着什么?

公园里
床上
心上

(3) 北京师范大学 正在建什么?

商店的旁边
机场里
公司里

(4) 墙上挂着 什么?

手里提着
口袋里装着
书上写着

2 아래의 대화를 완성하세요.

(1) A : ?
B : 宿舍里有电视,空调等。

(2) A : 北京动物园有什么动物?
B : 。

(3) A : ?
B : 教室里有黑板,桌子,椅子。

(4) A : _____?

　　B : 我的房间里有书，床，闹钟等。

(5) A : _____?

　　B : 学校门口的南边有一家麦当劳。

3 단어를 이용하여 문장을 만들어 보세요.

(1) 箱子里, 什么, 有

→ _____?

(2) 什么, 有, 东西, 书包里

→ _____?

(3) 你的, 有, 什么, 房间里

→ _____?

(4) 什么, 图书馆里, 放着

→ _____?

(5) 旁边, 书店, 建, 正在, 什么

→ _____?

Unit 13 어디에 무엇이 있는지 물을 때

2. 추측과 검증하기

우리는 다양한 내용을 추측할 수 있다. 상대방의 이름, 사람의 신분과 이력, 구체적인 장소, 사물 혹은 사건에 대해 추측할 수도 있으며 사물의 성질, 특징, 작용에 대해서도 추측할 수 있다. 또한 방식과 목적, 사물의 소속에 대하여 추측할 수 있고 한 사물과 다른 사물 간에 공통점이 있는지, 어떤 장소에 어떤 사물이 있는지에 대해서도 추측할 수 있다.

일반적으로는 사전의 예측을 검증하려는 데 추측의 목적이 있지만 여기에서 소개되는 일부 문형에는 검증의 기능도 있다.

Unit 14	사람의 이름을 추측할 때	
Unit 15	사람의 신분을 추측할 때	
Unit 16	사람의 이력을 추측할 때	
Unit 17	시간을 추측할 때	
Unit 18	장소에 대해 추측할 때	
Unit 19	구체적 사물을 추측할 때	
Unit 20	일에 대하여 추측할 때	
Unit 21	사물의 성질, 특징, 역할(기능) 및 수량에 대해 추측할 때	
Unit 22	다른 사람의 감정에 대해 추측할 때	
Unit 23	행위나 동작의 방식을 추측할 때	
Unit 24	행위나 동작을 발생시킨 이유나 목적에 대해 추측할 때	
Unit 25	사물의 소속에 대해 추측할 때	
Unit 26	두 대상 간의 공통점의 유무를 추측할 때	
Unit 27	어떤 장소에 누가 혹은 무엇이 있는지 추측할 때	

사람의 이름을 추측할 때

01 명사/대사+是+명사+吗?

사람의 이름을 물을 때 사용된다. "是"의 앞과 뒤에는 사람을 나타내는 명사가 온다. 즉 "是" 앞에는 대개 "你(너), 他(그), 她(그녀), 他们(그들)"과 같은 대사가 오고 "是"뒤에는 성함 등 구체적인 사람을 가리키는 명사가 온다.

예
- 你是王小明吗? (네가 왕소명이니?)
  Nǐ shì Wáng Xiǎomíng ma?

- 你是张先生吗? (네가 장 선생이니?)
  Nǐ shì Zhāng xiānsheng ma?

- 你是小林吗? (네가 임 양이니?)
  Nǐ shì Xiǎo Lín ma?

02 명사/대사+是不是+명사/동사(구)?

추측과 동시에 자신의 추측이 정확한지를 확인하는 의미로 쓰인다. 상대방의 이름을 추측하는 것 역시 여기에 포함된다.

예
- 您是不是姓张? (당신은 성이 장 씨죠?)
  Nín shì bu shì xìng Zhāng?

- 您是不是李力? (당신은 이력씨 맞죠?)
  Nín shì bu shì Lǐ Lì?

- 她是不是小林? (그녀는 임 양이 맞죠?)
  Tā shì bu shì Xiǎo Lín?

03 명사/대사+是+명사(구)+吧?

추측을 나타낼 때 사용된다. 상대방의 이름에 대한 추측 또한 여기에 포함된다.

예
- 你是王小明吧? (네가 왕소명이지?)
  Nǐ shì Wáng Xiǎomíng ba?

- 你是小林吧? (네가 임 양이지?)
  Nǐ shì Xiǎo Lín ba?

- 你是张小姐吧? (네가 장 양이지?)
  Nǐ shì Zhāng xiǎojie ba?

연습문제

1 아래의 단어를 이용하여 바꿔 말해보세요.

(1) 你是 张医生 吗?

小李
刘先生
李经理

(2) 你是不是 姓李 ?

姓王
张老师
王总

(3) 你是 钱先生 吧?

刘晓
张太太
刘小姐

2 아래의 대화를 완성하세요.

(1) A : ?

B : 不，我不是王老师。

(2) A : ?

B : 对，我是小王。

(3) A : 你是不是姓张?

B : 。

(4) A : 您是王老师吧?

B : _____。

(5) A : _____?

B : 对，我是从北京来的张老师。

3 단어를 이용하여 문장을 만들어 보세요.

(1) 是, 小吴, 你, 吗

→ _____?

(2) 姓唐, 你, 是不是

→ _____?

(3) 赵医生, 你, 吧, 是

→ _____?

(4) 小孙, 吧, 是, 你

→ _____?

(5) 是不是, 你, 韩教授

→ _____?

Unit 14 사람의 이름을 추측할 때

Unit 15 사람의 신분을 추측할 때

01 명사(구)/대사+是+명사+吗?

의문문으로 사용되는 경우, 사람의 신분을 확인할 때 쓰인다. "是" 앞에는 사람을 나타내는 명사나 대사가 오고 "是" 뒤에는 직업, 직무, 직급을 나타내는 명사나 가족 내 호칭을 나타내는 단어가 온다. 대답은 "我是……" 혹은 "我不是……" 구문을 사용한다.

예

- 您是老师吗? (당신은 선생님입니까?)
  Nín shì lǎoshī ma?

- 您是经理吗? (당신이 사장입니까?)
  Nín shì jīnglǐ ma?

- 你爸爸是律师吗? (네 아버지는 변호사이시니?)
  Nǐ bàba shì lǜshī ma?

02 명사(구)/대사+是不是+명사(구)?

추측과 동시에 자신의 추측이 정확한지 확인할 때 쓰인다. 사람의 신분을 추측하는 것 또한 여기에 포함된다.

예

- 您是不是医生? (당신은 의사가 맞습니까 아닙니까?)
  Nín shì bu shì yīshēng?

- 你姐姐是不是护士? (너의 언니는 간호사니 아니니?)
  Nǐ jiějie shì bu shì hùshi?

- 他是不是教书的? (그는 가르치는 사람입니까 아닙니까?)
  Tā shì bu shì jiāoshū de?

03 명사(구)/대사+是+명사(구)+吧?

어떤 것을 추측할 때 쓰이며, 사람의 신분을 추측하는 것도 여기에 포함된다.

예
- 您是经理吧? (당신은 사장님이시죠?)
  Nín shì jīnglǐ ba?

- 您是新来的厂长吧? (당신은 새로 부임된 공장장이시죠?)
  Nín shì xīn lái de chǎngzhǎng ba?

- 你哥哥是个工程师吧? (너희 오빠는 엔지니어지?)
  Nǐ gēge shì ge gōngchéngshī ba?

연습문제

1 아래의 단어를 이용하여 바꿔 말해보세요.

(1) 你姐姐是 医生 吗?

护士
教师
工人

(2) 你是不是 留学生 ?

老板
律师
农民

(3) 你爸爸是 经理 吧?

教授
警察
商人

2 아래의 대화를 완성하세요.

(1) A : _____?

B : 我不是老师,我是医生。

(2) A : 你是不是二班的学生?

B : _____。

(3) A : _____?

B : 我不是老板。

(4) A：你是新来的大学生吧?

B：　　　　　　　　　　　　　　　　　　　　　。

(5) A：　　　　　　　　　　　　　　　　　　　　　?

B：不，我妈妈是律师。

3　단어를 이용하여 문장을 만들어 보세요.

(1) 汉语老师, 他, 吗, 是

→　　　　　　　　　　　　　　　　　　　　　?

(2) 是不是, 韩国学生, 你

→　　　　　　　　　　　　　　　　　　　　　?

(3) 你姐姐, 吧, 是, 导游

→　　　　　　　　　　　　　　　　　　　　　?

(4) 是不是, 你哥哥, 司机

→　　　　　　　　　　　　　　　　　　　　　?

(5) 吧, 你, 演员, 是

→　　　　　　　　　　　　　　　　　　　　　?

Unit 16 사람의 이력을 추측할 때

01 명사/대사+是+명사(구)+吗?

사람의 이력을 묻거나 확인할 때 쓰인다. "是"앞에는 사람을 나타내는 명사나 대사가 오고, "是"뒤에는 국가, 직장 등을 나타내는 명사가 온다.

예
- 你是美国人吗? (너는 미국인이니?)
  Nǐ shì Měiguórén ma?

- 你是北京大学的学生吗? (너는 베이징대학교 학생이니?)
  Nǐ shì Běijīng Dàxué de xuésheng ma?

- 他是你爸爸吗? (그는 너의 아버지니?)
  Tā shì nǐ bàba ma?

02 명사(구)/대사+是不是+명사(구)?

추측과 동시에 자신의 추측이 정확한지를 확인하는 의미로 쓰인다. 사람의 이력을 추측하는 것도 여기에 포함된다.

예
- 你是不是法国人? (너는 프랑스 사람이 맞니?)
  Nǐ shì bu shì Fǎguórén?

- 你妈妈是不是上海人? (네 어머니는 상하이 사람이 맞으시니?)
  Nǐ māma shì bu shì Shànghǎirén?

- 王老师是不是汉语老师? (왕 선생님은 중국어 선생님이 맞나요?)
  Wáng lǎoshī shì bu shì Hànyǔ lǎoshī?

03 명사(구)/대사+是+명사(구)+吧?

어떤 것을 추측할 때 쓰이며, 사람의 이력을 추측하는 것도 여기에 포함된다.

예

- 您是上海人吧? (당신은 상하이 사람이죠?)
  Nín shì Shànghǎirén ba?

- 您是这个公司的职员吧? (당신은 이 회사의 직원이죠?)
  Nín shì zhè ge gōngsī de zhíyuán ba?

- 站着的那个人是从美国来的吧? (서 있는 저 사람은 미국에서 왔지요?)
  Zhànzhe de nà ge rén shì cóng Měiguó lái de ba?

연습문제

1 아래의 단어를 이용하여 바꿔 말해보세요.

(1) 你是 中国人 吗?

美国人
从上海来的
瑞利公司的

(2) 你是不是 北京人 ?

北京大学的毕业生
英国人
新来的老师

(3) 你哥哥是 山东人 吧?

从英国来的
法国人
韩国人

2 아래의 대화를 완성하세요.

(1) A : _____?

B : 我不是中国人，我是韩国人。

(2) A : _____?

B : 我不是南方人，我是北方人。

(3) A : 你是不是三星公司的工人?

B : _____。

(4) A : 你是从美国来的吧?

B : ☐ 。

(5) A : ☐ ?

B : 不，我不是从上海来的，我是从北京来的。

3 단어를 이용하여 문장을 만들어 보세요.

(1) 德国人, 你, 吗, 是

→ ☐ ?

(2) 是不是, 天津人, 他

→ ☐ ?

(3) 吧, 广州人, 你, 是

→ ☐ ?

(4) 从美国, 你, 来的, 是不是

→ ☐ ?

(5) 他, 吧, 是, 加拿大人

→ ☐ ?

Unit 17 시간을 추측할 때

01 명사(구)/대사+是+명사(구)/동사(구)+吗?

시간을 추측할 때 사용한다. "是" 앞에는 명사나 대사 또는 명사에 상당하는 구문이 오고, "是" 뒤에는 시간을 나타내는 명사 또는 시간을 포함한 문장, 동사나 동사구문이 온다.

예
- 我们是8点上课吗? (우리 8시에 수업하는 거 맞죠?)
  Wǒmen shì bā diǎn shàngkè ma?

- 我们是明天考试吗? (우리 내일 시험인 거 맞죠?)
  Wǒmen shì míngtiān kǎoshì ma?

- 您的生日是1月1号吗? (당신의 생일은 1월 1일이죠?)
  Nín de shēngrì shì yī yuè yī hào ma?

02 명사(구)/대사+是+동사(구)+的+吗?

시간을 추측함과 동시에 그 추측이 정확한지를 확인할 때 쓰인다.

예
- 飞机是8点到的吗? (비행기는 8시에 도착하는 거 맞나요?)
  Fēijī shì bā diǎn dào de ma?

- 他是昨天到上海的吗? (그는 어제 상하이에 도착한 거 맞나요?)
  Tā shì zuótiān dào Shànghǎi de ma?

- 你们是两小时前得到通知的吗? (너희들은 두 시간 전에 통보를 받은 거 맞니?)
  Nǐmen shì liǎng xiǎoshí qián dédào tōngzhī de ma?

03 명사(구)/대사+是不是+명사구/동사구?

추측과 동시에 자신의 추측이 정확한지를 확인할 때 쓰이며 시간에 대하여 추측하는 것도 여기에 포함된다.

예
- 电影是不是8点开始？(영화는 8시에 시작되는 거 맞나요?)
  Diànyǐng shì bu shì bā diǎn kāishǐ?

- 你们是不是明天出发？(너희들은 내일 출발하는 거 맞니?)
  Nǐmen shì bu shì míngtiān chūfā?

04 명사(구)/대사+是+명사(구)/동사(구)+吧?

추측의 뜻으로 사용되며, 시간을 추측하는 것도 여기에 포함된다.

예
- 我们是下星期考试吧？(우리는 다음 주에 시험인 거지?)
  Wǒmen shì xià xīngqī kǎoshì ba?

- 这房子是去年买的吧？(이 집은 지난 해에 산 거지?)
  Zhè fángzi shì qùnián mǎi de ba?

05 差不多/大概+명사(구)
명사(구)+左右

물건이나 사물의 수량, 무게, 나이 등을 추측할 때 사용되며 이 단어들은 "差不多"나 "大概" 뒤에, "左右" 앞에 놓인다.

예
- 这儿离火车站差不多500米。(여기서 기차역까지는 대략 500미터야.)
  Zhèr lí huǒchēzhàn chàbuduō wǔbǎi mǐ.

- 我明天12点左右会到你家。(나는 내일 12시 전후에 너희 집에 갈 거야.)
  Wǒ míngtiān shí'èr diǎn zuǒyòu huì dào nǐ jiā.

연습문제

1 아래의 단어를 이용하여 바꿔 말해보세요.

(1) 你是 明天考试 吗?

8点上课
7点起床
后天回国

(2) 你们是不是 10点有会话课 ?

明天离开北京
星期五考试
8点起飞

(3) 今天是 6月6号 吧?

星期一
5月1号
母亲节

(4) 你是 去年来 的吗?

昨天走
八点送
昨天听说

2 아래의 대화를 완성하세요.

(1) A : _____?
   B : 是的，我们明天是八点开始考试。

(2) A : _____?
   B : 今天不是1月1号。

(3) A : _____?
   B : 我是6点起床的。

(4) A : 明年你要去美国吧?

B :

(5) A : 这个会要开多长时间?

B :

3 단어를 이용하여 문장을 만들어 보세요.

(1) 我们, 去故宫, 吗, 是, 明天

→   ?

(2) 到北京, 飞机, 吗, 8点, 是

→   ?

(3) 会话课, 10点, 开始, 是不是

→   ?

(4) 我们, 去吃饭, 12点, 左右

→

(5) 电影, 8点, 开始, 大概

→

Unit 18 장소에 대해 추측할 때

01 명사(구)/대사+是+명사(구)/대사+吗?

장소를 추측할 때 사용한다. "是"앞에는 "这, 那"등 지시대사, 장소를 나타내는 방위사 또는 곳, 시설, 건축물 등 기타 장소를 나타내는 명사가 온다.

예
- 图书馆是这儿吗? (도서관은 여기니?)
  Túshūguǎn shì zhèr ma?

- 那座灰色的楼是你们的办公楼吗? (저 회색 건물이 너희 오피스텔이니?)
  Nà zuò huīsè de lóu shì nǐmen de bàngōnglóu ma?

- 一层是商店吗? (1층은 상점이니?)
  Yī céng shì shāngdiàn ma?

02 명사/대사+是+동사(구)+的+吗?

장소를 강조하거나 강조된 추측을 나타낼 때 사용된다. "是"와 "的" 사이에는 "장소+그 장소와 관련된 행위"가 와서 이미 발생한 행위와 그 장소와의 관계를 강조한다. 장소를 나타내는 단어의 앞과 뒤에는 "从, 在"등 전치사가 온다. 동사가 목적어를 가지는 경우, 목적어는 "的"의 뒤나 주어 앞에 놓인다.

예
- 您是从南方来的吗? (당신은 남방에서 온 거 맞지요?)
  Nín shì cóng nánfāng lái de ma?

- 你是在商店买的吗? (가게에서 산 거 맞지요?)
  Nǐ shì zài shāngdiàn mǎi de ma?

- 他是从大门进来的吗? (그는 대문으로 들어온 거 맞지요?)
  Tā shì cóng dàmén jìnlai de ma?

03 명사(구)/대사+是不是+명사(구)?

추측과 동시에 자신의 추측이 정확한지를 확인할 때 사용하며 장소에 대한 추측적 확인도 여기에 포함된다.

예
- 这里是不是时代广场？ (여기가 시대광장 맞지요?)
  Zhèli shì bu shì Shídài Guǎngchǎng?

- 这是不是经理办公室？ (여기가 사장 사무실 맞지요?)
  Zhè shì bu shì jīnglǐ bàngōngshì?

- 那个楼是不是百货大楼？ (저 건물이 백화점 맞지요?)
  Nà ge lóu shì bu shì bǎihuò dàlóu?

04 명사(구)/대사+是+명사(구)+吧?

어떤 것을 추측을 할 때 사용하며 장소에 대한 추측적 확인도 여기에 포함된다.

예
- 这里是博物馆吧？ (여기가 박물관 맞죠?)
  Zhèli shì bówùguǎn ba?

- 这是你的房间吧？ (여기가 네 방 맞지?)
  Zhè shì nǐ de fángjiān ba?

- 那边是一个运动场吧？ (저기에 운동장이 있지?)
  Nà biān shì yí ge yùndòngchǎng ba?

Unit 18 연습문제

1 아래의 단어를 이용하여 바꿔 말해보세요.

(1) 这是 留学生公寓 吗?

水果店
图书馆
电话亭

(2) 那里是不是 书店 ?

服装店
银行
饭馆儿

(3) 这是 你的房间 吧?

你的教室
医院
办公室

(4) 你是 从韩国来 的吗?

走东门进来
在家吃
放桌子上

2 아래의 대화를 완성하세요.

(1) A : ?

B : 这不是我的宿舍。

(2) A : ?

B : 我是从中国来的。

(3) A : 这是不是美国电影?

B : 。

(4) A : 那座楼是图书馆吧?

B : _____。

(5) A : _____?

B : 二楼是卖儿童衣服的。

3 단어를 이용하여 문장을 만들어 보세요.

(1) 吗, 这, 时代酒吧, 是

→ _____?

(2) 买的, 是, 你, 从商店, 吗

→ _____?

(3) 这里, 电影院, 是不是

→ _____?

(4) 英语教室, 吧, 这, 是

→ _____?

(5) 是, 经理办公室, 这, 吧

→ _____?

Unit 19 구체적 사물을 추측할 때

01 명사(구)/대사+是+명사(구)+吗?

구체적 사물에 대한 추측적 확인을 할 때 사용한다. "是"의 앞과 뒤에 모두 사물을 나타내는 명사나 대사가 온다.

예
- 这是一篮水果吗? (이건 과일 한 바구니 맞죠?)
  Zhè shì yì lán shuǐguǒ ma?

- 这里面是巧克力吗? (이 안에는 쵸콜렛이 들어있는 거 맞죠?)
  Zhè lǐmiàn shì qiǎokèlì ma?

- 这是春联吗? (이것은 춘련 맞죠?)
  Zhè shì chūnlián ma?

02 명사/대사+是不是+명사(구)?

추측과 동시에 자신의 추측이 정확한지 확인할 때 쓰인다. 구체적 사물에 대한 추측적 확인도 여기에 포함된다.

예
- 这是不是网球鞋? (이것은 테니스화죠?)
  Zhè shì bu shì wǎngqiúxié?

- 那是不是旗袍? (그것은 차이나 드레스죠?)
  Nà shì bu shì qípáo?

- 这是不是你要的那种手机? (이것은 네가 원하던 그런 휴대전화 맞지?)
  Zhè shì bu shì nǐ yào de nà zhǒng shǒujī?

03 명사(구)/대사+是+명사(구)+吧?

어떤 것을 추측할 때 쓰이며, 구체적 사물에 대한 추측도 여기에 포함된다.

예
- 这是巧克力吧? (이것은 초콜릿이지?)
  Zhè shì qiǎokèlì ba?

- 这是牡丹花吧? (이것은 모란이지?)
  Zhè shì mǔdanhuā ba?

- 这是你的手表吧? (이것은 네 손목시계지?)
  Zhè shì nǐ de shǒubiǎo ba?

연습문제

1 아래의 단어를 이용하여 바꿔 말해보세요.

(1) 这是 中国画 吗?

饺子
中国功夫
泡菜

(2) 那是不是 你要的课本 ?

京剧
你的作业本
手机

(3) 这是你的 汉语课本 吧?

钱包
电脑
电话

2 아래의 대화를 완성하세요.

(1) A : 盒子里是巧克力吗?

B : 　　　　　　　　　　　　　　　　　　　　　　　　　　。

(2) A : 这是旗袍吗?

B : 　　　　　　　　　　　　　　　　　　　　　　　　　　。

(3) A : 　　　　　　　　　　　　　　　　　　　　　　　　　　?

B : 是，这是韩国泡菜。

(4) A : _____ ?

　　 B : 不，这不是留学生公寓。

(5) A : 这是女生厕所吧?

　　 B : _____ 。

3　단어를 이용하여 문장을 만들어 보세요.

(1) 是, 吗, 烤鸭, 这

→ _____ ?

(2) 是不是, 你的, 那, 手表

→ _____ ?

(3) 旗袍, 那, 吧, 是

→ _____ ?

(4) 是不是, 电子词典, 这, 你的

→ _____ ?

(5) 你的, 吧, 这, 是, 衣服

→ _____ ?

일에 대하여 추측할 때

01 명사/대사+是+동사구+吗?

어떤 일 또는 행위나 동작이 발생했는지 추측할 때 쓰인다. "是" 앞에는 사람을 가리키는 명사나 대사가 오고 "是" 뒤에는 일이나 활동을 나타내는 구가 온다.

예
- 你们是在开会吗? (당신들은 회의하고 있는 거지요?)
  Nǐmen shì zài kāihuì ma?

- 你是要出门旅行吗? (너 여행가려는 거 맞지?)
  Nǐ shì yào chūmén lǚxíng ma?

- 您是要包饺子吗? (당신 물만두 빚으려고 하는 거 맞지요?)
  Nín shì yào bāo jiǎozi ma?

02 명사(구)/대사+동사구+吗?

"누가 무엇을 하고 있는지"를 나타내는 것이다. ……+동사(+……) 끝에 의문사 "吗"를 덧붙여 "……+동사(+……)吗?" 구문을 형성하며 의문의 뜻을 나타낸다. 이 구문은 어떤 일 또는 행위나 행동이 발생했는지의 여부를 추측하는 의미로 쓰인다.

예
- 你喝啤酒吗? (너 맥주 마시니?)
  Nǐ hē píjiǔ ma?

- 王小明来吗? (왕소명은 온대?)
  Wáng Xiǎomíng lái ma?

- 王经理来过电话吗? (왕 사장한테 전화 왔었어?)
  Wáng jīnglǐ láiguo diànhuà ma?

03 명사(구)/대사+是不是+동사(구)?

추측과 아울러 자신의 추측이 정확한지 확인할 때 쓰인다. 어떤 일 또는 행위나 동작이 발생했는지 추측하는 것도 포함된다.

예
- 你是不是喜欢看电影？(너 영화 보는 거 좋아하지?)
  Nǐ shì bu shì xǐhuan kàn diànyǐng?

- 考试的时候，你是不是感到很紧张？(시험볼 때 당신은 매우 긴장하지요?)
  Kǎoshì de shíhou, nǐ shì bu shì gǎndào hěn jǐnzhāng?

- 您是不是病了？(당신 병난 거 아닌가요?)
  Nín shì bu shì bìng le?

04 명사(구)/대사+동사(구)+吧?

어떤 것을 추측할 때 쓰이며, 어떤 일 또는 행위나 동작이 발생했는지 추측하는 것도 여기에 포함된다.

예
- 您刚刚起床吧？(당신은 방금 일어났지요?)
  Nín gānggāng qǐchuáng ba?

- 小张还没来吧？(장 군은 아직 안 왔지요?)
  Xiǎo Zhāng hái méi lái ba?

- 你们正在举行晚会吧？(당신들은 한창 파티 중이지요?)
  Nǐmen zhèngzài jǔxíng wǎnhuì ba?

05 看(起)来+명사(구)/대사+동사구

어떤 일을 추측하는 의미로 쓰이기도 한다. 일반적으로, "看(起)来(보아하니)" 뒤에는 문장이 온다.

예
- 看来我们要迟到了。(보아하니 우리 지각할 거 같아요.)
  Kànlái wǒmen yào chídào le.

- 看来你又得加班了。(보아하니 당신은 또 연장근무를 해야할 거 같아요.)
  Kànlái nǐ yòu děi jiābān le.

- 看来路上又堵车了。(보아하니 차가 또 밀리는 것 같아요.)
  Kànlái lùshang yòu dǔchē le.

Unit 20 연습문제

1 아래의 단어를 이용하여 바꿔 말해보세요.

(1) 你是 在学汉语 吗?

要看电影
要买衣服
在听录音

(2) 她是不是 吃过饺子 ?

去过故宫
很喜欢看电影
认识小王

(3) 你刚才在 吃饭 吧?

洗澡
看书
唱歌

(4) 看(起)来 他不会回来 了。

天要下雨
路上堵车
他买了很多

2 아래의 대화를 완성하세요.

(1) A : 你们是在谈论中国电影吗?

   B : _____。

(2) A : 现在你去图书馆吗?

   B : _____。

(3) A : 你是不是要去打篮球?

   B : _____。

(4) A: _____?

　　B: 对，我今天不在学校。

(5) A: 王老师没来上课，他生病了吧?

　　B: _____。

(6) A: 现在已经十点了，作业还有很多。

　　B: 看(起)来 _____。

3　단어를 이용하여 문장을 만들어 보세요.

(1) 在开会, 你们, 是, 吗

　　→ _____?

(2) 看过, 京剧, 你, 吗

　　→ _____?

(3) 病了, 是不是, 他

　　→ _____?

(4) 刚刚, 起床, 你, 吧

　　→ _____?

(5) 看(起)来, 又, 你, 迟到了

　　→ _____。

Unit 21 사물의 성질, 특징, 역할(기능) 및 수량에 대해 추측할 때

01 명사(구)/대사+是+명사(구)+吗?

사물의 성질, 특징, 역할 및 수량(가격, 나이, 길이, 높이, 무게 등을 포함)을 추측할 때 쓰인다. "是"앞에는 사물을 나타내는 명사나 대사가 오고 뒤에는 사물의 성질, 특징, 역할을 나타내는 단어가 온다.

예
- 饺子是过年吃的食品吗? (물만두는 설 때 먹는 음식이지요?)
  Jiǎozi shì guònián chī de shípǐn ma?

- 枫叶是红色的吗? (단풍 잎은 빨간색이지요?)
  Fēngyè shì hóngsè de ma?

- 这件衣服的价钱是100块吗? (이 옷은 100위안이지요?)
  Zhè jiàn yīfu de jiàqián shì yìbǎi kuài ma?

02 명사(구)/대사+是不是+명사(구)?

추측과 아울러 자신의 추측이 정확한지 확인할 때 쓰인다. 사물의 성질, 특징, 역할을 추측하는 것도 여기에 포함된다.

예
- 北京是不是中国的首都? (베이징은 중국의 수도이지요?)
  Běijīng shì bu shì Zhōngguó de shǒudū?

- 小张是不是小学老师? (장 군은 초등학교 선생님이지요?)
  Xiǎo Zhāng shì bu shì xiǎoxué lǎoshī?

- 老王是不是54岁? (왕 군은 54세가 맞지요?)
  Lǎo Wáng shì bu shì wǔshísì suì?

03 명사(구)/대사+동사(구)+吧?

어떤 것을 추측할 때 쓰이며, 사물의 성질, 특징, 작용을 추측하는 것도 여기에 포함된다. "吧" 앞에는 짧은 문장 또는 동사나 형용사가 온다.

예
- 这种果汁没有了吧? (이런 종류의 주스는 없지요?)
  Zhè zhǒng guǒzhī méiyǒu le ba?

- 他一定变老了吧? (그는 분명히 늙었겠지요?)
  Tā yídìng biàn lǎole ba?

- 这种药卖没了吧? (이런 종류의 약은 다 팔리고 없지요?)
  Zhè zhǒng yào mài méile ba?

04 看(起)来+형용사(구)

사물의 성질, 특징, 역할 및 수량을 추측하는 데 쓰이기도 한다. 看(起)来(보아하니) 뒤에는 일반적으로 형용사가 오며 때로는 문장이 오기도 한다.

예
- 这苹果看起来不错。 (이 사과는 보기에 괜찮아요.)
  Zhè píngguǒ kànqǐlai búcuò.

- 这道菜看起来很辣。 (이 요리는 아주 매워 보여요.)
  Zhè dào cài kànqǐlai hěn là.

- 看起来这家饭馆生意很红火。 (이 식당은 장사가 잘 되는 거 같아요.)
  Kànqǐlai zhè jiā fànguǎn shēngyì hěn hónghuo.

Unit 21 연습문제

1 아래의 단어를 이용하여 바꿔 말해보세요.

(1) 你妈妈 是 50岁 吗?

他的身高	1.7米
这件衣服	100块
你的儿子	三年级

(2) 她是不是很 漂亮 ?

| 高 |
| 胖 |
| 善良 |

(3) 你一定很累 吧?

| 很受欢迎 |
| 汉语很难 |
| 你不想去 |

(4) 差不多 来了50个人 。

| 有40公斤左右 |
| 买了20个左右 |
| 走了两个多月了 |

2 아래의 대화를 완성하세요.

(1) A : 这件毛衣是羊毛的吗?

　　B : ＿＿＿＿＿＿＿＿＿＿＿＿＿＿＿＿＿＿＿＿＿＿＿＿。

(2) A : ＿＿＿＿＿＿＿＿＿＿＿＿＿＿＿＿＿＿＿＿＿＿＿＿?

　　B : 是，泡菜是辣的。

(3) A : 青苹果很酸吧?

　　B : ＿＿＿＿＿＿＿＿＿＿＿＿＿＿＿＿＿＿＿＿＿＿＿＿。

Unit 21 사물의 성질, 특징, 역할(기능) 및 수량에 대해 추측할 때

(4) A : 这间教室可以坐多少人?

B : ＿＿＿＿＿＿＿＿＿＿＿＿＿＿＿＿＿＿＿＿＿＿＿＿＿＿＿＿。(大概)

(5) A : 王老师多高?

B : ＿＿＿＿＿＿＿＿＿＿＿＿＿＿＿＿＿＿＿＿＿＿＿＿＿＿＿＿。(左右)

3 단어를 이용하여 문장을 만들어 보세요.

(1) 衣服, 你的, 是, 吗, 黑色的

→ ＿＿＿＿＿＿＿＿＿＿＿＿＿＿＿＿＿＿＿＿＿＿＿＿＿＿＿＿?

(2) 词典, 很有用, 是不是

→ ＿＿＿＿＿＿＿＿＿＿＿＿＿＿＿＿＿＿＿＿＿＿＿＿＿＿＿＿?

(3) 聪明, 一定, 他, 吧, 很

→ ＿＿＿＿＿＿＿＿＿＿＿＿＿＿＿＿＿＿＿＿＿＿＿＿＿＿＿＿?

(4) 教室, 这个, 大概, 20平方米, 有

→ ＿＿＿＿＿＿＿＿＿＿＿＿＿＿＿＿＿＿＿＿＿＿＿＿＿＿＿＿。

(5) 衣服, 这件, 很贵, 看(起)来

→ ＿＿＿＿＿＿＿＿＿＿＿＿＿＿＿＿＿＿＿＿＿＿＿＿＿＿＿＿。

다른 사람의 감정에 대해 추측할 때

01 명사(구)/대사+是不是+동사구/형용사구?

추측과 동시에 자신의 추측이 정확한지 확인하는 뜻으로 쓰인다. 다른 사람의 감정에 대해 추측하는 것도 여기에 포함된다.

예
- 您是不是忘了？ (당신 잊어버린 거 아니에요?)
  Nín shì bu shì wàng le?

- 老张是不是很老实？ (장 군은 정말 솔직하지요?)
  Lǎo Zhāng shì bu shì hěn lǎoshi?

- 您对她是不是产生了兴趣？ (당신은 그녀에게 관심이 생긴 게 아닌가요?)
  Nín duì tā shì bu shì chǎnshēng le xìngqù?

02 명사(구)/대사+동사(구)/형용사(구)+吧?

어떤 것을 추측할 때 쓰이며, 상대방의 감정에 대해 추측적 확인을 할 때도 쓰인다. "吧" 앞에는 짧은 문장 또는 동사나 형용사가 온다.

예
- 你对京剧不感兴趣吧？ (너는 경극을 좋아하지 않지?)
  Nǐ duì jīngjù bù gǎn xìngqù ba?

- 小张生气了吧？ (장 군은 화났지요?)
  Xiǎo Zhāng shēngqì le ba?

- 那个姐姐很难过吧？ (그 언니 너무 속상해하지요?)
  Nà ge jiějie hěn nánguò ba?

03 (명사(구)/대사+)对+명사/동사구+感/有+兴趣吗?

어떤 사물에 대한 한 사람의 애정정도를 추측할 때 사용된다. "对"앞에는 사람을 나타내는 명사가 오며 "对"뒤에는 명사나 동사 혹은 짧은 문장이 와서 어느 한 사람이 흥미를 가지거나 혹은 싫어하는 대상을 나타낸다. "感兴趣吗"나 "有兴趣吗"로 질문할 수 있으며, 이에 대한 부정의 답변은 각각 "不感兴趣"와 "没有兴趣"이다. 이밖에 "……+对……+不感/没有+兴趣吗?" 또는 "对……+……+不感/没有+兴趣吗?" 등 부정의 방식으로 질문함으로써 자신의 추측 정도를 확인할 수도 있다. 이때 추측에 대한 질문자의 확신 정도에 따라 "吗" 대신 "吧"를 쓸 수도 있다.

예
- 小李对武术有兴趣吗(吧)? (이 군은 무술에 관심이 있나요 [있지요]?)
  Xiǎo Lǐ duì wǔshù yǒu xìngqù ma (ba)?

- 你对京剧不感兴趣吗(吧)? (너는 경극에 관심이 없니 [없지]?)
  Nǐ duì jīngjù bù gǎn xìngqù ma (ba)?

- 对做菜,你感兴趣吗(吧)? (너는 요리에 관심이 있니 [있지]?)
  Duì zuòcài, nǐ gǎn xìngqù ma (ba)?

Unit 22 다른 사람의 감정에 대해 추측할 때

04 명사(구)₁/대사₁+对+명사(구)₂/대사₂+的印象+형용사(구)+吗/吧?
　　 명사(구)₂/대사₂+给+명사(구)₁/대사₁+的印象+형용사(구)+吗/吧?

어떤 사물, 어떤 장소, 어떤 사람에 대한 한 사람의 감정을 추측할 때 사용된다. 그 사람이 느낀 감정을 강조할 경우에는 "……+对……的印象……吗" 구문을 사용하고 그 사람에게 느낌을 안겨준 모 사물, 장소, 사람을 강조할 경우에는 "……+给……的印象……吗"를 사용하거나 "……+给……留下(一种) ……的印象吗"를 사용할 수도 있다. "对" 앞에는 사람을 나타내는 명사가 오고 "对" 뒤나 "给" 앞에는 사람이나 사물을 가리키는 명사가 주로 오나 때로는 동사나 짧은 문장이 오기도 한다.

예
- 小李对北京的印象很好吗(吧)? (베이징에 대한 이 군의 인상은 좋대요 [좋지요]?)
  Xiǎo Lǐ duì Běijīng de yìnxiàng hěn hǎo ma (ba)?

- 北京给您的印象很好吗(吧)? (베이징이 당신에게 준 인상은 좋은가요 [안 좋죠]?)
  Běijīng gěi nín de yìnxiàng hěn hǎo ma (ba)?

- 新老师给他的印象好吗(吧)? (새로 오신 선생님 인상은 좋은가요 [좋지요]?)
  Xīn lǎoshī gěi tā de yìnxiàng hǎo ma (ba)?

05 명사/대사+看(起)来+형용사구

한 사람의 감정에 대해 추측할 때 사용한다. "看(起)来" 뒤에는 주로 형용사가 오며 짧은 문장이 오는 경우도 있다.

예
- 你看起来今天心情不错。 (너 오늘 기분이 좋아 보여.)
  Nǐ kànqǐlai jīntiān xīnqíng búcuò.

- 你看起来很累。 (너 아주 지쳐 보여.)
  Nǐ kànqǐlai hěn lèi.

- 看起来你很不舒服。 (너 어딘가 아파 보여.)
  Kànqǐlai nǐ hěn bù shūfu.

Unit 22 연습문제

1 아래의 단어를 이용하여 바꿔 말해보세요.

(1) 他是不是很 高兴 ?

难受
生气
兴奋

(2) 你对 饺子 感兴趣吗?

电影
茶
中国菜

(3) 你对 北京 的印象好吗?

刘老师
故宫
老板

(4) 北京 给你留下的印象怎么样?

那个人
领导
韩国

2 아래의 대화를 완성하세요.

(1) A : ?

B : 对，我有点不舒服。

(2) A : 你对京剧不感兴趣吧?

B : 。

(3) A : ?

B : 我对学汉语很感兴趣。

(4) A：你对北京的印象好吗?

B：_____。

(5) A：_____。（看起来）

B：当然，我考了第一名。

3 단어를 이용하여 문장을 만들어 보세요.

(1) 是不是, 他, 饿了

→ _____?

(2) (有)感兴趣, 你, 对, 汉语

→ _____?

(3) 饭店的, 你, 对, 印象, 好, 吗

→ _____?

(4) 很好, 他, 看来, 心情

→ _____。

(5) 酒吧, 你的, 印象, 给, 好, 吗, 这家

→ _____?

행위나 동작의 방식을 추측할 때

01 명사/대사+是+동사구+的吗?

"是" 앞에는 사람이나 사물을 나타내는 명사가 오며 "是"와 "的" 사이에는 "일을 하는 방식과 관련된 행위나 동작"이 와서 방식을 강조한다. 의문문의 형식으로 추측의 의미를 나타내며 행위나 동작의 방식에 대한 추측을 할 때 사용한다. 일반적으로 "是……的"는 이미 발생된 사건에 주로 쓰이며, 강조의 뜻을 지닌다.

예
- 你是坐飞机去的吗? (너는 비행기를 타고 갔지?)
  Nǐ shì zuò fēijī qù de ma?

- 您是跑来的吗? (당신은 뛰어 온 것이지요?)
  Nín shì pǎolái de ma?

- 他是骑自行车去商店的吗? (그는 자전거를 타고 가게에 간 거지요?)
  Tā shì qí zìxíngchē qù shāngdiàn de ma?

02 명사(구)/대사+是不是+동사구+的?

추측과 동시에 자신이 한 추측에 대한 정확 여부를 확인할 때 사용된다. 행위나 동작의 방식에 대한 추측 역시 여기에 포함된다. 이때 "是不是" 뒤에는 주로 동사구가 온다.

예
- 您是不是坐火车来的? (당신은 기차를 타고 온 거 맞지요?)
  Nín shì bu shì zuò huǒchē lái de?

- 您是不是打电话告诉他的? (당신이 전화를 걸어 그에게 알린 게 맞지요?)
  Nín shì bu shì dǎ diànhuà gàosu tā de?

- 小偷是不是从窗户进来的? (도둑은 창문으로 진입한 게 아닐까요?)
  Xiǎotōu shì bu shì cóng chuānghu jìnlai de?

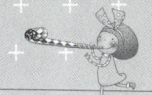

03 명사/대사+是+동사구+的吧?

어떤 것을 추측할 때 쓰이며, 행위나 동작의 방식에 대한 추측 역시 여기에 포함된다.

예
- 你是走路来的吧? (너는 걸어온 거지?)
  Nǐ shì zǒulù lái de ba?

- 你是跑着去的吧? (너는 뛰어간 거지?)
  Nǐ shì pǎozhe qù de ba?

- 他是去图书馆看书的吧? (그는 도서관에 책을 보러 간 것이지요?)
  Tā shì qù túshūguǎn kàn shū de ba?

연습문제

1 아래의 단어를 이용하여 바꿔 말해보세요.

(1) 你是 坐飞机来北京 的吗?

坐火车去上海
走回学校
坐地铁回家

(2) 你是不是 坐车来 的?

打电话告诉他
坐电梯到我房间来
用MSN和她联系

(3) 你是 打电话叫他起床 的吧?

坐出租车去长城
走着去公司
用红笔写

2 아래의 대화를 완성하세요.

(1) A : _____ ?

　　B : 对，我是坐公共汽车去的。

(2) A : _____ ?

　　B : 不，我是写信跟他联系的。

(3) A : _____ ?

　　B : 对，我是打电话告诉他的。

(4) A : 你是坐飞机来韩国的吧?

　　B : ＿＿＿＿＿＿＿＿＿＿＿＿＿＿＿＿＿＿＿＿＿＿＿＿＿＿＿＿＿＿＿＿＿＿＿。

(5) A : ＿＿＿＿＿＿＿＿＿＿＿＿＿＿＿＿＿＿＿＿＿＿＿＿＿＿＿＿＿＿＿＿＿＿＿?

　　B : 对，我是打电话订的飞机票。

3　단어를 이용하여 문장을 만들어 보세요.

(1) 是, 你, 跑来, 的, 吗, 这儿

→ ＿＿＿＿＿＿＿＿＿＿＿＿＿＿＿＿＿＿＿＿＿＿＿＿＿＿＿＿＿＿＿＿＿＿＿?

(2) 骑自行车, 去, 的, 商店, 是不是, 你

→ ＿＿＿＿＿＿＿＿＿＿＿＿＿＿＿＿＿＿＿＿＿＿＿＿＿＿＿＿＿＿＿＿＿＿＿?

(3) 吧, 打电话, 订的, 你, 火车票, 是

→ ＿＿＿＿＿＿＿＿＿＿＿＿＿＿＿＿＿＿＿＿＿＿＿＿＿＿＿＿＿＿＿＿＿＿＿?

(4) 是不是, 躺着, 你, 看的书

→ ＿＿＿＿＿＿＿＿＿＿＿＿＿＿＿＿＿＿＿＿＿＿＿＿＿＿＿＿＿＿＿＿＿＿＿?

(5) 坐火车, 你, 是, 去的, 吧

→ ＿＿＿＿＿＿＿＿＿＿＿＿＿＿＿＿＿＿＿＿＿＿＿＿＿＿＿＿＿＿＿＿＿＿＿?

Unit 24 행위나 동작을 발생시킨 이유나 목적에 대해 추측할 때

01 명사/대사+是+동사구+的吗?

"……是……的"는 강조의 뜻을 가지며 이미 발생된 일에 자주 쓰인다. 행위나 동작의 목적이나 원인을 강조할 때 사용한다. "是" 앞에는 사람, 사물 등을 나타내는 명사가 오며 "是"와 "的" 사이에는 "목적과 관련있는 사건+목적"이 와서 목적을 강조한다. 의문문으로 쓰이는 경우 행위나 동작을 발생시킨 목적과 원인에 대한 추측도 여기에 포함된다.

예
- 你是来学汉语的吗? (너는 중국어를 배우러 온 거니?)
  Nǐ shì lái xué Hànyǔ de ma?

- 王小明是来旅游的吗? (왕소명은 여행을 온 것입니까?)
  Wáng Xiǎomíng shì lái lǚyóu de ma?

- 他们是来参观的吗? (그들은 견학을 온 것입니까?)
  Tāmen shì lái cānguān de ma?

02 명사(구)/대사+是不是+동사구+的?

추측과 동시에 자신이 한 추측이 정확한지 확인할 때 쓰인다. 행위나 동작을 유발한 목적이나 원인에 대한 추측을 할 때도 사용한다.

예
- 你是不是来上海旅游的? (너는 상하이를 관광하러 온 거지?)
  Nǐ shì bu shì lái Shànghǎi lǚyóu de?

- 他们是不是来看电影的? (그들은 영화를 보러 온 거지?)
  Tāmen shì bu shì lái kàn diànyǐng de?

- 那个人是不是来推销产品的? (그 사람은 상품을 판매하러 온 거지?)
  Nà ge rén shì bu shì lái tuīxiāo chǎnpǐn de?

03 명사(구)/대사+是+동사(구)+的吧?

어떤 것을 추측할 때 쓰이며, 행위나 동작을 발생시킨 목적이나 원인에 대한 추측도 여기에 포함된다.

예
- 陈阳的书是借的吧? (진양의 책은 빌린 거지?)
  Chén Yáng de shū shì jiè de ba?

- 他是跑着去学校的吧? (그는 뛰어서 학교에 간 거지?)
  Tā shì pǎozhe qù xuéxiào de ba?

- 王鹏是去学校食堂吃的吧? (왕붕은 학교 식당에 가서 밥을 먹었지요?)
  Wáng Péng shì qù xuéxiào shítáng chī de ba?

연습문제

1 아래의 단어를 이용하여 바꿔 말해보세요.

(1) 你是 来北京学汉语 的吗?

> 到北京大学报道
> 来这里参观
> 来韩国旅游

(2) 他是不是 来卖书 的?

> 来要钱
> 因为下雨迟到
> 来参加婚礼

(3) 你是 来给他请假 的吧?

> 来修理电脑
> 来参加考试
> 来学习口语

2 아래의 대화를 완성하세요.

(1) A :   ?

   B : 不，我是来北京学汉语的。

(2) A : 他是来找王老师的吗?

   B :   。

(3) A :   ?

   B : 是，我是来上海看朋友的。

(4) A : 你是不是因为不舒服没来上课?

B : _____。

(5) A : 你是来买飞机票的吧?

B : _____。

3 단어를 이용하여 문장을 만들어 보세요.

(1) 来旅游, 的, 他, 吗, 是

→ _____?

(2) 来工作, 的, 是不是, 他

→ _____?

(3) 你, 吧, 来吃饭, 的, 是

→ _____?

(4) 来交作业, 吧, 你, 是, 的

→ _____?

(5) 是不是, 来看书, 你, 的

→ _____?

사물의 소속에 대해 추측할 때

01 명사(구)/대사+是+명사/대사+的+명사+吗?

"명사(구)+是+명사+的+명사+吗"에서 "的" 앞에는 대사나 명사가 오고 뒤에는 명사가 온다. 대개의 경우 "的" 앞의 단어는 "的" 뒤의 단어가 나타내는 사물의 소유자나 소지자이다.

예
- 这是你的足球吗? (이것은 너의 축구공이니?)
  Zhè shì nǐ de zúqiú ma?

- 那是你的手机吗? (저것은 너의 휴대전화이니?)
  Nà shì nǐ de shǒujī ma?

- 那件绿色的是小王的衣服吗? (이 초록색 옷은 왕 군의 옷인가요?)
  Nà jiàn lǜsè de shì Xiǎo Wáng de yīfu ma?

02 명사(구)/대사+是不是+명사/대사+的(+명사)?

추측과 동시에 자신이 한 추측의 정확 여부를 확인할 때 쓰인다. 사물의 소속에 대한 추측도 여기에 포함된다.

예
- 这是不是您的手机? (이것은 당신의 휴대전화지요?)
  Zhè shì bu shì nín de shǒujī?

- 那幢房子是不是他的? (이 집은 그의 것이지요?)
  Nà zhuàng fángzi shì bu shì tā de?

- 这是不是您的钱包? (이것은 당신의 지갑이지요?)
  Zhè shì bu shì nín de qiánbāo?

03 명사/대사+是+명사(구)/대사+的(+명사)+吧?

사물에 대한 추측과 소속을 나타낼 때 쓰인다.

예
- 这是您的伞吧? (이것은 당신의 우산이지요?)
  Zhè shì nín de sǎn ba?

- 那是他的字典吧? (그것은 그의 사전이지요?)
  Nà shì tā de zìdiǎn ba?

- 这是你家的狗吧? (이것은 너희 집 강아지이지?)
  Zhè shì nǐ jiā de gǒu ba?

Unit 25 연습문제

1 아래의 단어를 이용하여 바꿔 말해보세요.

(1) 那是你的 钱包 吗?

词典
汉语课本
车票

(2) 这是不是你的 手机 ?

电脑
房间
椅子

(3) 那是你的 车 吧?

衣服
手表
座位

(4) 你的钱包是不是 买 的?

做
捡
破

2 아래의 대화를 완성하세요.

(1) A : _____ ?

B : 那不是我的手机。

(2) A : 红色的书包是你的吗?

B : _____ 。

(3) A : _____ ?

B : 是，他是我们班的汉语老师。

(4) A :   ?(是不是)

　　B : 这不是我的中文书。

(5) A :   ?(……吧)

　　B : 对，这是小王的电子词典。

3 단어를 이용하여 문장을 만들어 보세요.

(1) 是, 你家的, 这, 狗, 吗

→   ?

(2) 是不是, 你的, 杯子, 那

→   ?

(3) 这, 你的, 吧, 是, 床

→   ?

(4) 他的, 是不是, 这, 书包

→   ?

(5) 吧, 你的, 孩子, 那, 是

→   ?

두 대상 간의 공통점의 유무를 추측할 때

01 명사(구)/대사+也是+명사(구)+吗?

두 대상 간에 공통의 특징이 있음을 설명할 때 사용된다. "……是……, ……也是……"가 완전한 구문형식이나 구어체에서는 "……是……"의 사용은 생략 가능하다.

예
- 他是学生，您也是学生吗? (그는 학생입니다, 당신도 학생입니까?)
  Tā shì xuésheng, nín yě shì xuésheng ma?

- 您爸爸也是医生吗? (당신의 아버지도 의사이십니까?)
  Nín bàba yě shì yīshēng ma?

- 这也是图书馆的书吗? (이것도 도서관의 책입니까?)
  Zhè yě shì túshūguǎn de shū ma?

02 명사(구)/대사+都是+명사(구)/동사구+吗?

"……是……"구문에서 파생된 문형으로 두 대상 간에 공통의 특징이 있음을 설명할 때 사용된다. "都是"의 앞과 뒤에 오는 것은 모두 명사성 단어이다.

예
- 你们都是美国人吗? (당신들은 모두 미국인인가요?)
  Nǐmen dōu shì Měiguórén ma?

- 这些都是你的花吗? (이것들은 모두 네 꽃이니?)
  Zhèxiē dōu shì nǐ de huā ma?

- 你每天都是八点上课吗? (당신은 매일 8시에 수업하나요?)
  Nǐ měitiān dōu shì bā diǎn shàngkè ma?

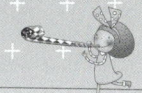

03-1 명사(구)/대사+跟/和+명사(구)+一样吗?

두 대상 간에 공통점이 있는지 추측할 때 사용된다. "跟/和(와/과)"의 앞과 뒤에는 명사성 단어가 온다.

예
- 你的车跟我的车一样吗? (너의 차는 나의 차와 같니?)
  Nǐ de chē gēn wǒ de chē yíyàng ma?

- 那件衣服跟这件衣服一样吗? (그 옷은 이 옷과 같나요?)
  Nà jiàn yīfu gēn zhè jiàn yīfu yíyàng ma?

- 日语和韩国语一样吗? (일본어와 한국어는 같나요?)
  Rìyǔ hé Hánguóyǔ yíyàng ma?

03-2 명사(구)/대사+跟/和+명사구+一样+동사(구)/형용사+吗?

두 대상 간에 공통점이 있는지 추측할 때 사용되며, "跟/和(와/과)"의 앞과 뒤에는 명사성 단어가 온다.
"一样(같다/동일하다)" 뒤에는 "喜欢(좋아하다), 爱(사랑하다)"등 심리를 나타내는 동사나 짧은 문장이 올 수도 있고 형용사가 올 수도 있다. "一样(같다/동일하다)" 뒤에 형용사가 올 경우, 일반적으로 "很(아주), 非常(매우)"등 정도를 나타내는 단어는 함께 사용하지 않는다.

예
- 老张和他太太一样喜欢逛商店吗?
  Lǎo Zhāng hé tā tàitai yíyàng xǐhuan guàng shāngdiàn ma?
  (장 군은 그의 아내처럼 백화점에 가는 것을 좋아하나요?)

- 你的车跟我的车一样大吗? (너의 차는 나의 차만큼 크니?)
  Nǐ de chē gēn wǒ de chē yíyàng dà ma?

- 那件衣服跟这件衣服一样贵吗? (그 옷은 이 옷만큼이나 비싼가요?)
  Nà jiàn yīfu gēn zhè jiàn yīfu yíyàng guì ma?

04-1 명사(구)/대사+跟/和+명사(구)/대사+差不多+吧?

두 대상 간에 공통점이 있는지 추측할 때 사용되며 대개의 경우 문장의 맨 마지막에 어기조사 "吧"를 사용한다. "跟/和(와/과)"의 앞과 뒤에는 명사성 단어가 오며 부정은 "……跟……不一样(…는 …과 다르다)"으로 한다.

예

- 小张的个子跟我差不多吧？ (장 군의 키는 나랑 비슷하지?)
  Xiǎo Zhāng de gèzi gēn wǒ chàbuduō ba?

- 他的工作和我的工作差不多吧？ (그의 직업은 나의 직업이랑 비슷하지?)
  Tā de gōngzuò hé wǒ de gōngzuò chàbuduō ba?

- 那件衣服跟这件衣服差不多吧？ (그 옷은 이 옷이랑 비슷하지?)
  Nà jiàn yīfu gēn zhè jiàn yīfu chàbuduō ba?

04-2 명사(구)/대사+跟/和+명사(구)/대사+差不多+형용사+吧?

두 대상 간에 공통점이 있는지 추측할 때 사용되며 대개의 경우 문장의 맨 마지막에 어기조사 "吧"를 사용한다. "跟/和(와/과)"의 앞과 뒤에는 명사성 단어가 오며 "差不多"뒤에는 일반적으로 형용사가 오는데, 이때 "很(아주), 非常(매우)"등 정도를 나타내는 단어는 사용하지 않는다. 부정의 답변은 "……跟……不一样+……(…는 …과 달리…)"로 한다.

예

- 你的个子跟我差不多高吧？ (너의 키는 나만큼 크지?)
  Nǐ de gèzi gēn wǒ chàbuduō gāo ba?

- 这件衣服跟那件衣服差不多大吧？ (이 옷은 저 옷만큼 크지요?)
  Zhè jiàn yīfu gēn nà jiàn yīfu chàbuduō dà ba?

- 这本书跟那本书差不多厚吧？ (이 책은 저 책만큼 두껍지요?)
  Zhè běn shū gēn nà běn shū chàbuduō hòu ba?

Unit **26** 두 대상 간의 공통점의 유무를 추측할 때

| 05 | 명사(구)/대사+像+명사(구)/대사+一样(+형용사/동사(구)+)吗? |

두 대상 간에 공통의 특징이 있는지 추측할 때 사용된다. 일반적인 경우 "像"의 앞과 뒤에는 명사성 단어가 오고 "一样"뒤에는 형용사, 동사나 짧은 문장이 온다. 이 경우 대화하는 쌍방은 두 사물의 공통점이 무엇인지 알고 있지만, 그 특징은 명백히 드러나지 않아 상하문맥 속에서 파악해야 한다. 또한 "一样"뒤에는 공통의 특징을 나타내는 단어가 오지 않을 수도 있다.

예
- 她像她妈妈一样漂亮(高，瘦)吗?
  Tā xiàng tā māma yíyàng piàoliang (gāo, shòu) ma?
  (그녀는 그의 엄마처럼 이쁘니 [키가 크니, 말랐니]?)

- 她像你一样喜欢(吃汉堡，打网球，逛商店)吗?
  Tā xiàng nǐ yíyàng xǐhuan (chī hànbǎo, dǎ wǎngqiú, guàng shāngdiàn) ma?
  (그녀도 너만큼 [너처럼 햄버거 먹는 것을, 테니스치는 것을, 백화점에 가는 것을] 좋아하니?)

- 这只狗像那只狗一样(不喜欢走路)吗?
  Zhè zhī gǒu xiàng nà zhī gǒu yíyàng (bù xǐhuan zǒulù) ma?
  (이 강아지는 저 강아지랑 같니 [저 강아지처럼 걷는 것을 싫어하니]?)

연습문제

1 아래의 단어를 이용하여 바꿔 말해보세요.

(1) 你也是 汉语教师 吗?

留学生
从美国来的
护士

(2) 你和(跟)他一样 高 吗?

胖
重
的

(3) 她 和 她妈妈 一样 漂亮 吗?

他的房间　你的房间　大
你的衣服　他的衣服　贵
你的头发　她的头发　长

2 아래의 대화를 완성하세요.

(1) A :   ?

　　B : 是的, 我的书包也是红色的。

(2) A : 你和哥哥都考了第一名吗?

　　B :   。

(3) A :   ?

　　B : 我的车跟小王的车都是红色的。

(4) A : 你的汉语水平跟王老师的一样高吗?

　　 B : ＿＿＿＿＿＿＿＿＿＿＿＿＿＿＿＿＿＿＿＿＿＿＿＿＿＿＿＿＿＿＿＿＿＿。

(5) A : ＿＿＿＿＿＿＿＿＿＿＿＿＿＿＿＿＿＿＿＿＿＿＿＿＿＿＿＿＿＿＿＿＿＿?

　　 B : 对，我们的书差不多一样贵。

(6) A : 这家旅馆像那家一样干净吗?

　　 B : ＿＿＿＿＿＿＿＿＿＿＿＿＿＿＿＿＿＿＿＿＿＿＿＿＿＿＿＿＿＿＿＿＿＿。

3　단어를 이용하여 문장을 만들어 보세요.

(1) 都是, 你们, 吗, 英国人

(2) 日语, 韩语, 和, 一样, 吗

(3) 你, 中国菜, 他, 跟, 喜欢, 吧, 都

(4) 他, 和, 差不多, 她, 高

(5) 我, 一样, 像, 爸爸, 喜欢, 打篮球

Unit 27 어떤 장소에 누가 혹은 무엇이 있는지 추측할 때

01 명사(구)/대사+有+명사(구)+吗?

어떤 사람이 어떤 물건을 소유하고 있는지, 어떤 장소에 어떤 사람이나 사물이 있는지의 여부를 추측할 때 사용된다. "有" 앞에는 사람, 장소를 나타내는 명사가 오고 뒤에는 사람이나 사물을 가리키는 단어가 온다.

예
- 你有词典吗? (너는 사전이 있니?)
  Nǐ yǒu cídiǎn ma?

- 王小明有电脑吗? (왕소명은 컴퓨터가 있나요?)
  Wáng Xiǎomíng yǒu diànnǎo ma?

- 教室里有学生吗? (교실에는 학생이 있나요?)
  Jiàoshì li yǒu xuésheng ma?

02 명사(구)/대사+是不是+동사구?

추측과 동시에 자신의 추측이 정확한지 여부를 확인할 때 쓰인다. 어떤 장소에 어떤 사람이나 사물이 있는지에 대해 추측하는 것도 여기에 포함된다.

예
- 房间里是不是有人? (방에 사람이 있는 거 아닌가요?)
  Fángjiān li shì bu shì yǒu rén?

- 那个教室是不是有空调? (그 교실에 에어컨이 있지 않나요?)
  Nà ge jiàoshì shì bu shì yǒu kōngtiáo?

- 你们饭馆是不是有川菜? (당신네 식당에 사천요리가 있지 않나요?)
  Nǐmen fànguǎn shì bu shì yǒu Chuāncài?

03 명사(구)+是+명사(구)+吧?

어떤 장소에 어떤 사람이나 사물이 있는지에 대해 추측할 때 사용한다.

예
- 车里都是韩国客人吧？ (차 안에는 모두 한국손님들이죠?)
  Chēli dōu shì Hánguó kèren ba?

- 盒子里是生日蛋糕吧？ (상자 안에는 생일 케이크죠?)
  Hézi li shì shēngrì dàngāo ba?

- 信封里是贺年卡吧？ (봉투 안에는 신년 카드죠?)
  Xìnfēng li shì hèniánkǎ ba?

Unit 27 연습문제

1 아래의 단어를 이용하여 바꿔 말해보세요.

(1) 他有 电脑 吗?

手机
自行车
笔记本

(2) 你房间里是不是有 电视 ?

空调
狗
两张床

(3) 这个箱子里是 衣服 吧?

课本
牛奶
书

2 아래의 대화를 완성하세요.

(1) A : ?

B : 教室有电脑。

(2) A : ?

B : 这家饭馆有烤鸭。

(3) A : 房间里有没有电视?

B : 。

(4) A : _____?(……吧)

B : 我们学校有足球场。

(5) A : 家里还有没有菜?

B : _____。

3　단어를 이용하여 문장을 만들어 보세요.

(1) 有, 吗, 你, 房子

→ _____?

(2) 这里, 有, 是不是, 茉莉花茶

→ _____?

(3) 都, 在车里, 同学们, 吧

→ _____?

(4) 是不是, 教室里, 有, 学生

→ _____?

(5) 办公室里, 老师, 有, 吧

→ _____?

3. 확인하기

확인은 사실을 알리는 것으로, 일정한 대화 중의 확인은 종종 추측의 대한 긍정의 대답이다. 확인의 내용은 여러 방면을 포함하는데 예를 들면 성명, 신분, 이력, 시간, 구체적인 장소, 구체적인 사물, 사건, 어떤 사물의 성질, 특징, 작용, 과거에 이미 진행된 행위동작, 선택의 결과, 사람, 사건, 사물 사이의 같은 특징, 어떤 장소에 어떤 사물이 위치하는 것, 사물이 어디에 속해 있는지 등이 있다.

Unit 28	이름을 확인할 때	
Unit 29	신분을 확인할 때	
Unit 30	이력을 확인할 때	
Unit 31	시간을 확인할 때	
Unit 32	장소를 확인할 때	
Unit 33	구체적인 사물을 확인할 때	
Unit 34	사건을 확인할 때	
Unit 35	사물의 성질, 특징, 작용을 확인할 때	
Unit 36	과거에 발생한 행위나 동작을 학인할 때	
Unit 37	생각이나 사고를 통한 선택을 확인할 때	
Unit 38	어떤 사람이나 사물의 공통점을 확인할 때	
Unit 39	어떤 장소에 어떤 물건이 있는지 확인할 때	
Unit 40	사물의 소속(소유)관계를 확인할 때	
Unit 41	범위를 확인할 때	

Unit 28 이름을 확인할 때

01 명사/대사+是+명사/동사구+吗?

어떤 사람의 이름을 확인할 때 사용한다. "是"의 앞, 뒤에는 사람을 나타내는 대사나 명사구가 온다. 주어는 항상 "你, 他, 她, 他们"등의 인칭대사이며, 목적어는 사람의 이름과 같은 구체적인 명사이다.

예
- 您是王小明吗? (당신은 왕소명입니까?)
  Nín shì Wáng Xiǎomíng ma?

- 您是叫李立吗? (당신은 이립이라고 불립니까?)
  Nín shì jiào Lǐ Lì ma?

- 他是小王吗? (그는 왕 군입니까?)
  Tā shì Xiǎo Wáng ma?

02 这是+명사(인명)

어떤 사람이 누구인지 설명할 때 사용한다. 공손한 표현은 "这位是……"이다.

예
- 这是王小明。(이분은 왕소명입니다.)
  Zhè shì Wáng Xiǎomíng.

- 这是刘大力。(이분은 유대력입니다.)
  Zhè shì Liú Dàlì.

- 这是陈阳。(이분은 진양입니다.)
  Zhè shì Chén Yáng.

연습문제

1 아래의 단어를 이용하여 바꿔 말해보세요.

(1) 他是 小李 。

刘老师
赵医生
张经理

(2) 这是 张先生 。

王老师
老刘
张大夫

(3) 这位是 韩明 。

王平
安妮
刘芳

(4) 你是叫 王云 吗?

刘刚
张唱
李亚龙

2 아래의 대화를 완성하세요.

(1) A : _____?

　　B : 是的，他是张老师。

(2) A : 你是小王吗?

　　B : _____。

(3) A : 你好，我是王云。

　　B : _____。

(4) A: 你好，我是李小花。见到你很高兴！

B: 你好，   ！

(5) A: 小张，给你介绍一下。这位是我的好朋友王小明。

B: 你好，   ！

3 단어를 이용하여 문장을 만들어 보세요.

(1) 是, 他, 王小明

→

(2) 是, 这, 张老师

→

(3) 是, 老李, 这位

→

(4) 你, 孙先生, 是

→

(5) 这, 杰夫, 是

→

신분을 확인할 때

01 명사(구)/대사+是+명사(구)

어떤 사람의 신분을 확인할 때 사용한다. "是" 앞에는 사람을 나타내는 명사, 대사가 오고, "是" 뒤에는 직업, 직무, 직위 등의 명사나 가족을 나타내는 호칭이 온다

예
- 您是老师吗？(당신은 선생님입니까?)
  Nín shì lǎoshī ma?

- 我不是老师，我是学生。(저는 선생님이 아니라, 학생입니다.)
  Wǒ bú shì lǎoshī, wǒ shì xuésheng.

- 您是经理吗？(당신은 사장님입니까?)
  Nín shì jīnglǐ ma?

- 我不是经理，他是经理。(제가 사장이 아니라, 저 분이 사장님입니다.)
  Wǒ bú shì jīnglǐ, tā shì jīnglǐ.

02 这是+명사(신분을 나타내는 명사)

사람의 신분을 설명할 때 쓰이며, "这是" 뒤에는 사람의 신분을 나타내는 종류의 단어가 온다. 공손한 표현은 "这位是……"라고 쓴다.

예
- 这是王老师。(이 분은 왕 선생님입니다.)
  Zhè shì Wáng lǎoshī.

- 这是刘经理。(이 분은 유 사장님입니다.)
  Zhè shì Liú jīnglǐ.

- 这是李总。(이 분은 이 사장님입니다.)
  Zhè shì Lǐ zǒng.

연습문제

1 아래의 단어를 이용하여 바꿔 말해보세요.

(1) 他是 留学生 。

英语教师
公司的老板
农民

(2) 这是 王经理 。

李医生
张教授
刘主任

(3) 这位是 导游 。

律师
服务员
护士

2 아래의 대화를 완성하세요.

(1) A : 你是汉语老师吗?

B : 　　　　　　　　　　　　　　　　　　。

(2) A : 他是校长吗?

B : 　　　　　　　　　　　　　　　　　　。

(3) A : 你好，我是王小明的汉语老师。

B : 你好，　　　　　　　　　　　　　　　。

(4) A :   ?

　　 B : 不，我不是这里的老板，我是职员。

(5) A :   ?

　　 B : 不，我不是英语老师，我是学生。

3 단어를 이용하여 문장을 만들어 보세요.

(1) 是, 他, 警察

→   。

(2) 他, 出租车司机, 是

→   。

(3) 这位, 张秘书, 是

→   。

(4) 汉语老师, 他姐姐, 是

→   。

(5) 这, 银行经理, 是

→   。

이력을 확인할 때

01 명사/대사+是+명사(구)

어떤 사람의 이력을 확인할 때에 사용한다. "是" 앞은 사람을 나타내는 명사나 대사가 오고, "是" 뒤에는 국가나 회사명 등을 나타내는 명사가 온다.

예
- 我不是美国人，我是英国人。(나는 미국인이 아니고, 영국인입니다.)
  Wǒ bú shì Měiguórén, wǒ shì Yīngguórén.

- 他是师范大学的学生。(그는 사범대학의 학생입니다.)
  Tā shì shīfàn dàxué de xuésheng.

- 他是天津人。(그는 톈진사람입니다.)
  Tā shì Tiānjīnrén.

연습문제

1 아래의 단어를 이용하여 바꿔 말해보세요.

(1) 我是 美国人 。

北京人
英国人
中国人

(2) 他的同学是 上海人 。

法国人
师范大学的学生
中科院研究生

(3) 我是 汉族 。

这家公司的员工
北京师范大学毕业的学生
毛巾厂的工人

2 아래의 대화를 완성하세요.

(1) A : 你是美国人吗?

B : _____。

(2) A : 你是南方人吗?

B : _____。

(3) A : 你是北京大学的学生吗?

B : _____。

(4) A: ?

B: 不，我不是日本留学生，我是韩国留学生。

(5) A: 你的汉语老师是哪国人？

B: 。

3 단어를 이용하여 문장을 만들어 보세요.

(1) 天津人, 他, 是

→

(2) 我最好的, 是, 朋友, 河北人

→

(3) 姐姐, 我的, 是, 科技大学学生

→

(4) 她, 这家, 公司的, 是, 员工

→

(5) 是, 他的, 英国人, 爷爷

→

시간을 확인할 때

01 명사(구)/대사+是+명사(구)/(동사(구))

시간을 확인할 때 사용한다. "是" 앞에는 일반적으로 대사, 명사, 명사구가 오고, "是" 뒤에는 시간명사나 시간이 나타나 있는 문장이나, 동사 또는 동사구가 온다

예
- 明天是星期天。(내일은 일요일이다.)
  Míngtiān shì xīngqītiān.

- 现在是六点。(지금은 6시다.)
  Xiànzài shì liù diǎn.

- 我们是明天考试。(우리는 내일 시험이다.)
  Wǒmen shì míngtiān kǎoshì.

02 명사/대사+是+시간사+동사+的

주로 이미 발생한 사건을 강조할 때 사용하며, 특히 시간을 확인하는데 사용한다.

예
- 飞机是9点起飞的。(비행기는 9시에 이륙한다.)
  Fēijī shì jiǔ diǎn qǐfēi de.

- 我是3点离开的。(나는 3시에 떠난다.)
  Wǒ shì sān diǎn líkāi de.

- 电影是8点半开始的。(영화는 8시 반에 시작한다.)
  Diànyǐng shì bā diǎn bàn kāishǐ de.

연습문제

1 아래의 단어를 이용하여 바꿔 말해보세요.

(1) 明天是 星期六 。

5月1号
星期一
春节

(2) 我们是早上8点 上课 。

去故宫
篮球比赛
出发

(3) 他是下午3点 回学校 的。

去图书馆
起床
出生

2 아래의 대화를 완성하세요.

(1) A : 今天星期几?

B :   。

(2) A : 你的生日是几月几号?

B :   。

(3) A : 你是什么时候去北京旅游的?

B :   。

(4) A: ?

　　B : 他是去年第一次去中国的。

(5) A : 你是什么时候开始学汉语的?

　　B : 。

3　단어를 이용하여 문장을 만들어 보세요.

(1) 现在, 10点, 是

→ 。

(2) 吃晚饭, 我, 6点, 是

→ 。

(3) 交的作业, 他, 这是, 昨天

→ 。

(4) 离开, 他, 的, 是, 下午2点

→ 。

(5) 的, 是, 我, 去上海, 5月5号

→ 。

Unit 32 장소를 확인할 때

01 명사(구)/대사+是+명사(구)

어떤 장소를 확인할 때 사용한다. 이 문장은 두 가지의 의미가 있는데, 하나는 어떤 장소를 확인하는 것, 또 하나는 구체적이거나 특정 장소를 확인하는 것이다.

예
- 这是图书馆。(여기는 도서관이다.)
  Zhè shì túshūguǎn.

- 里面是会议室。(안쪽은 회의실이다.)
  Lǐmiàn shì huìyìshì.

- 灰色的楼是我们的办公楼。(회색 건물은 우리 사무실 건물이다.)
  Huīsè de lóu shì wǒmen de bàngōnglóu.

Unit 32 연습문제

1 아래의 단어를 이용하여 바꿔 말해보세요.

(1) 那是 饭店 。

教室
图书馆
办公室

(2) 衣服在 四楼 。

箱子里
床上
阳台上

(3) 我要去的地方是 长城 。

美国
操场
食堂

2 아래의 대화를 완성하세요.

(1) A : 那座红色的楼是什么?

B : 　　　　　　　　　　　　　　　。

(2) A : 哪儿卖女士皮鞋?

B : 　　　　　　　　　　　　　　　。

(3) A : 王老师的办公室在哪儿?

B : 　　　　　　　　　　　　　　　。

(4) A : 上个月你去哪个城市旅行了?

B :

(5) A : 体育馆在哪儿?

B :

3 단어를 이용하여 문장을 만들어 보세요.

(1) 酒吧, 是, 这儿

→

(2) 办公室, 地方, 是, 那个

→

(3) 香蕉, 广东, 是, 产的

→

(4) 那, 北京大学的, 留学生公寓, 是

→

(5) 是, 我最喜欢的, 北京, 城市

→

구체적인 사물을 확인할 때

01 명사/대사+是+명사(구)/대사

어떤 구체적인 사물을 확인할 때 사용한다. "是"의 앞, 뒤에는 사물을 나타내는 명사나 대사가 온다.

예
- 这是什么？(이것은 무엇입니까?)
  Zhè shì shénme?

- 这是一盒巧克力。(이것은 초콜릿 한 상자입니다.)
  Zhè shì yì hé qiǎokèlì.

- 这是一副春联。(이것의 한 쌍의 춘련입니다.)
  Zhè shì yí fù chūnlián.

02 명사(구)/대사+叫+명사(구)

사람이나 사물의 이름이 어떻게 불리는지를 나타낼 때 사용한다. 이때 문장 중간에 또 다른 동사는 사용할 수 없다.

예
- 我们都叫他张先生。(우리는 모두 그를 장 선생이라 부른다.)
  Wǒmen dōu jiào tā Zhāng xiānsheng.

- 我们叫它大黄。(우리는 그것을 대황이라 부른다.)
  Wǒmen jiào tā Dàhuáng.

- 大家都叫它鬼屋。(모두들 그것을 귀신집이라 부른다.)
  Dàjiā dōu jiào tā guǐwū.

연습문제

1 아래의 단어를 이용하여 바꿔 말해보세요.

(1) 这是 我给你的礼物 。

北京烤鸭
汉语课本
韩国泡菜

(2) 那是 我写的作文 。

我买的衣服
我学习的书
我做的饭

(3) 我们叫 他老马 。

它饺子
它武术
他小宝

2 아래의 대화를 완성하세요.

(1) A : 那是什么?

　　B : 　　　　　　　　　　　　　　　　　　　　　　　　。

(2) A : 你送给老师的礼物是什么?

　　B : 　　　　　　　　　　　　　　　　　　　　　　　　。

(3) A : 中国人春节用的写着汉字的红纸叫什么?

　　B : 　　　　　　　　　　　　　　　　　　　　　　　　。

(4) A : 电视上的那种动物是什么?

　　B : _____。

(5) A : 那只白色的猫叫什么?

　　B : _____。

3 단어를 이용하여 문장을 만들어 보세요.

(1) 钱包, 是, 爸爸的, 这

→ _____。

(2) 桌子上, 他的, 是, 信

→ _____。

(3) 牡丹花, 我们, 叫, 它

→ _____。

(4) 中国人, 叫, 旗袍, 它

→ _____。

(5) 我, 是, 最喜欢的菜, 中国菜

→ _____。

Unit 34 사건을 확인할 때

01 명사/대사+是+동사(구)+吗?

어떤 일을 확인할 때 사용한다. "是" 앞에는 사람을 나타내는 명사나 대사가 오고, "是" 뒤에는 일이나 활동에 관련된 단어가 온다.

예

- A : 你们是要开会吗? (당신들은 회의를 하려고 합니까?)
  Nǐmen shì yào kāihuì ma?

  B : 不，我们不开会。(아니요, 우리는 회의를 하지 않습니다.)
  Bù, wǒmen bù kāihuì.

- A : 你们是要跳舞吗? (당신들은 춤을 추려고 합니까?)
  Nǐmen shì yào tiàowǔ ma?

  B : 对。(네.)
  Duì.

연습문제

1 아래의 단어를 이용하여 바꿔 말해보세요.

(1) 他是在 看电视 。

> 看书
> 听音乐
> 参加聚会

(2) 他是 眼睛不好 。

> 感冒了
> 肚子疼
> 心情不好

(3) 我们是 去买衣服 。

> 去图书馆
> 准备开会
> 去野餐

2 아래의 대화를 완성하세요.

(1) A：晚上你们班的学生是要去唱歌吗?

　　B：　　　　　　　　　　　　　　　　。

(2) A：中午你是要去食堂吃饭吗?

　　B：　　　　　　　　　　　　　　　　。

(3) A：你是1998年从北京大学毕业的学生吗?

　　B：　　　　　　　　　　　　　　　　。

(4) A : 他是在准备明天的考试吗?

B :

(5) A : 明年夏天你是要去北京吗?

B :

3 단어를 이용하여 문장을 만들어 보세요.

(1) 是, 在说笑话, 他

→

(2) 要包饺子, 我们, 是

→

(3) 我姐姐, 去买飞机票, 是

→

(4) 他, 腿不好, 是

→

(5) 去上课, 我们, 是

→

Unit 35 사물의 성질, 특징, 작용을 확인할 때

01 명사(구)/대사+是+명사구

어떤 사물의 성질, 특징, 작용을 확인하는데 사용한다. "是" 앞에는 사물을 나타내는 명사나 대사가 오고, "是" 뒤에는 사물의 성질, 특징, 작용에 해당하는 단어가 온다.

예
- 太极拳是中国的一种传统功夫。 (태극권은 중국의 전통무술이다.)
  Tàijíquán shì Zhōngguó de yì zhǒng chuántǒng gōngfu.

- 饺子是中国的一种传统食品。 (만두는 중국의 전통식품이다.)
  Jiǎozi shì Zhōngguó de yì zhǒng chuántǒng shípǐn.

- 泡菜是韩国的一种传统菜。 (김치는 한국의 전통요리이다.)
  Pàocài shì Hánguó de yì zhǒng chuántǒng cài.

02 这是+명사(구)

사물의 성질, 특징, 작용을 설명하는데 사용한다. "这是" 뒤에는 지명이나 사물 등을 나타내는 명사가 온다.

예
- 这是办公楼。 (이것은 사무실건물입니다.)
  Zhè shì bàngōnglóu.

- 这是他的书。 (이것은 그의 책입니다.)
  Zhè shì tā de shū.

- 这是我的电脑。 (이것은 제 컴퓨터입니다.)
  Zhè shì wǒ de diànnǎo.

03 명사(구)/대사+还是+형용사구

상황의 변화가 없음을 나타낼 때 사용할 수 있다. "……还是……"는 어떤 사람, 일, 사물이 변함없이 이전과 같음을 나타내며, "还是" 뒤에는 형용사가 온다.

예
- 这个地方还是很脏。(이 곳은 여전히 더럽다.)
  Zhè ge dìfang háishi hěn zāng.

- 十年过去了，你还是那么漂亮。(십 년이 흘렀는데도 너는 여전히 아름답구나.)
  Shí nián guòqu le, nǐ háishi nàme piàoliang.

- 已经到秋天了，可是天气还是很闷热。
  Yǐjing dào qiūtiān le, kěshì tiānqì háishi hěn mēnrè.
  (이미 가을이 되었는데도 날씨는 여전히 덥네요.)

04 명사(구)+曾经+동사(구)+过

어떤 사람이나 사물이 이전에 출현했음을 나타낼 때 사용한다. 이때 사용된 동사는 과거의 상태를 나타낸다. 부정형식은 "没有+동사+过"이며, 이때 "曾经"은 사용하지 않는다.

예
- 这座房子在地震时曾经倒塌过。(이 집은 지진이 났을 때 무너진 적이 있다.)
  Zhè zuò fángzi zài dìzhèn shí céngjīng dǎotā guo.

- 那幅画曾经被盗过。(그 그림은 도둑 맞은 적이 있다.)
  Nà fú huà céngjīng bèi dàoguo.

 연습문제

1 아래의 단어를 이용하여 바꿔 말해보세요.

(1) 这是 红色的衣服 。

茉莉花茶
新的汉语课本
刚修好的电脑

(2) 我还是很 累 。

高兴
不舒服
生气

(3) 电脑 曾经 坏 过。

这件衣服   穿
这辆自行车 骑
老师   来

(4) 月饼 是 中秋节吃 的 食品 。

口语   留学生   必修课
勤劳   韩国人   传统美德
学习   学生   天职

2 아래의 대화를 완성하세요.

(1) A : 美式足球是圆的吗?

B :   。

(2) A : 川菜是什么味道?

B :   。

(3) A : 这是什么药?

B :   。

(4) A : 现在北京的天气怎么样?

B : _____。(还是)

(5) A : 听说那座楼有些特别。

B : 是呀，因为_____。(曾经……过)

3 단어를 이용하여 문장을 만들어 보세요.

(1) 甜的, 苹果, 是

→ _____ 。

(2) 是, 衣服, 这, 便宜的

→ _____ 。

(3) 还是, 教室, 很脏

→ _____ 。

(4) 空调, 坏, 曾经, 过

→ _____ 。

(5) 汉语, 很难, 还是

→ _____ 。

Unit 36 과거에 발생한 행위나 동작을 확인할 때

01 명사(구)/대사(+曾经)+동사+过(+명사(구))

과거에 이미 끝난 동작이나 행위를 나타낼 때 사용한다. 부정형식은 "没有+동사+过……"이다. "曾经"은 생략 가능하지만 부정할 때에는 "曾经"을 사용하면 안 된다. "过" 뒤에는 일반적으로 명사가 온다.

예
- 我曾经去过长城。(나는 일찍이 만리장성에 가본 적이 있다.)
  Wǒ céngjīng qùguo Chángchéng.

- 我没去过长城，我曾经去过故宫。
  Wǒ méi qùguo Chángchéng, wǒ céngjīng qùguo Gùgōng.
  (나는 만리장성에 가본 적이 없고, 고궁에 가본 적이 있습니다.)

- 你曾经见过这个人，是吗？(너는 일찍이 이 사람을 본 적이 있니?)
  Nǐ céngjīng jiànguo zhè ge rén, shì ma?

연습문제

1 아래의 단어를 이용하여 바꿔 말해보세요.

(1) 我曾经 去 过 上海。

到
吃
见

北京
烤鸭
他

(2) 他曾经 学 过 汉语。

喝
听
去

茶
中文歌
中国

(3) 我曾经 在北京住 过。

在北京师范大学住
在那个房间睡
在中国生活

(4) 他曾经在 中国 学过 汉语。

英国
学校
家乡

英语
电脑
农活

2 아래의 대화를 완성하세요.

(1) A : 你吃过中国菜吗?

B : _____ 。

(2) A : 你曾经去过长城吗?

B : _____ 。

(3) A : 你见过熊猫吗?

B : _____ 。

(4) A : 你听说过那位明星吗?

　　B :

(5) A : 你看过那部2008年最流行的电视剧吗?

　　B :

3 단어를 이용하여 문장을 만들어 보세요.

(1) 故宫, 我, 去过, 曾经

→

(2) 没有, 他, 去过, 天津

→

(3) 看过, 我, 那本书, 曾经

→

(4) 他, 曾经, 衣服, 卖过

→

(5) 钱包, 我, 丢过, 曾经

→

Unit 37 생각이나 사고를 통한 선택을 확인할 때

01 명사(구)/대사(+동사)+还是+동사구

사고를 거친 비교를 통해 어떤 선택을 할 때 사용한다. 대답할 때는 항상 "还是"를 사용하여 자신의 선택을 강조한다. "还是" 앞에는 일반적으로 사람, 물건 등을 나타내는 단어가 오며, "还是" 뒤에는 주로 동사가 온다.

예
- 我想还是去颐和园，长城太远了。
  Wǒ xiǎng háishi qù Yíhéyuán, Chángchéng tài yuǎn le.
  (나는 그래도 이화원에 가고 싶다, 만리장성은 너무 머니까.)

- 这事儿太复杂了，你还是亲自来一趟更好。
  Zhè shìr tài fùzá le, nǐ háishi qīnzì lái yí tàng gèng hǎo.
  (이 일은 너무 복잡해요, 당신이 그래도 한번 오는 것이 더 좋겠네요.)

- 还是父母亲更心疼孩子。(그래도 부모님이 아이를 더 사랑한다.)
  Háishi fùmǔqīn gèng xīnténg háizi.

Unit 37 연습문제

1 아래의 단어를 이용하여 바꿔 말해보세요.

(1) 我还是喝 咖啡 。

> 茶
> 啤酒
> 矿泉水

(2) 他还是去 买衣服 。

> 故宫
> 上课
> 洗澡

(3) 我还是想 回国 。

> 回家
> 旅游
> 吃中餐

(4) 还是他更 喜欢孩子 。

> 喜欢运动
> 不爱说话
> 了解情况

2 아래의 대화를 완성하세요.

(1) A : 今天我们吃中国菜还是韩国菜?

B : _____ 。(……还是……)

(2) A : 你决定把这件事告诉老师吗?

B : 想了半天,_____ 。

(3) A : 明年夏天我们去哪儿旅行?

B : 想来想去,_____ 。

Unit 37 생각이나 사고를 통한 선택을 확인할 때 157

(4) A : 你打算去国外读书还是在国内读书?

B : 想了很久，

(5) A : 周末你打算出去运动还是在家休息?

B :

3 단어를 이용하여 문장을 만들어 보세요.

(1) 还是, 我, 看电影

→

(2) 他, 不去医院, 还是

→

(3) 我, 在饭店, 还是, 吃饭

→

(4) 我, 想当老师, 还是

→

(5) 喜欢, 他, 还是, 钱

→

Unit 38 어떤 사람이나 사물의 공통점을 확인할 때

01 명사(구)/대사+也是+명사(구)

어떤 사람이나 일 혹은 사물과 그외 사람, 일, 사물이 같은 특징이 있음을 설명할 때 사용된다. 완전한 문장은 "……(不)是……, ……也(不)是……"이다.

예
- 他是学生，你也是学生吗？ (그는 학생인데, 너도 학생이니?)
  Tā shì xuésheng, nǐ yě shì xuésheng ma?

- 我也是北京大学的学生。 (저도 베이징대학의 학생입니다.)
  Wǒ yě shì Běijīng Dàxué de xuésheng.

- 他不是学生，我也不是学生。 (그는 학생이 아니고, 저도 학생이 아닙니다.)
  Tā bú shì xuésheng, wǒ yě bú shì xuésheng.

02 명사(구)/대사+都是+명사(구)/동사(구)

어떤 사람이나 사물 전체가 모두 공통적인 특징을 가지고 있음을 나타낼 때 사용한다. "都是" 앞, 뒤에는 명사나 동사구가 온다.

예
- 我们都是美国学生。 (우리는 모두 미국학생이다.)
  Wǒmen dōu shì Měiguó xuésheng.

- 他们都是来参加面试的。 (그들은 모두 면접에 참가하러 왔다.)
  Tāmen dōu shì lái cānjiā miànshì de.

- 这都是签过字的文件。 (이것은 모두 사인을 한 문서이다.)
  Zhè dōu shì qiānguo zì de wénjiàn.

Unit 38 연습문제

1 아래의 단어를 이용하여 바꿔 말해보세요.

(1) 我也是 留学生 。

美国人
老师
编辑

(2) 那都是 饭馆 。

书店
商场
酒吧

(3) 我也不是 英国人 。

医生
北京大学学生
工人

(4) 我也不是来 学习的 。

游泳的
看电影的
借书的

2 아래의 대화를 완성하세요.

(1) A : 姚明是中国运动员，刘翔呢？

　　B : ＿＿＿＿＿＿＿＿＿＿＿＿＿＿＿＿＿＿＿＿。

(2) A : 小王是二班的学生，小张呢？

　　B : ＿＿＿＿＿＿＿＿＿＿＿＿＿＿＿＿＿＿＿＿。

(3) A : 这座红色的楼不是留学生的宿舍，那座白色的呢？

　　B : ＿＿＿＿＿＿＿＿＿＿＿＿＿＿＿＿＿＿＿＿。

(4) A : 中国的大学都是八点开始上课吗?

B :

(5) A : 这些都是你的作业吗?

B :

3 단어를 이용하여 문장을 만들어 보세요.

(1) 也是, 很热, 夏天, 北京

→

(2) 他们, 师范大学学生, 都是

→

(3) 他们, 都, 花, 喜欢

→

(4) 他, 有钱人, 也不是

→

(5) 都不是, 我们, 学生

→

어떤 장소에 어떤 물건이 있는지 확인할 때

01 명사(구)/대사+有+명사(구)

어떤 사람이 어떤 물건을 소유하고 있는지 혹은 어떤 장소에 어떤 물건이 있는지 없는지를 확인할 때 사용한다.

예
- 王小明有电脑。(왕소명은 컴퓨터가 있습니다.)
  Wáng Xiǎomíng yǒu diànnǎo.

- 李力有自行车。(이력은 자전거가 있습니다.)
  Lǐ Lì yǒu zìxíngchē.

- 教室里有我的书包。(교실 안에 내 책가방이 있습니다.)
  Jiàoshì li yǒu wǒ de shūbāo.

02 这有+명사(구)

어떤 장소에 어떤 물건이 있음을 확인할 때 사용되며, "这有" 뒤에는 사람이나 사물을 나타내는 명사가 온다.

예
- 这有一个空座位。(여기에는 빈자리가 하나 있다.)
  Zhè yǒu yí ge kōng zuòwèi.

- 这有一家中国餐馆。(여기에는 중국음식점이 한 곳 있다.)
  Zhè yǒu yì jiā Zhōngguó cānguǎn.

- 这有人。(여기에 사람이 있다.)
  Zhè yǒu rén.

Unit 39 연습문제

1 아래의 단어를 이용하여 바꿔 말해보세요.

(1) 他有 汉语课本 。

电脑
自行车
手机

(2) 这有 一本书 。

一件衣服
一个钱包
一个小孩

(3) 教室里有 空调 。

我的书包
两个空座位
三位老师

(4) 这有 买书 的。

买面包
来面试
学汉语

2 아래의 대화를 완성하세요.

(1) A : 这里有网吧吗?

B :   。

(2) A : 现在你有钢笔吗?

B :   。

(3) A : 这个楼里有厕所吗?

B :   。

(4) A : 这所学校有留学生吗?

B :

(5) A : 这儿有韩国饭馆吗?

B :

3 단어를 이용하여 문장을 만들어 보세요.

(1) 我, 词典, 有

→

(2) 学生证, 有, 他们

→

(3) 公园里, 牡丹花, 有

→

(4) 很多, 这有, 衣服

→

(5) 一家, 这有, 水果店

→

Unit 40 사물의 소속(소유)관계를 확인할 때

01 명사(구)/대사+是+명사(구)/대사+的+명사

사물의 소유(소속)관계를 확인할 때 사용된다. "是"뒤의 단어는 일반적으로 "的"뒤에 나타나는 단어를 소유하거나 그것과 관계가 있는 사람을 지시하는 단어가 온다.

예
- 这是我的足球。(이것은 나의 축구공이다.)
  Zhè shì wǒ de zúqiú.

- 那是我的手机。(저것은 나의 휴대전화이다.)
  Nà shì wǒ de shǒujī.

- 这位是我们公司的总经理。(이분은 우리 회사의 회장님이시다.)
  Zhè wèi shì wǒmen gōngsī de zǒng jīnglǐ.

연습문제

1 아래의 단어를 이용하여 바꿔 말해보세요.

(1) 那是我的 书 。

牛奶
电脑
名片

(2) 她是我的 老师 。

妹妹
女朋友
敌人

(3) 这是我的 车 。

笔
词典
面包

2 아래의 대화를 완성하세요.

(1) A : 这只狗是谁的?

B : ＿＿＿＿＿＿＿＿＿＿＿＿＿＿＿＿＿＿＿＿＿＿＿＿＿＿＿＿。

(2) A : 那是谁的电脑?

B : ＿＿＿＿＿＿＿＿＿＿＿＿＿＿＿＿＿＿＿＿＿＿＿＿＿＿＿＿。

(3) A : 那是你的宿舍吗?

B : ＿＿＿＿＿＿＿＿＿＿＿＿＿＿＿＿＿＿＿＿＿＿＿＿＿＿＿＿。

(4) A : 这是谁的手机?

B : 　　　　　　　　　　　　　　　　　　　　　　　　。

(5) A : 他是你们班的学生吗?

B : 　　　　　　　　　　　　　　　　　　　　　　　　。

3 단어를 이용하여 문장을 만들어 보세요.

(1) 衣服, 我的, 是, 那

→ 　　　　　　　　　　　　　　　　　　　　　　　　。

(2) 2班, 这, 教室, 是

→ 　　　　　　　　　　　　　　　　　　　　　　　　。

(3) 钱包, 他的, 那, 是

→ 　　　　　　　　　　　　　　　　　　　　　　　　。

(4) 小李的, 这位, 妈妈, 是

→ 　　　　　　　　　　　　　　　　　　　　　　　　。

(5) 自行车, 他的, 是, 这

→ 　　　　　　　　　　　　　　　　　　　　　　　　。

범위를 확인할 때

01 除了+명사+以外, (명사(구)/대사+)也/还/都+동사(구)

범위를 확인할 때 사용된다. "除了"와 "也/都/还" 뒤에는 항상 명사(구)나 동사구가 온다.

예
- 除了北京以外，我哪儿也没去。(베이징 이외에, 나는 어느 곳에도 가보지 못했다.)
  Chúle Běijīng yǐwài, wǒ nǎr yě méi qù.

- 面积大的国家除了俄罗斯以外，还有加拿大，中国和美国。
  Miànjī dà de guójiā chúle Éluósī yǐwài, háiyǒu Jiānádà, Zhōngguó hé Měiguó.
  (면적이 넓은 나라는 러시아 외에도, 캐나다, 중국, 미국이 있다.)

- 除了小王以外，我们都去长城了。(왕 군 외에도 우리도 모두 만리장성에 갔다.)
  Chúle Xiǎo Wáng yǐwài, wǒmen dōu qù Chángchéng le.

연습문제

1 아래의 단어를 이용하여 바꿔 말해보세요.

(1) 除了 汉语 以外，我还 学英语 。　　(2) 除了 星期三 以外，我们都 有时间 。

北京	去过上海		小王	去长城
茶	喝过咖啡		酒	喝
小王	见过小张		猪肉	可以吃

(3) 除了 香港 以外，他还 到过天津 。　　(4) 除了 鸡 以外还有 猪 。

工作	学习汉语		青菜	肉
聪明	很漂亮		苹果	芒果
英语	会韩语		毛笔	钢笔

2 아래의 대화를 완성하세요.

(1) A：你们班每天都有汉语课吗？

B： 　　　　　　　　　　　　　　　　　。(除了……以外，也/还/都……)

(2) A：王老师很忙，她哪天有空？

B： 　　　　　　　　　　　　　　　　　　　　　　　　　。

(3) A：现在只有法国用欧元吗？

B： 　　　　　　　　　　　　　　　　　　　　　　　　　。

Unit 41 범위를 확인할 때　169

(4) A : 韩国大学每个月都要上课吗?

B :

(5) A : 你们学校的图书馆每天都开门吗?

B :

3 단어를 이용하여 문장을 만들어 보세요.

(1) 除了, 空调, 房间里, 还有, 以外, 电视

→

(2) 以外, 姐姐, 除了, 他, 妹妹, 也有

→

(3) 除了, 以外, 他, 我们, 学生, 都是

→

(4) 旅游, 除了, 学习, 以外, 我, 还去

→

(5) 这些, 以外, 茶, 酒, 除了, 都是

→

유머 한 토막

我有罪 [Wǒ yǒu zuì] - 저는 죄가 있어요.

他说:　　　　　神父，我有罪。
Tā shuō　　　　Shénfu, wǒ yǒu zuì.
그가 말하길,　　"신부님 저는 죄가 있어요."

神父说:　　　　孩子，每个人都有罪。你犯了什么错？
Shénfu shuō　　Háizi, měi ge rén dōu yǒu zuì. Nǐ fànle shénme cuò?
신부가 말하길,　"얘야, 모든 사람들은 죄가 있단다. 너는 어떤 잘못을 했니?"

他回答:　　　　神父，我偷了别人的一头牛，我该怎么办？
Tā huídá　　　　Shénfu, wǒ tōule biérén de yì tóu niú, wǒ gāi zěnmebàn?
그가 대답하길,　"신부님, 저는 다른 사람의 소 한마리를 훔쳤어요. 어떻게 하죠?"
　　　　　　　　神父，我把牛送给你好不好？
　　　　　　　　Shénfu, wǒ bǎ niú sòng gěi nǐ hǎo bu hǎo?
　　　　　　　　"신부님, 제가 그 소를 신부님께 드리는 게 어떨까요?"

神父回答:　　　我不要，你应该把那头牛送还给那位失主才对。
Shénfu huídá　　Wǒ búyào, nǐ yīnggāi bǎ nà tóu niú sòng huán gěi nà wèi shīzhǔ cái duì.
신부가 대답하길,"나는 싫구나, 너는 그 소를 당연히 소를 잊어버린 주인에게 돌려주는 것이 맞는 것 같구나."

他说:　　　　　但是他说他不要。
Tā shuō　　　　Dànshì tā shuō tā búyào.
그가 말하길,　　"그러나 그 사람은 싫다고 해요."

神父说:　　　　那你就自己收下吧。
Shénfu shuō　　Nà nǐ jiù zìjǐ shōuxia ba.
신부가 말하길,　"그럼 네가 가지려무나."

结果，当天晚上神父回到家后，发现他的牛不见了。
Jiéguǒ, dāngtiān wǎnshang shénfu huídào jiā hòu, fāxiàn tā de niú bú jiàn le.
결국, 그날 저녁 신부가 집으로 돌아갔을 때 자신의 소가 없어진 것을 발견했다.

4. 서술하기

서술의 내용은 여러 부분을 포함한다. 예를 들면, 곧 진행할 행위동작의 서술, 지금 진행 중인 행위동작의 서술, 과거에 이미 진행된 행위동작의 서술, 한쪽이 다른 한쪽으로 인해 진행하는 행위동작을 서술, 한쪽이 다른 한쪽을 위해 수고한 행위동작을 서술, 쌍방이 공통적으로 진행하는 행위동작을 서술, 두 쪽이나 여러 사람이 서로 같은 행위동작을 진행했음을 서술, 한쪽이 다른 한쪽에 진행한 행위동작을 서술, 혹은 혼자서 진행하는 행위동작을 서술할 때 등이다.

Unit 42	곧 발생할 행위동작을 서술할 때	
Unit 43	현재 진행 중인 동작을 서술할 때	
Unit 44	과거에 이미 발생한 동작을 서술할 때	
Unit 45	한쪽이 다른 한쪽에 의해 진행되는 동작을 서술할 때	
Unit 46	한쪽의 행동이 다른 한쪽의 동작에 도움을 줌을 서술할 때	
Unit 47	쌍방이 공통으로 진행하는 행위나 동작을 서술할 때	
Unit 48	두 사람 혹은 여러 사람이 같은 동작을 하는 것을 서술할 때	
Unit 49	다른 사람에게 미치는 동작의 대상을 서술할 때	
Unit 50	혼자 진행하는 동작을 서술할 때	
Unit 51	소식의 근원을 서술할 때	
Unit 52	원치 않지만 반드시 하게 되는 동작을 서술할 때	
Unit 53	어떤 사람이 사람, 일, 물건에 대한 의견을 서술할 때	

곧 발생할 행위동작을 서술할 때

01 명사(구)/대사+(+부사+)想+동사(구)

어떤 일에 대한 계획이나 희망을 나타낼 때 사용하며, "想" 뒤에는 일반적으로 동사가 온다.

예
- 我想回家。(나는 집에 가고 싶다.)
  Wǒ xiǎng huíjiā.

- 这个勤奋的学生非常想放松一下。(이 근면한 학생은 무척이나 쉬고 싶어한다.)
  Zhè ge qínfèn de xuésheng fēicháng xiǎng fàngsōng yíxià.

- 约翰先生很想吃北京烤鸭。(요한씨는 베이징 오리구이를 무척이나 먹고 싶어한다.)
  Yuēhàn xiānsheng hěn xiǎng chī Běijīng kǎoyā.

02 명사(구)/대사+要+동사(구)

어떤 일에 대한 계획을 나타낼 때 사용한다.

예
- 明天我要给他打电话。(내일 나는 그에게 전화를 걸 것이다.)
  Míngtiān wǒ yào gěi tā dǎ diànhuà.

- 下午他们要开会。(오후에 그들은 회의를 열 것이다.)
  Xiàwǔ tāmen yào kāihuì.

- 下个星期我要去旅行。(다음 주에 나는 여행을 가려고 한다.)
  Xià ge xīngqī wǒ yào qù lǚxíng.

03 명사(구)/대사+就要+동사(구)+了

어떤 일이 곧 발생하려 함을 나타낼 때 사용한다. "就要" 앞에는 일반적으로 명사 혹은 대사가 온다.

예

- 飞机就要起飞了。(비행기가 곧 이륙하려 한다.)
  Fēijī jiù yào qǐfēi le.

- 学生们就要考试了。(학생들은 곧 시험이다.)
  Xuéshengmen jiù yào kǎoshì le.

- 就要下雨了。(곧 비가 내리려 한다.)
  Jiù yào xiàyǔ le.

Unit 42 연습문제

1 아래의 단어를 이용하여 바꿔 말해보세요.

(1) 我想 回家 。

回国
学习汉语
吃韩国菜

(2) 下午我要 去喝酒 。

开会
去银行
游泳

(3) 我们就要 考试 了。

上课
离开北京
下班

(4) 就要 考试 了。

暑假
生孩子
回家

2 아래의 대화를 완성하세요.

(1) A : 下课以后你想做什么?

B : _____。

(2) A : 今天中午你想吃什么?

B : _____。

(3) A : 明年你要去中国做什么?

B : _____。

(4) A : 现在已经1：50了。

B : _____。（就要……）

(5) A : 今年夏天你要去中国旅行吗?

B : _____。

3 단어를 이용하여 문장을 만들어 보세요.

(1) 睡觉, 想, 我

→ _____。

(2) 想, 吃烤鸭, 我

→ _____。

(3) 要, 看电影, 我们

→ _____。

(4) 就要, 下雨, 现在, 了

→ _____。

(5) 起飞, 就要, 飞机, 了

→ _____。

Unit 43 현재 진행 중인 동작을 서술할 때

01 명사(구)+(正)在+동사(구)(+呢)

3가지 표현 방법이 있는데 : ❶ "……在+동사(……)" 혹은 ❷ "……正+동사(……)", 이 때 앞쪽이나 뒤쪽은 항상 다른 문장이 오고 동시에 발생한 상황을 나타낸다. ❸ 문장 뒤에 "呢"를 붙여 "……正在+동사(……)呢", "……在+동사(……)呢", "……正+동사(……)呢"로 쓸 수 있다. "正在" 앞과 동사 뒤는 일반적으로 명사가 오고, 동사는 일정시간 지속을 나타내는 동작의 동사가 온다.

예
- 大卫正在上网。(데이비드는 지금 인터넷을 하고 있다.)
  Dàwèi zhèngzài shàngwǎng.

- 大卫在吃饭呢。(데이비드는 지금 밥을 먹고 있는 중이다.)
  Dàwèi zài chīfàn ne.

- 那边的孩子们(正)在踢足球。(저쪽에 있는 아이들은 축구를 하고 있다.)
  Nà biān de háizimen (zhèng)zài tī zúqiú.

02 명사(구)/대사+((正)在+)동사+着+명사(구)

어떤 시간에 마침 발생한 사건을 나타낼 때 사용하며, 일반적으로 일정시간 지속할 수 있는 동작의 동사가 온다. 또 문장 중에 "正"이나 "正在"를 첨가할 수 있으며, "(正/正在)+동사+着(……)(+(呢))"의 형태로 쓸 수 있다. 동사는 "坐, 笑, 看"과 같은 지속동사가 온다.

예
- 他正睡着觉呢，小点儿声。(그는 마침 잠을 자고 있으니, 소리를 낮추어라.)
  Tā zhèng shuìzhe jiào ne, xiǎo diǎnr shēng.

- 不要吵，学生们正上着课呢。(떠들지 마, 학생들이 지금 수업중이야.)
  Búyào chǎo, xuéshengmen zhèng shàngzhe kè ne.

- 启明中学的学生们唱着启明中学的校歌。
  Qǐmíng Zhōngxué de xuéshengmen chàngzhe Qǐmíng Zhōngxué de xiàogē.
  (계명중고등학교의 학생들은 계명중고등학교의 교가를 부르고 있다.)

Unit 43 연습문제

1 아래의 단어를 이용하여 바꿔 말해보세요.

(1) 他正在 看书 。

学习
开会
工作

(2) 小王正在 洗澡 。

打电话
睡觉
看电视

(3) 他正 忙 着呢。

等
走
吃

(4) 他在 听音乐 。

写毛笔字
打游戏
听广播

2 아래의 대화를 완성하세요.

(1) A : 小王在做什么?

　　B : 　　　　　　　　　　　　　　　　　　。

(2) A : 昨天晚上8点你正在做什么?

　　B : 　　　　　　　　　　　　　　　　　　。

(3) A : 去年8月，你在做什么?

　　B : 　　　　　　　　　　　　　　　　　　。

(4) A : 电视的声音能不能小一点?

B : _____。(동사+着)

(5) A : 昨天我给你打电话的时候，你在做什么?

B : _____。

3 단어를 이용하여 문장을 만들어 보세요.

(1) 正在, 做菜, 李老师

→ _____。

(2) 听音乐, 我的, 正在, 同桌

→ _____。

(3) 我, 开着车, 正在

→ _____。

(4) 笑, 他, 正, 着

→ _____。

(5) 他, 呢, 正在, 吃着饭

→ _____。

Unit 44 과거에 이미 발생한 동작을 서술할 때

01 명사(구)/대사+동사+了+명사(구), 还+동사+了+명사(구)

과거에 이미 발생한 동작을 서술할 때 앞 뒤에 같은 동작이 두 번 진행되었음을 나타낸다. 단 두 동작의 대상은 다르며, 한 동작 이외에 다른 동작도 진행되었음을 나타낸다. 첫 번째 동사의 앞과 두 개의 "了" 뒤에는 일반적으로 명사가 오며, 앞, 뒤의 두 동사는 같을 수도 있고 다를 수도 있다.

예
- 我今天买了衣服，还买了水果。(나는 오늘 옷을 사고, 과일도 샀다.)
  Wǒ jīntiān mǎile yīfu, hái mǎile shuǐguǒ.

- 我买了三本书，还买了一件衣服。(나는 세 권의 책을 사고, 옷 한 벌도 샀다.)
  Wǒ mǎile sān běn shū, hái mǎile yí jiàn yīfu.

- 我们看了京剧，还吃了一些小吃。(우리는 경극을 보고, 약간의 간식도 먹었다.)
  Wǒmen kànle jīngjù, hái chīle yìxiē xiǎochī.

02-1 명사/대사+已经+동사(구)+了

이미 완성된 동작을 서술할 때 사용한다.

예
- 我们已经下课了。(우리는 이미 수업이 끝났다.)
  Wǒmen yǐjing xiàkè le.

- 他们已经吃完饭了。(그들은 이미 밥을 다 먹었다.)
  Tāmen yǐjing chīwán fàn le.

- 他们已经出发了。(그들은 이미 출발했다.)
  Tāmen yǐjing chūfā le.

- 会议已经开始了。(회의는 이미 시작되었다.)
  Huìyì yǐjing kāishǐ le.

- 弟弟已经起床了。(남동생은 이미 일어났다.)
  Dìdi yǐjing qǐchuáng le.

02-2 已经+시간사+了, (……)

이미 어떤 시간에 이르렀거나, 얼마 간의 시간을 달성했을 때 사용한다. "已经" 뒤에는 몇 시, 며칠, 무슨 요일, 몇 월 등의 시간사가 오며, 몇 시간, 며칠, 몇 개월 등의 시간을 나타내는 구도 올 수 있다. "了" 뒤에는 동사나 짧은 문장이 올 수 있으며, 만약 말하는 이가 대화의 내용을 분명히 알고 있다면, "了" 뒤의 내용은 생략 가능하다.

예
- 已经12点了，睡觉吧。 (벌써 열두 시다, 잠을 자거라.)
  Yǐjing shí'èr diǎn le, shuìjiào ba.

- 已经半年了。 (벌써 반년이 되었다.)
  Yǐjing bàn nián le.

- 已经21世纪了。 (벌써 21세기이다.)
  Yǐjing èrshíyī shìjì le.

03 명사(구)/대사+동사(구)+了

어떤 동작이 이미 시작 혹은 완성되었음을 나타낼 때 사용하며, 이 문형 안에는 "已经"을 쓰지 않아도 시작 혹은 완성의 의미를 나타낼 수 있다.

예
- 他回来了。 (그는 돌아왔다.)
  Tā huílai le.

- 我们昨天开会了。 (우리는 어제 회의를 했다.)
  Wǒmen zuótiān kāihuì le.

- 春天来了！ (봄이 왔다!)
  Chūntiān lái le!

- 孩子的班主任走了。 (아이의 담임 선생님은 가셨다.)
  Háizi de bānzhǔrèn zǒu le.

04 　都+시간사+了, (……)

의도한 대로 어떤 상황이 발생하거나 어떤 행위가 진행되어야 하지만 실제로는 그렇지 않은 경우에 불만을 나타낼 때 쓰인다. "都" 뒤에는 일반적으로 정확한 시간, 기간을 나타내는 단어나 시간의 길이를 나타내는 단어가 올 수 있다. "了" 뒤에는 일반적으로 동사나 문장이 오고, 만약 말하는 사람이 분명하면 "了" 뒤의 내용은 종종 생략한다.

예
- 都七年了。(벌써 7년이 되었다.)
  Dōu qī nián le.

- 都8点了。(벌써 8시이다.)
  Dōu bā diǎn le.

- 都三天了。(벌써 3일째다.)
  Dōu sān tiān le.

05 　명사(구)/대사+曾经+동사+过+명사(구)

과거에 이미 완성된 동작을 나타낼 때 사용한다. 부정형식에는 "曾经"을 쓰지 않으며, "没有+동사+过(……)"의 형식으로 쓰인다. "曾经"의 앞과 "过"의 뒤에는 대개 명사가 온다.

예
- 我曾经去过长城。(나는 일찍이 만리장성에 가본 적이 있다.)
  Wǒ céngjīng qùguo Chángchéng.

- 我曾经提醒过你。(나는 일찍이 너에게 일깨워 준 적이 있다.)
  Wǒ céngjīng tíxǐng guo nǐ.

- 王鹏的爸爸曾经见过那个美国人。
  Wáng Péng de bàba céngjīng jiànguo nà ge Měiguórén.
  (왕붕의 아버지는 [예전에] 저 미국인을 만난 적이 있다.)

연습문제

1 아래의 단어를 이용하여 바꿔 말해보세요.

(1) 他已经 看完书 了。

下课
睡觉
下山

(2) 我们去吃饭 了。

下雨
夏天来
告诉他

(3) 都 7点 了，你还不睡觉。

这么晚
一天
干了一天

(4) 我曾经 去 过 济州岛 。

吃　北京烤鸭
玩　电子游戏
见　小王

2 아래의 대화를 완성하세요.

(1) A : 昨天下午你做了什么?

　　B : _____。(……+동사+了……, 还+동사+了……)

(2) A : 你吃过饭了吗?

　　B : _____。(已经+동사……了)

(3) A : 你昨天晚上看电视了吗?

　　B : _____。

(4)　A : 他在中国多长时间了?

　　　B : _____。

(5)　A : 妈妈，我可不可以再看一会儿电视?

　　　B : _____。(都……了)

(6)　A : 你听过中国音乐吗?

　　　B : _____。

3　단어를 이용하여 문장을 만들어 보세요.

(1) 他, 休息, 了, 已经

→ _____。

(2) 我, 了, 喝完咖啡

→ _____。

(3) 现在, 12点, 已经, 了

→ _____。

(4) 了, 2点, 都

→ _____。

(5) 曾经, 学过, 我, 法语

→ _____。

Unit 45 한쪽이 다른 한쪽에 의해 진행되는 동작을 서술할 때

01 명사(구)+给+명사(구)+동사(구)

동작, 행위의 주체를 제시하고 그 주체가 다른 대상에게 어떤 행위나 동작을 하도록 함을 나타낼 때 쓰이며 수동적 의미를 지닌다. "给"의 앞과 뒤에는 명사가 오며, 동사 뒤에는 일반적으로 행위나 동작의 결과를 보충 설명하는 단어가 온다. 이때 동사는 "给" 뒤에 오는 명사가 취한 행위나 동작을 나타내며 이 행위나 동작의 수혜자는 "给" 앞의 단어이다.

예
- 妈妈快要给你气死了。(엄마는 너 때문에 화가 나실 것이다.)
  Māma kuài yào gěi nǐ qìsǐ le.

- 衣服都给雨淋湿了。(옷이 비에 흠뻑 젖었다.)
  Yīfu dōu gěi yǔ línshī le.

- 新买的电脑给陈阳的同学借走了。(새로 산 컴퓨터를 진양이의 친구가 빌려갔다.)
  Xīn mǎi de diànnǎo gěi Chén Yáng de tóngxué jièzǒu le.

02 명사(구)/대사+请+명사(구)/대사+동사구

한 사람이 다른 한 사람에게 어떤 일을 하도록 요청함을 나타낸다. 여기서 동사는 "帮忙" 등과 같은 비교적 공손한 어투의 단어들이다. "请"의 앞과 뒤에는 일반적으로 사람을 나타내는 단어가 오는데 "请" 앞에 오는 단어는 "요청"을 하는 행위자이고, "请" 뒤에 오는 단어는 그 "요청"에 응한 대상으로 사람 또는 기타 사물을 나타내는 명사이다. 동사는 "请" 뒤에 오는 단어가 행한 행위나 동작을 가리킨다.

예
- 我们请李先生来学校演讲。(우리는 이 선생님께 학교에 와서 강의를 해주십사 청하였다.)
  Wǒmen qǐng Lǐ xiānsheng lái xuéxiào yǎnjiǎng.

- 老张请我帮他修电脑。(장 군은 내게 컴퓨터를 고쳐달라고 청하였다.)
  Lǎo Zhāng qǐng wǒ bāng tā xiū diànnǎo.

- 玛丽的老师请她的爸爸参加家长会。
  Mǎlì de lǎoshī qǐng tā de bàba cānjiā jiāzhǎnghuì.
  (마리의 선생님께서는 그녀의 아버지께 학부모 회의에 참가해달라고 청하였다.)

03 명사(구)/대사+让+명사(구)/대사+동사(구)

한쪽이 다른 한쪽에 의해 진행되는 동작을 서술할 때 사용되며, 어떤 이에게 어떤 일을 하도록 요구함을 나타낸다. "让" 앞, 뒤에는 모두 사람을 나타내는 명사가 온다.

예
- 妈妈让我早点儿回家。(엄마는 내게 조금 일찍 귀가하라고 하셨다.)
  Māma ràng wǒ zǎodiǎnr huíjiā.

- 王经理让秘书给李老板打电话。(왕 사장은 비서에게 이 사장에게 전화를 하라고 했다.)
  Wáng jīnglǐ ràng mìshū gěi Lǐ lǎobǎn dǎ diànhuà.

- 李亚龙的妹妹让她的男朋友学英语。
  Lǐ Yàlóng de mèimei ràng tā de nánpéngyou xué Yīngyǔ.
  (이아룡의 여동생은 그녀의 남자친구에게 영어를 배우라고 했다.)

04 명사(구)/대사+叫+명사(구)/대사+동사(구)

한 사람이 다른 사람에게 어떤 일을 하도록 요구하여 다른 사람이 그 일을 행함을 나타낸다. "叫"의 앞과 뒤에는 사람을 나타내는 명사가 오며 동사 뒤에는 사람 또는 사물을 나타내는 단어가 온다. 이 문형은 한 사람이 다른 사람에 응하여 어떤 동작을 취함을 나타낼 때 주로 사용한다.

예
- 快叫你爸爸来帮忙。(빨리 네 아버지께 도와 달라고 해라.)
  Kuài jiào nǐ bàba lái bāngmáng.

- 三班的老师叫三班的男学生打扫卫生间。
  Sān bān de lǎoshī jiào sān bān de nánxuésheng dǎsǎo wèishēngjiān.
  (3반의 선생님은 3반의 남학생들에게 화장실을 청소하라고 시키셨다.)

- 老师叫我通知你。(선생님은 나보고 네게 알리라고 시키셨다.)
  Lǎoshī jiào wǒ tōngzhī nǐ.

05 명사(구)/대사+使+명사(구)/대사+동사구

한 대상이 다른 한 대상에게 시킨 행위나 동작을 나타낸다. "使"앞에는 사람 또는 사건이나 사물을 나타내는 명사, 대사가 오며 "使"뒤에는 일반적으로 시킴을 당하는 대상이 취한 행위나 동작을 나타내는 문장이 온다.

예
- 一场车祸使小张失去了左腿。(차 사고로 장 군은 왼쪽다리를 잃었다.)
  Yì chǎng chēhuò shǐ Xiǎo Zhāng shīqù le zuǒtuǐ.

- 他使我相信自己。(그는 나로 하여금 나 자신을 믿게 했다.)
  Tā shǐ wǒ xiāngxìn zìjǐ.

- 老师的教导使这些不听话的孩子开始努力学习。
  Lǎoshī de jiàodǎo shǐ zhèxiē bù tīnghuà de háizi kāishǐ nǔlì xuéxí.
  (선생님의 지도로 이처럼 말을 듣지 않는 학생들이 열심히 공부하기 시작했다.)

연습문제

1 아래의 단어를 이용하여 바꿔 말해보세요.

(1) 我让 哥哥去买面包 。

> 弟弟打电话
> 他帮我学习汉语
> 他关电视

(2) 我请 他帮忙 。

> 你讲一个故事
> 他回答问题
> 经理签字

(3) 妈妈叫 我回家 。

> 我去医院
> 小王吃饭我
> 做作业

(4) 他使我 很生气 。

> 不知该怎么办
> 开始难过
> 错过了机会

2 아래의 대화를 완성하세요.

(1) A：你的自行车怎么了？

B：＿＿＿＿＿＿＿＿＿＿＿＿＿＿＿＿＿＿＿＿。(……给……+동사)

(2) A：你找王老师有什么事？

B：＿＿＿＿＿＿＿＿＿＿＿＿＿＿＿＿＿＿＿＿。

(3) A：放学了，你怎么不回家？

B：＿＿＿＿＿＿＿＿＿＿＿＿＿＿＿＿＿＿＿＿。(……让……+동사)

(4) A : 王老师叫你做什么?

B :

(5) A : 今天的天气不好，对航班有什么影响?

B :

3 단어를 이용하여 문장을 만들어 보세요.

(1) 孩子们, 给, 小狗, 抓住了

→

(2) 用坏了, 电脑, 我, 让

→

(3) 请, 我, 哥哥, 照顾爷爷

→

(4) 叫, 老师, 我, 回学校

→

(5) 感冒了, 我, 使, 大雨

→

Unit 46 한쪽의 행동이 다른 한쪽의 동작에 도움을 줌을 서술할 때

01 명사(구)/대사+给+명사(구)/대사(+동사구)

행위나 동작의 수혜자의 제시 및 한 사람이 다른 사람에게 이익이 되도록 한 행위나 동작을 나타낸다. "给"의 앞과 뒤, 그리고 동사 뒤에는 일반적으로 명사가 온다. 동사는 "给"앞에 오는 단어가 취한 행위나 동작을 나타내며, "给"뒤에 오는 단어가 그 행위의 이익을 받는다. 동사 뒤에 오는 단어는 동사가 미치는 대상이다.

예
- 朋友给我打电话。(친구가 나에게 전화를 했다.)
  Péngyou gěi wǒ dǎ diànhuà.

- 我给孩子玩具。(나는 아이에게 장난감을 주었다.)
  Wǒ gěi háizi wánjù.

- 2班的学生们给他们的班主任买了一个生日蛋糕。
  Èr bān de xuéshengmen gěi tāmen de bānzhǔrèn mǎile yí ge shēngrì dàngāo.
  (2반의 학생들은 그들의 담임 선생님께 생일 케이크 한 개를 사 주었다.)

02 명사(구)/대사+为+명사(구)/대사+동사구

행위나 동작의 수혜자의 제시 및 한 사람이 다른 사람에게 이익이 되도록 한 행위나 동작을 나타낸다. "为"앞에는 일반적으로 명사가 오고 뒤에는 명사, 동사, 짧은 구문이 온다. 이 문형은 한 사람이 어떤 행동을 취함으로써 다른 사람이 이익을 얻었음을 나타낼 때 사용한다.

예
- 我为他打扫房间。(나는 그를 위해 방을 청소했다.)
  Wǒ wèi tā dǎsǎo fángjiān.

- 她为丈夫洗衣服，做饭。(그녀는 남편을 위해 빨래를 하고 밥을 짓는다.)
  Tā wèi zhàngfu xǐ yīfu, zuòfàn.

- 那位诗人为自己的祖国写了一首歌。(그 시인은 자신의 조국을 위해 시 한 편을 썼다.)
  Nà wèi shīrén wèi zìjǐ de zǔguó xiěle yì shǒu gē.

 연습문제

1 아래의 단어를 이용하여 바꿔 말해보세요.

(1) 我给他 买了一本书。

打电话
写信
发电子邮件

(2) 我为他 买了一个玩具。

打扫房间
做晚饭
准备行李

(3) 他为我 打开电视。

喝了一杯酒
倒了一杯水
请了三位老师

(4) 我给孩子 玩具。

书
笔
课本

2 아래의 대화를 완성하세요.

(1) A : 母亲节你给妈妈买了什么礼物?

B : 　　　　　　　　　　　　　　　　　　　　　　　　　　　　　。

(2) A : 你现在去做什么?

B : 　　　　　　　　　　　　　　　　　　　　　　。(……给……+동사)

(3) A : 张老师下课以后要做什么?

B : 　　　　　　　　　　　　　　　　　　　　　　。(……给……+동사)

(4) A : 学生公寓的服务员为你们做什么?

　　B : 　　　　　　　　　　　　　　　　　　　　　　　。

(5) A : 现在你可以为父母做什么?

　　B : 　　　　　　　　　　　　　　　　　　　　　　　。

3 단어를 이용하여 문장을 만들어 보세요.

(1) 送去, 我, 小王, 给, 200块钱

→ 　　　　　　　　　　　　　　　　　　　　　　　。

(2) 给, 我, 妈妈, 买了, 一件衣服

→ 　　　　　　　　　　　　　　　　　　　　　　　。

(3) 老师, 留学生, 给, 上汉语课

→ 　　　　　　　　　　　　　　　　　　　　　　　。

(4) 为, 他, 我, 洗衣服

→ 　　　　　　　　　　　　　　　　　　　　　　　。

(5) 他, 为, 复习, 汉语, 我

→ 　　　　　　　　　　　　　　　　　　　　　　　。

Unit 47 쌍방이 공통으로 진행하는 행위나 동작을 서술할 때

01 명사(구)/대사+和+명사(구)/대사(+一起)+동사(구)

쌍방이 함께 진행하는 동작을 나타낼 때 사용한다. "和"의 앞, 뒤에는 일반적으로 사람을 나타내는 명사가 오며, 동사 뒤에는 동작의 대상이 온다.

예
- 我和李力一起去长城。(나는 이력와 함께 만리장성에 간다.)
  Wǒ hé Lǐ Lì yìqǐ qù Chángchéng.

- 你和小李一起去。(너는 이 군과 함께 가라.)
  Nǐ hé Xiǎo Lǐ yìqǐ qù.

- 美国留学生麦克和中国同学们(一起)踢足球。
  Měiguó liúxuéshēng Màikè hé Zhōngguó tóngxuémen (yìqǐ) tī zúqiú.
  (미국 유학생 마이크와 중국 학생들은 함께 축구를 한다.)

02 명사(구)/대사+请+명사(구)/대사+동사(구)

사람을 대접할 때 사용한다. "请"의 앞, 뒤에는 사람을 나타내는 명사가 오는데, "请"앞에는 요청하는 사람이 오고 "请"뒤에는 요청받는 사람이 온다. 후자와 전자는 함께 동사가 가리키는 동작을 한다. 이 때 동사는 주로 "吃饭, 喝茶, 看电影"과 같은 것들이 온다.

예
- 小王请我喝咖啡。(왕 군은 나에게 커피를 대접했다.)
  Xiǎo Wáng qǐng wǒ hē kāfēi.

- 我请你喝茶。(내가 너에게 차를 대접할게.)
  Wǒ qǐng nǐ hē chá.

- 昨天晚上他请我们吃饭。(어제 저녁에 그는 우리에게 식사를 대접했다.)
  Zuótiān wǎnshang tā qǐng wǒmen chīfàn.

03　명사(구)/대사+约+명사(구)/대사+동사구

어떤 이와 어떤 일을 약속할 때 사용된다. "约"앞, 뒤에는 모두 사람을 나타내는 명사가 오고, 동사 뒤에도 명사가 온다. 이 문형은 어떤 사람이 다른 사람과 함께 어떤 동작을 함을 약속할 때 쓰이며, "……约会……"라고 말하지 않음에 주의해야 한다.

예
- 我约她下午来喝茶。(나는 그녀와 오후에 차를 마시기로 약속했다.)
  Wǒ yuē tā xiàwǔ lái hē chá.

- 张老师约我去他的办公室谈谈。
  Zhāng lǎoshī yuē wǒ qù tā de bàngōngshì tántan.
  (장 선생님은 나와 그의 사무실에서 이야기하기로 약속했다.)

- 有人约小李晚上8点在公园见面。
  Yǒu rén yuē Xiǎo Lǐ wǎnshang bā diǎn zài gōngyuán jiànmiàn.
  (어떤 사람이 이 군과 저녁 8시에 공원에서 만나기로 약속했다.)

04　명사(구)/대사+跟/和+명사(구)/대사+见面/约会, 명사(구)+见面/约会

두 사람 혹은 여러 사람이 약속하여 만남을 나타낼 때 사용된다. "跟/和"의 앞, 뒤에는 모두 사람을 나타내는 명사가 오며, 때로는 "……+跟/和+……"를 쓰지 않기도 한다. 참고로 "……约会……", "……见面……"이라고는 말하지 않음에 주의해야 한다.

예
- 明天我和经理见面。(내일 나는 사장님과 만나기로 했다.)
  Míngtiān wǒ hé jīnglǐ jiànmiàn.

- 我们很少约会。(우리는 약속을 자주 하지 않는다.)
  Wǒmen hěn shǎo yuēhuì.

- 我和他常常来这儿约会。(나는 그와 자주 여기서 만난다.)
  Wǒ hé tā chángcháng lái zhèr yuēhuì.

연습문제

1 아래의 단어를 이용하여 바꿔 말해보세요.

(1) 我和他一起 看电影 。

买衣服
打篮球
吃晚饭

(2) 我请 小王喝茶 。

他吃饭
小李跳舞
她喝酒

(3) 他约我 下午见面 。

去故宫
喝酒
一定回来

(4) 小王 和 小李 常在 酒吧 约会。

他	女朋友	公园
她	情人	江边
他	老同学	学校门口

2 아래의 대화를 완성하세요.

(1) A : 今年夏天你要做什么?

B : ＿＿＿＿＿＿＿＿＿＿＿＿＿＿。(……和……（一起)+동사)

(2) A : 你一个人去中国旅行吗?

B : 不, ＿＿＿＿＿＿＿＿＿＿＿＿＿＿。

(3) A : 你为什么给小王打电话?

B : ＿＿＿＿＿＿＿＿＿＿＿＿＿＿。(……请……+동사)

(4) A : 你找张老师做什么?

B : _____。(……约……+동사)

(5) A : 你们俩什么时候见面?

B : _____。

3 단어를 이용하여 문장을 만들어 보세요.

(1) 去旅游, 他, 我, 和

→ _____。

(2) 一起, 爸爸, 散步, 和, 妈妈

→ _____。

(3) 请, 朋友, 我, 喝咖啡

→ _____。

(4) 小王, 约, 他, 去北京

→ _____。

(5) 我, 女朋友, 和, 约会

→ _____。

Unit 48 두 사람 혹은 여러 사람이 같은 동작을 하는 것을 서술할 때

01 명사(구)/대사+동사(구), 명사(구)/대사+也+동사(구)

"명사구+동사구" 문형은 일반적으로 기타 단어나 문장과 어울려 비로소 일정한 상황 속에서 사용되는 것이 요구된다. 동사 앞에 "也"를 붙인 "명사구+也+동사구"의 문형이 뒤에 첨가되면 양자 혹은 다자 간에 같은 일을 곧 진행하려는 것 또는 동작이 이미 진행됨을 나타낸다. 이러한 문장은 항상 다른 문장 뒤에 따른다. 참고로 동사는 종종 중복된 앞 문장의 내용을 나타낸다.

예
- 你们去图书馆吗？我也去。(너희는 도서관에 가니? 나도 간다.)
  Nǐmen qù túshūguǎn ma? Wǒ yě qù.

- 你们明白，他也明白。(너희가 알면, 그도 안다.)
  Nǐmen míngbai, tā yě míngbai.

- 你们知道这件事，我们也知道(这件事)。
  Nǐmen zhīdao zhè jiàn shì, wǒmen yě zhīdao (zhè jiàn shì).
  (너희는 이 일을 알지, 우리도 (이 일을) 알아.)

02 명사(구)/대사+都+동사(구)

여러 사람이나 각각의 사람이 같은 일을 하는 것을 나타낼 때 사용된다. "都"는 동사 앞에 붙인다.

예
- 你们都通过了考试。(너희는 모두 시험에 통과했다.)
  Nǐmen dōu tōngguò le kǎoshì.

- 爸爸妈妈都出差了。(아빠와 엄마는 모두 출장가셨다.)
  Bàba māma dōu chūchāi le.

- 我们班的学生都来了。(우리반 학생들은 모두 왔다.)
  Wǒmen bān de xuésheng dōu lái le.

연습문제

1 아래의 단어를 이용하여 바꿔 말해보세요.

(1) 我也 喝过中国茶 。

吃过饺子
学过武术
看过那部电影

(2) 同学们都 来上课 了。

去故宫
通过了考试
去操场

(3) 他们都 坐飞机走 了。

回国
工作
不吃午饭

(4) 他们 去书店 ，我也 去 。

吃面包   吃
学汉语   学
不喜欢   不喜欢

2 아래의 대화를 완성하세요.

(1) A：下午我要去图书馆，你呢？

B：　　　　　　　　　　　　　　　　。

(2) A：我去过北京，你呢？

B：　　　　　　　　　　　　　　　　。

(3) A：我听懂了王老师讲的语法，你呢？

B：　　　　　　　　　　　　　　　　。

(4) A : 你们听说过姚明吗?

　　　B : _____。

(5) A : 我喜欢看电视，你呢?

　　　B : _____。

3 단어를 이용하여 문장을 만들어 보세요.

(1) 也, 他, 来过, 北京

→ _____。

(2) 我, 上课, 8点, 也

→ _____。

(3) 都, 起床, 7点, 我们

→ _____。

(4) 他们, 去图书馆, 都

→ _____。

(5) 朋友们, 喜欢, 喝酒, 都

→ _____。

Unit 49 다른 사람에게 미치는 동작의 대상을 서술할 때

01 명사(구)/대사+给/送/送给+명사/대사+(수량사)+명사(구)

어떤 이가 다른 이에게 무엇을 줄 때 사용된다. "给" 앞, 뒤 및 "수량사" 뒤는 모두 명사가 오는데, "给" 앞, 뒤에는 일반적으로 사람을 나타내는 명사가 온다. 이때 "给" 앞의 단어는 물건을 주는 사람이고 "给" 뒤의 단어는 물건을 받는 사람이 오며 마지막에는 사물을 나타내는 단어가 온다. 만약에 사물의 수량을 나타내고 싶다면, 이 단어 앞에 수량사를 붙이면 된다.

예
- 王小明给他(一本)书。(왕소명은 그에게 책 한 권을 주었다.)
  Wáng Xiǎomíng gěi tā (yì běn) shū.

- 那位作家送他(一本)新写的书。(저 작가는 그에게 새로 쓴 책을 한 권 선물했다.)
  Nà wèi zuòjiā sòng tā (yì běn) xīn xiě de shū.

- 王小明送给玛丽(一盒)巧克力。(왕소명은 마리에게 초콜릿 한 상자를 보냈다.)
  Wáng Xiǎomíng sònggěi Mǎlì (yì hé) qiǎokèlì.

연습문제

1 아래의 단어를 이용하여 바꿔 말해보세요.

(1) 妈妈给我 一台电脑 。

一辆车
100块钱
一套儿童书

(2) 他送我 一本书 。

一支笔
一朵花
一个生日蛋糕

(3) 朋友送给他 一只小狗 。

一个玩具
一盒巧克力
一把牙刷

(4) 奶奶给孩子 花生 。

小花猫
铅笔
毛巾

2 아래의 대화를 완성하세요.

(1) A：教师节你送给老师什么礼物？

B：　　　　　　　　　　　　　　　　。

(2) A：生日的时候，你收到了什么礼物？

B：　　　　　　　　　　　　　　　　。

(3) A：明天是妈妈的生日，我送她什么礼物好呢？

B：　　　　　　　　　　　　　　　　。

(4) A : 你希望收到什么新年礼物?

B : ＿＿＿＿＿＿＿＿＿＿＿＿＿＿＿＿＿＿＿＿＿＿＿＿＿＿＿＿＿＿。

(5) A : 小王生病了，你拿什么礼物去看望他?

B : ＿＿＿＿＿＿＿＿＿＿＿＿＿＿＿＿＿＿＿＿＿＿＿＿＿＿＿＿＿＿。

3 단어를 이용하여 문장을 만들어 보세요.

(1) 他, 苹果, 我, 送, 一个

→ ＿＿＿＿＿＿＿＿＿＿＿＿＿＿＿＿＿＿＿＿＿＿＿＿＿＿＿＿＿＿。

(2) 老师, 给, 一本, 他, 词典

→ ＿＿＿＿＿＿＿＿＿＿＿＿＿＿＿＿＿＿＿＿＿＿＿＿＿＿＿＿＿＿。

(3) 送给, 姐姐, 我, 衣服, 一件

→ ＿＿＿＿＿＿＿＿＿＿＿＿＿＿＿＿＿＿＿＿＿＿＿＿＿＿＿＿＿＿。

(4) 弟弟, 给, 我, 眼镜, 一副

→ ＿＿＿＿＿＿＿＿＿＿＿＿＿＿＿＿＿＿＿＿＿＿＿＿＿＿＿＿＿＿。

(5) 送给, 女朋友, 一个, 哥哥, 钱包

→ ＿＿＿＿＿＿＿＿＿＿＿＿＿＿＿＿＿＿＿＿＿＿＿＿＿＿＿＿＿＿。

Unit 50 혼자 진행하는 동작을 서술할 때

01 명사(구)/대사(2인칭 제외)+동사구

어떤 이가 어떤 일을 함을 나타내는 문형으로, 문형 중에 어떤 기타성분을 첨가하느냐에 따라 세 가지의 의미를 지닌다. 단순한 "명사(구)+동사구" 문형은 일반적으로 기타 단어나 문장과 어울려 사용되는 것이 요구된다.
예를 들면 他做什么呢? — 他喝牛奶呢。/ 他喝牛奶吗? — 他喝牛奶。
이 문장에서 동사 앞에는 일반적으로 사람을 나타내는 단어가 오고, 이 문형은 양자나 다자 간에 진행하거나 곧 진행하려는 것 또는 이미 진행된 같은 동작을 서술할 때 사용된다. 이러한 문장은 항상 다른 문장 뒤에 따르며, 동사는 종종 중복된 앞 문장의 내용을 나타낸다.

예
- 我喝冰水。(나는 얼음물을 마신다.)
  Wǒ hē bīngshuǐ.

- 我去书店。(나는 서점에 간다.)
  Wǒ qù shūdiàn.

- 我买水果和蔬菜。(나는 과일과 채소를 산다.)
  Wǒ mǎi shuǐguǒ hé shūcài.

02 명사(구)/대사(2인칭 제외)+(正在/在+)想+명사(구)/동사구

어떤 것을 생각함을 나타낼 때 사용되며, "想"앞에는 항상 사람을 나타내는 명사나 대사가 오고, 뒤에는 명사구나 동사구가 온다. "想"이 "~를 깊이 생각하다"의 의미로 쓰이면, 대개 단독으로는 쓰이지 않고, "正在/在"와 같은 부사와 함께 쓰인다.

예
- 我在想这个问题。(나는 지금 이 문제를 생각한다.)
  Wǒ zài xiǎng zhè ge wèntí.

- 我正在想办法。你等一会儿，让我想想。
  Wǒ zhèngzài xiǎng bànfa. Nǐ děng yíhuìr, ràng wǒ xiǎngxiang.
  (나는 지금 해결방법을 생각하고 있어. 좀 기다려줘, 내가 생각 좀 해볼게.)

- 我在想周末去哪儿玩。(나는 지금 주말에 어디 가서 놀까 생각 중이다.)
  Wǒ zài xiǎng zhōumò qù nǎr wán.

03 명사(구)/대사(2인칭 제외)+要+명사(구)/동사구

필요나 요구를 나타낼 때 사용된다. "要"앞에는 사람을 나타내는 명사가 오며, "要"뒤에는 항상 사물을 나타내는 명사가 온다.

예
- 我要那个玩具。(나는 저 장난감을 원한다.)
 Wǒ yào nà ge wánjù.

- 我要一个西红柿炒鸡蛋。(나는 토마토계란볶음을 원한다.)
 Wǒ yào yí ge xīhóngshì chǎo jīdàn.

- 我要吃冰激凌。(나는 아이스크림 먹기를 원한다.)
 Wǒ yào chī bīngjīlíng.

Unit 50 연습문제

1 아래의 단어를 이용하여 바꿔 말해보세요.

(1) 我 喝啤酒 。

吃苹果
听中文歌
玩电子游戏

(2) 我在想 办法 。

明天去哪里玩
怎么去长城
怎么劝他

(3) 我要 冰激淋 。

牛奶
可口可乐
水

(4) 我要 喝水 。

吃饭
骑自行车
看电影

2 아래의 대화를 완성하세요.

(1) A : 明天你去长城吗?

　　B : 　　　　　　　　　　　　　　　　　　　　 。

(2) A : 你在想什么呢?

　　B : 　　　　　　　　　　　　　　　　　　　　 。

(3) A : 你想出好的办法了吗?

　　B : 　　　　　　　　　　　　　　　　　　　　 。

(4) A : 你要什么生日礼物?

B : 　　　　　　　　　　　　　　　　　　　　。

(5) A : 你要咖啡吗?

B : 　　　　　　　　　　　　　　　　　　　　。

3　단어를 이용하여 문장을 만들어 보세요.

(1) 在, 汉语, 学, 我

→ 　　　　　　　　　　　　　　　　　　　　。

(2) 想, 我, 穿, 在, 什么衣服

→ 　　　　　　　　　　　　　　　　　　　　。

(3) 要, 听力课本, 同学们

→ 　　　　　　　　　　　　　　　　　　　　。

(4) 他, 看什么, 想

→ 　　　　　　　　　　　　　　　　　　　　?

(5) 学开车, 很多钱, 要

→ 　　　　　　　　　　　　　　　　　　　　。

Unit 51 소식의 근원을 서술할 때

01 (명사(구)/대사+)听(+명사(구)+)说+명사(구)+동사구
据(+명사(구)+)说+명사(구)+동사구

소식의 근원을 서술할 때 사용된다. "听" 앞에는 소식을 들은 사람을 나타내는 명사나 대사가 올 수 있다. 예를 들면 "我听说……", "小李听说……"처럼 표현한다. "听", "据" 뒤에도 소식의 근원을 나타내는 명사나 대사가 오는데, "说"의 뒤에는 항상 소식의 내용을 나타내는 문장이 온다. "据"의 앞에는 소식을 들은 사람을 나타내는 명사나 대사가 올 수 없지만 소식을 전달하는 대상의 단어는 올 수 있다.

예
- 我**听说**最近很多商店都在打折。(요즘 많은 상점에서 할인행사를 한다고 들었다.)
  Wǒ tīngshuō zuìjìn hěn duō shāngdiàn dōu zài dǎzhé.

- **听**小张**说**小王病了。(장 군에게 왕 군이 아프다는 말을 들었다.)
  Tīng Xiǎo Zhāng shuō Xiǎo Wáng bìng le.

- 我妈妈**听**陈阳的妈妈**说**陈阳去北京了。
  Wǒ māma tīng Chén Yáng de māma shuō Chén Yáng qù Běijīng le.
  (나의 어머니는, 진양이의 어머니가 진양이가 베이징에 갔다고 말하는 걸 들으셨다.)

- **据说**这座大楼明年3月完工。(듣건데 이 건물은 내년 3월에 완공된다고 합니다.)
  Jùshuō zhè zuò dàlóu míngnián sān yuè wángōng.

- 这本书**据说**很受欢迎。(이 책은 듣건데 매우 인기가 있다고 합니다.)
  Zhè běn shū jùshuō hěn shòu huānyíng.

- **据**村里的老人**说**他们的祖辈300年前就来这儿了。
  Jù cūnli de lǎorén shuō tāmen de zǔbèi sānbǎi nián qián jiù lái zhèr le.
  (마을 노인에게서 그들의 조상이 300년 전에 이 곳으로 왔다고 한 말을 들었다.)

연습문제

1 아래의 단어를 이용하여 바꿔 말해보세요.

(1) 听说他 喜欢喝茶 。

很受欢迎
喜欢穿红色衣服
结婚了

(2) 据 天气预报 说，明天要下雨 。

他　　　小李喜欢打篮球
科学家　天气越来越热
报道　　经济开始慢慢复苏

(3) 听 他妈妈 说，小王喜欢吃肉 。

小王的朋友　他没结婚
老师　　　　明天要考试
他太太　　　他去了南方

(4) 据说，他明天去北京 。

那家公司倒闭了
他们明天回来
他没有来

2 아래의 대화를 완성하세요.

(1) A : 小王怎么没来上课?

B : ＿＿＿＿＿＿＿＿＿＿＿＿＿＿。(……听说……)

(2) A : 小王有钱吗?

B : ＿＿＿＿＿＿＿＿＿＿＿＿＿＿。(听说……)

(3) A : 你怎么知道小王明年要去中国学汉语?

B : ＿＿＿＿＿＿＿＿＿＿＿＿＿＿。(……听……说……)

(4) A : 那位穿黑色西服的先生是谁?

B : ＿＿＿＿＿＿＿＿＿＿＿＿＿＿＿＿＿＿＿＿＿＿＿＿＿＿＿。(据说……)

(5) A : 北京的冬天怎么样?

B : ＿＿＿＿＿＿＿＿＿＿＿＿＿＿＿＿＿＿＿＿＿＿＿＿＿＿＿。(据……说……)

3 단어를 이용하여 문장을 만들어 보세요.

(1) 他, 喜欢, 听说, 牛奶

→ ＿＿＿＿＿＿＿＿＿＿＿＿＿＿＿＿＿＿＿＿＿＿＿＿＿＿＿。

(2) 据说, 会下雪, 明天

→ ＿＿＿＿＿＿＿＿＿＿＿＿＿＿＿＿＿＿＿＿＿＿＿＿＿＿＿。

(3) 说, 他, 听, 小李, 病了

→ ＿＿＿＿＿＿＿＿＿＿＿＿＿＿＿＿＿＿＿＿＿＿＿＿＿＿＿。

(4) 据, 医生, 吃水果, 说, 好

→ ＿＿＿＿＿＿＿＿＿＿＿＿＿＿＿＿＿＿＿＿＿＿＿＿＿＿＿。

(5) 出国了, 听, 他, 爸爸, 说, 小王

→ ＿＿＿＿＿＿＿＿＿＿＿＿＿＿＿＿＿＿＿＿＿＿＿＿＿＿＿。

Unit 52 원치 않지만 반드시 하게 되는 동작을 서술할 때

01 명사(구)/대사+只好+동사구

원치 않지만 반드시 하게 되는 동작을 서술할 때 사용하며, 원인을 설명하거나 해명한다. "只好" 뒤에는 항상 동사구가 온다.

예
- 电梯坏了，我们只好爬楼梯。
  Diàntī huài le, wǒmen zhǐhǎo pá lóutī.
  (엘리베이터가 고장이 나서, 우리는 계단을 오를 수밖에 없다.)

- 错过了最后一班车，我们只好坐出租车。
  Cuòguo le zuìhòu yì bān chē, wǒmen zhǐhǎo zuò chūzūchē.
  (막차를 놓쳐서, 우리는 택시를 타고 가는 수밖에 없다.)

- 停电了，上晚自习的学生只好回家。
  Tíng diàn le, shàng wǎn zìxí de xuésheng zhǐhǎo huíjiā.
  (전기가 끊어져서, 저녁 자습을 하던 학생들은 집으로 돌아갈 수밖에 없었다.)

02 명사(구)/대사+不得不+동사구

원치 않지만 반드시 하게 되는 동작을 서술할 때 사용하며, 원인을 설명하거나 해명하는 의미가 있다. 어기상으로는 어쩔 수 없음을 나타낸다.

예
- 车坏了，我不得不走路去上班。
  Chē huài le, wǒ bùdebù zǒulù qù shàngbān.
  (자전거가 고장나서, 나는 하는 수 없이 걸어서 출근을 해야 한다.)

- 妈妈不在家，我不得不自己做饭。
  Māma bú zài jiā, wǒ bùdebù zìjǐ zuòfàn.
  (어머니가 집에 안 계셔서, 하는 수 없이 내가 밥을 해야 한다.)

- 这种情况下，他不得不自己想办法。
  Zhè zhǒng qíngkuàng xià, tā bùdebù zìjǐ xiǎng bànfǎ.
  (이런 상황에서, 그는 하는 수 없이 스스로 방법을 생각해야 한다.)

Unit 52 연습문제

1 아래의 단어를 이용하여 바꿔 말해보세요.

(1) 没电 了，我只好 睡觉 。　　(2) 我不得不 去上课 。

太晚　　坐车回家　　　　看书
下雨　　留在教室　　　　吃饭
没饭　　挨饿　　　　　　早点儿起床

(3) 他不得不 骑自行车去工作 。

去医院
回国
配了一把钥匙

2 아래의 대화를 완성하세요.

(1) A : 你为什么每天跑步?

B : 　　　　　　　　　　　　　　　　　　　　　。

(2) A : 你怎么这么晚还没睡觉?

B : 　　　　　　　　　　　　　　　　　　　　　。

(3) A : 你为什么不进你的房间?

B : 　　　　　　　　　　　　　　　　　　　　　。

(4) A : 你怎么不回家吃饭?

B : 　　　　　　　　　　　　　　　　　。

(5) A : 你最近为什么不吃水果?

B : 　　　　　　　　　　　　　　　　　。

3 단어를 이용하여 문장을 만들어 보세요.

(1) 只好, 他, 休息

→ 　　　　　　　　　　　　　　　　　。

(2) 我, 取钱, 只好, 去银行

→ 　　　　　　　　　　　　　　　　　。

(3) 不得不, 打电话, 我, 通知

→ 　　　　　　　　　　　　　　　　　。

(4) 晚上, 不得不, 他, 学习

→ 　　　　　　　　　　　　　　　　　。

(5) 去上海, 他, 不得不

→ 　　　　　　　　　　　　　　　　　。

어떤 사람이 사람, 일, 물건에 대한 의견을 서술할 때

01 对+명사/대사+来说, ……
在+명사/대사+看来, ……

어떤 사람이 사람, 일, 물건에 대한 의견을 서술할 때 사용된다. "对……来说"는 주관적인 느낌을 나타내고, "在……看来"는 객관적인 느낌을 나타낸다.

예
- 对我来说, 早起真痛苦。 (내 입장에서 일찍 일어나는 것은 정말 고통스럽다.)
  Duì wǒ láishuō, zǎo qǐ zhēn tòngkǔ.

- 对我来说, 抽烟是一种享受。 (내 입장에서 담배를 피는 것은 일종의 즐기는 것이다.)
  Duì wǒ láishuō, chōuyān shì yì zhǒng xiǎngshòu.

- 在他看来, 她的离开伤害了他。 (그에게 있어서 그녀가 떠난 것은 그를 마음 아프게 했다.)
  Zài tā kànlái, tā de líkāi shānghài le tā.

연습문제

1 아래의 단어를 이용하여 바꿔 말해보세요.

(1) 对我来说，汉语很难。

　　自己做饭更好
　　睡8个小时最好
　　早起不是问题

(2) 在妈妈看来，我还是一个孩子。

　　出国学习更好
　　我应该结婚
　　上大学是我唯一的出路

(3) 在我看来，考试最重要。

　　吃菜更好一些
　　夏天应该多吃水果
　　汉语的声调最难

2 아래의 대화를 완성하세요.

(1) A：我认为每天走路去学校可以锻炼身体，你觉得呢？

　　B：　　　　　　　　　　　　　　　　　　　　　　　。

(2) A：少吃饭是减肥的好办法，你认为呢？

　　B：　　　　　　　　　　　　　　　　　　　　　　　。

(3) A：听音乐会是一种享受。

　　B：　　　　　　　　　　　　　　　　　　。(对我来说……)

(4) A：周末去爬山是一种很好的放松方式。

B：_____。（对我来说……）

(5) A：早饭比午饭更重要，你认为呢？

B：_____。（据……说……）

3 단어를 이용하여 문장을 만들어 보세요.

(1) 对, 运动, 更好, 来说, 爷爷

→ _____。

(2) 吃肉, 对, 他, 不好, 来说

→ _____。

(3) 看来, 老师, 最难, 在, 听力

→ _____。

(4) 姐姐, 看来, 孩子, 在, 最重要

→ _____。

(5) 最有用, 他, 在, 看来, 钱

→ _____。

유머 한 토막

小白与黑客 1 [xiǎobái yǔ hēikè] - 백치와 해커 1

黑客: 嘿嘿，刚才我做了一件很有趣的事。
hēikè　Hēihēi, gāngcái wǒ zuòle yí jiàn hěn yǒuqù de shì.
해커　하하, 방금 나 굉장히 재미있는 일을 했어.

小白: 什么事?
xiǎobái　Shénme shì?
백치　무슨 일인데?

黑客: 我到论坛上去顶帖了。
hēikè　Wǒ dào lùntán shang qù dǐngtiě le.
해커　내가 게시판에 글을 올렸어.

小白: 这很平常啊。
xiǎobái　Zhè hěn píngcháng a.
백치　이건 보통 있는 일이잖아.

黑客: 我见帖就顶，尽情地骂楼主是猪，好解气。
hēikè　Wǒ jiàn tiě jiù dǐng, jìnqíng de mà lóuzhǔ shì zhū, hǎo jiěqì.
해커　게시판에다가 관리자를 돼지라고 마음껏 욕했어, 정말 속이 후련했지.

小白: 哇塞，太过瘾了，我可从来不敢，会被封杀的!
xiǎobái　Wāsài, tài guòyǐn le, wǒ kě cónglái bù gǎn, huì bèi fēngshā de!
백치　우와, 정말 끝내주는데. 난 여태껏 해보지 못했던 일이야. 근데 차단 당하게 될 거야!

黑客: 没错，已经被封杀了。
hēikè　Méicuò, yǐjīng bèi fēngshā le.
해커　맞아, 이미 차단 당했어.

小白: 这还有趣?
xiǎobái　Zhè hái yǒuqù?
백치　그게 재미있는 일이니?

黑客: 是啊，因为我用的是你的ID。
hēikè　Shì a, yīnwèi wǒ yòng de shì nǐ de ID.
해커　응, 왜냐하면 내가 사용한 건 네 ID였거든.

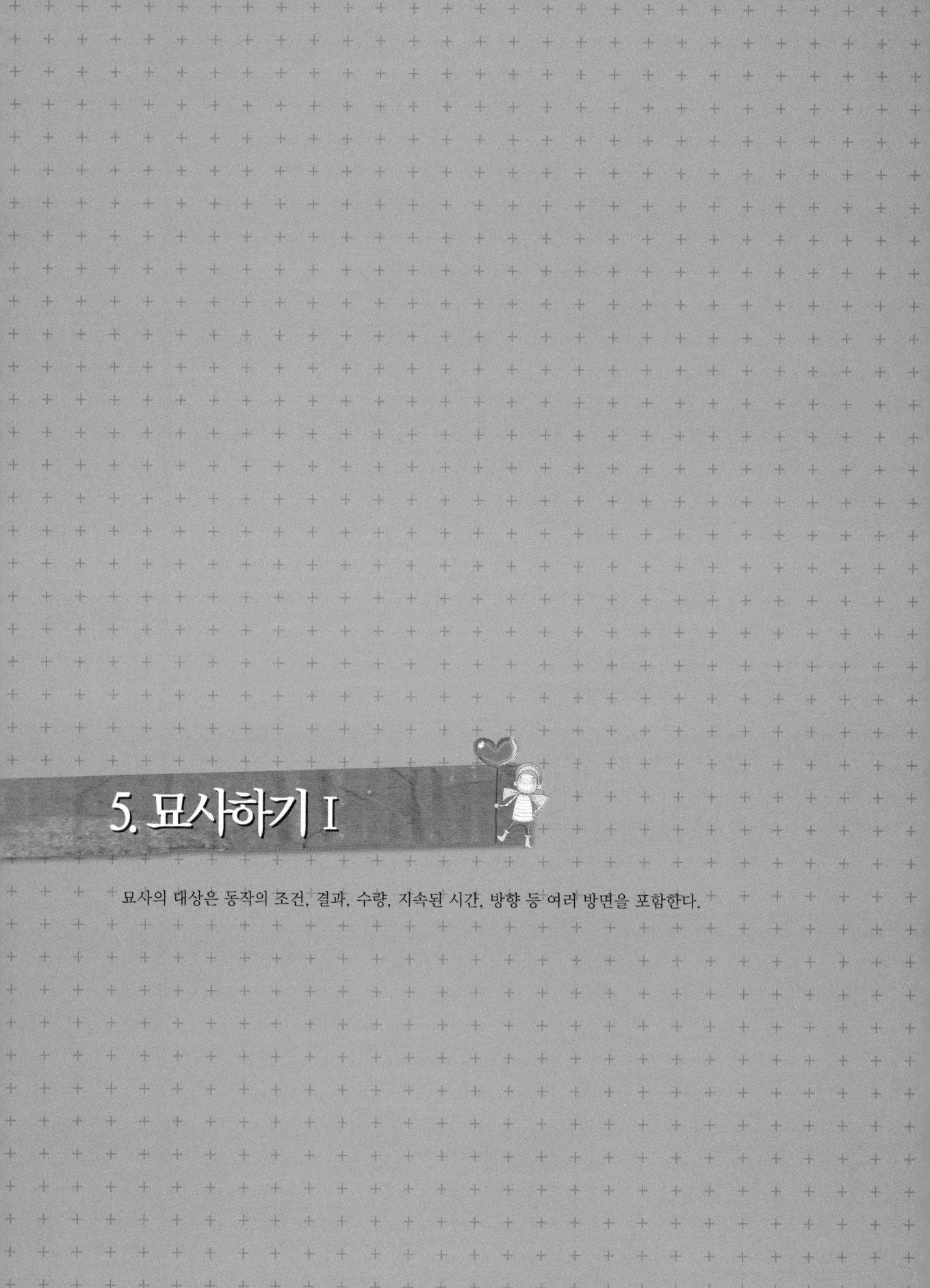

5. 묘사하기 I

묘사의 대상은 동작의 조건, 결과, 수량, 지속된 시간, 방향 등 여러 방면을 포함한다.

Unit 54 동작의 조건을 묘사할 때

Unit 55 동작의 결과를 묘사할 때

Unit 56 동작의 가능성을 묘사할 때

Unit 57 동작의 수량이나 시간을 묘사할 때

Unit 58 동작의 방향을 묘사할 때

Unit 59 동작의 목적을 묘사할 때

동작의 조건을 묘사할 때

01 명사(구)/대사+시간을 나타내는 부사어+동사(구)

동작의 발생 시간을 묘사할 때 사용되며, 동사 앞에는 시간을 나타내는 부사어가 온다.

- 我明天去上海。(나는 내일 상하이에 간다.)
  Wǒ míngtiān qù Shànghǎi.

- 经理一点钟回办公室。(사장은 한 시에 사무실로 돌아온다.)
  Jīnglǐ yì diǎnzhōng huí bàngōngshì.

- 飞机2点30分起飞。(비행기는 2시 30분에 이륙한다.)
  Fēijī liǎng diǎn sānshí fēn qǐfēi.

02 명사(구)/대사+장소를 나타내는 부사어+동사(구)

동작의 발생 장소를 나타낸다. 동사 앞에는 장소를 나타내는 부사어가 오며, 이때 부사어 안에는 항상 "在, 从"등의 전치사를 써준다.

- 我在北京学汉语。(나는 베이징에서 중국어를 배운다.)
  Wǒ zài Běijīng xué Hànyǔ.

- 他在酒吧喝酒。(그는 술집에서 술을 마신다.)
  Tā zài jiǔbā hē jiǔ.

- 我在商店门口等你。(나는 상점입구에서 너를 기다린다.)
  Wǒ zài shāngdiàn ménkǒu děng nǐ.

03 명사(구)/대사+방식을 나타내는 부사어+동사구

동작의 방식을 나타낼 때 사용된다. 여기서 부사어는 행위의 방식을 나타낸다.

예
- 我坐飞机去上海。(나는 비행기를 타고 상하이에 간다.)
  Wǒ zuò fēijī qù Shànghǎi.

- 我打电话联系他。(나는 전화를 걸어 그에게 연락한다.)
  Wǒ dǎ diànhuà liánxì tā.

- 我们通过别的公司送货。(우리는 다른 회사를 통해 물건을 보낸다.)
  Wǒmen tōngguò biéde gōngsī sòng huò.

04 명사(구)/대사+도구를 나타내는 부사어+동사구

행위에 사용된 도구를 나타낼 때 사용된다. 부사어 안에는 도구를 나타내는 명사가 있고, 이런 명사 앞에는 "用, 拿"등의 단어가 온다.

예
- 中国人用筷子吃饭。(중국인은 젓가락을 이용해 밥을 먹는다.)
  Zhōngguórén yòng kuàizi chīfàn.

- 他用毛笔写汉字。(그는 붓으로 한자를 쓴다.)
  Tā yòng máobǐ xiě hànzì.

- 王鹏用电脑打报告。(왕붕은 컴퓨터를 이용해 보고를 한다.)
  Wáng Péng yòng diànnǎo dǎ bàogào.

Unit 54 연습문제

1 아래의 단어를 이용하여 바꿔 말해보세요.

(1) 我们 [3点] [下课]。

12点	吃饭
8点	睡觉
9点	出发

(2) 我们在 [酒吧] [见面]。

师范大学	工作
餐馆	吃饭
咖啡厅	见面

(3) 他 [坐飞机] [去北京]。

骑自行车	去上课
坐火车	去旅游
打电话	通知开会

(4) 我用 [毛笔写汉字]。

| 电话通知他 |
| 红笔写 |
| 爱唤醒他 |

2 아래의 대화를 완성하세요.

(1) A : 你早上几点上课?

　　B : 　　　　　　　　　　　　　　　　　　。

(2) A : 周末我们在哪儿见面?

　　B : 　　　　　　　　　　　　　　　　　　。

(3) A : 下课后我在哪儿等你?

　　B : 　　　　　　　　　　　　　　　　　　。

(4) A : 你怎么去北京?

　　B : _____。

(5) A : 你怎么告诉张老师这件事?

　　B : _____。

3 단어를 이용하여 문장을 만들어 보세요.

(1) 7点, 他, 起床

→ _____。

(2) 在图书馆, 我, 学习

→ _____。

(3) 去医院, 我们, 坐车

→ _____。

(4) 打电话, 通知他, 老师

→ _____。

(5) 用毛笔, 小王, 写字

→ _____。

동작의 결과를 묘사할 때

01-1 명사(구)/대사+동사+보어(+명사(구))

동작의 결과를 묘사할 때 사용되며, 동사의 앞에는 대개 명사성 단어가 와서 동작의 주체자를 나타낸다. 보어는 동사의 결과를 나타내고, 때로는 그 뒤에 동작이 이끄는 대상의 명사성 단어를 가져오기도 한다.

예
- 李明看懂那本书了。(이명은 그 책을 이해했다.)
  Lǐ Míng kàndǒng nà běn shū le.

- 他整理好房间了。(그는 방을 잘 정리했다.)
  Tā zhěnglǐ hǎo fángjiān le.

- 我打破了一个杯子。(나는 컵 하나를 깨뜨렸다.)
  Wǒ dǎpò le yí ge bēizi.

01-2 명사(구)+동사+보어(+명사구)

사람이나 사물이 동사로 인한 상황으로 인해 초래되는 결과를 받아들일 때 사용되며, 이 경우 피동의 의미를 지닌다. 여기서 보어는 동작의 결과를 나타낸다.

예
- 书放在书柜里了。(책은 서재에 놓여 있다.)
  Shū fàngzài shūguì li le.

- 衣服湿透了。(옷이 흠뻑 젖었다.)
  Yīfu shītòu le.

- 东西都已经搬走了。(짐은 모두 이미 옮겨졌다.)
  Dōngxi dōu yǐjing bānzǒu le.

02-1 명사(구)/대사+동사+得+형용사(구)

동사가 진행되는 정도가 어떤지를 나타낼 때 사용된다. 동사 앞에는 일반적으로 동작의 주체자인 명사가 온다. 동사 뒤에 목적어가 오면 동사를 중복하여, "동사+목적어+동사+得+형용사구+정도를 나타내는 형용사"의 형식으로 쓴다. 긍정일 때는 "동사+得+형용사구"로, 부정일 때는 "동사+得+不+형용사구"로 쓴다. 이때 형용사구에 "比较, 很, 十分, 非常"과 같은 정도를 나타내는 단어를 사용할 수 없음에 주의해야 한다.

예
- 她长得很高。(그녀는 키가 매우 크다.)
  Tā zhǎng de hěn gāo.

- 他打扫房间打扫得很干净。(그는 방을 매우 깨끗하게 청소했다.)
  Tā dǎsǎo fángjiān dǎsǎo de hěn gānjìng.

- 你说汉语说得很清楚。(너는 중국어를 매우 명료하게 말한다.)
  Nǐ shuō Hànyǔ shuō de hěn qīngchu.

02-2 명사(구)(+목적어)+동사+得+형용사(구)

어떤 사람, 일, 물건이 어떻게 처리되는가를 나타낸다. 문장의 주어는 동사가 나타내는 동작의 대상이며, 전체 문장은 피동의 의미를 나타낸다.

예
- 大卫的作业写得很好。(데이비드의 숙제는 매우 잘했다.)
  Dàwèi de zuòyè xiě de hěn hǎo.

- 桌子擦得很干净。(책상은 매우 깨끗이 닦였다.)
  Zhuōzi cā de hěn gānjìng.

- 饭做得很好吃。(밥이 매우 맛있게 되었다.)
  Fàn zuò de hěn hǎochī.

03-1 명사(구)/대사+把+명사(구)+동사+보어

어떤 사람, 일, 사물이 어떤 행위를 통하여 다른 사람, 일, 사물에 어떤 결과를 가져오는가를 나타낼 때 사용된다. "把"의 앞과 뒤에는 모두 명사가 오고, 동사의 뒤에는 반드시 결과를 나타내는 단어가 온다. 여기에는 형용사, 방향사, 장소를 나타내는 전치사구 혹은 "了" 등이 있다. 문형은 "……+把+……+동사+동사의 결과를 나타내는 단어"로 쓴다. 예를 들면 "大卫把生词记住了"의 주어는 "大卫"이고, 목적어는 "生词", 동사는 "记", 결과를 나타내는 단어는 "住"이다.

예

- 大卫把生词背完了。(데이비드는 단어를 다 외웠다.)
  Dàwèi bǎ shēngcí bèiwán le.

- 小王把我的电脑弄坏了。(왕 군은 나의 컴퓨터를 망가뜨렸다.)
  Xiǎo Wáng bǎ wǒ de diànnǎo nònghuài le.

- 服务员把空调打开了。(종업원은 에어컨을 켰다.)
  Fúwùyuán bǎ kōngtiáo dǎkāi le.

03-2 명사(구)/대사+把+명사(구)+동사+전치사구

어떤 사람, 일, 사물이 어떤 동작을 통하여 새로운 장소에 도달함을 나타낼 때 사용된다. "把" 앞에는 동작의 주체자가 오고, 뒤에는 동작을 받는 대상이 온다. 동사 뒤에는 항상 장소를 나타내는 단어가 오는데, "在+家, 在+学校, 到+商店"과 같은 "전치사+장소"의 형식이 있고, "上+楼, 下+山, 进+房间, 进+房间+来"와 같이 "방향+장소"의 형식도 있다. 만약에 방향을 나타내는 단어가 "上来, 下来, 进来, 出去"라면, 장소를 나타내는 단어는 "上+楼+来"와 같이 중간에 놓아야 한다. 문형은 "……把……+동사+전치사+장소" 혹은 "……把……+동사+방향(+장소)"의 형태로 쓴다.

예

- 大卫把书放在桌子上。(데이비드는 책을 책상 위에 놓았다.)
  Dàwèi bǎ shū fàngzài zhuōzi shang.

- 你把鸡蛋打在这个碗里。(너는 계란을 이 그릇에 놓아라.)
  Nǐ bǎ jīdàn dǎ zài zhè ge wǎnli.

- 他把垃圾扔进垃圾桶。(그는 쓰레기를 쓰레기통에 버렸다.)
  Tā bǎ lājī rēngjìn lājītǒng.

Unit 55 동작의 결과를 묘사할 때

03-3 명사(구)/대사+把+명사(구)+동사+给+명사

어떤 사람, 일, 사물이 어떤 행위를 통하여 다른 사람에 귀속됨을 나타낼 때 사용된다. "把" 앞에는 동작의 주체자가 오고, "把" 뒤에는 동작을 받는 대상이 온다. 동사는 "寄, 卖, 带, 拿, 交, 送, 发"와 같은 단어가 오며, 문장은 "……把……+동사+给……"의 형식으로 쓰인다. 동사 "给" 뒤에는 항상 사람을 나타내는 단어가 오고, "把" 뒤에는 이 사람이 얻게 되는 모종의 사물이 온다.

예
- 大卫把作业交给老师。 (데이비드는 숙제를 선생님께 제출했다.)
  Dàwèi bǎ zuòyè jiāo gěi lǎoshī.

- 我把最珍贵的礼物寄给你。 (나는 가장 소중한 선물을 너에게 주겠다.)
  Wǒ bǎ zuì zhēnguì de lǐwù jì gěi nǐ.

- 圣诞老人把各种糖果发给孩子们。
  Shèngdànlǎorén bǎ gè zhǒng tángguǒ fā gěi háizimen.
  (산타할아버지는 여러 종류의 사탕을 아이들에게 주었다.)

03-4 명사(구)/대사+把+명사(구)+동사+成+명사(구)

어떤 사람, 일, 사물이 어떤 행위를 통하여 변화가 생길 때 사용된다. "把" 앞에는 동작의 주체자가 오고, "把" 뒤에는 동작을 받는 대상이 온다. 동사 뒤에는 항상 변화를 나타내는 단어가 오며, 문장은 "……把……+동사+成……"의 형식으로 쓰인다. "成" 뒤에는 대개 명사가 와서 마지막 동작으로 인한 결과를 나타낸다.

예
- 你把牛肉切成小块儿。 (소고기를 작게 썰어라.)
  Nǐ bǎ niúròu qiēchéng xiǎo kuàir.

- 工人把石头刻成雕像。 (노동자는 바위를 조각상으로 깎았다.)
  Gōngrén bǎ shítou kèchéng diāoxiàng.

- 把小狗训练成算术高手。 (강아지를 계산의 달인으로 훈련시켰다.)
  Bǎ xiǎo gǒu xùnliàn chéng suànshù gāoshǒu.

03-5 명사(구)/대사+把+명사(구)+동사+了+동사+동사/+一下

짧은 시간 동안에 발생하는 동작을 나타낼 때 사용하며, 주로 사람을 대접하거나 어떤 일을 하기를 요청할 때 사용한다. "把" 앞에는 동작의 주체자가 오고, "把" 뒤에는 동작을 받는 대상이 온다. 동사는 항상 "读一下, 擦擦, 写一写, 读了读"와 같이 "동사+一下, 동사+동사, 동사+一+동사, 동사+了+동사"의 형식으로 쓰이고, 문장은 "……把……+동사一下(+동사一동사/+동사+동사/+동사了동사)"의 형식으로 쓰인다.

예
- 大卫把课文读了读。(데이비드는 본문을 읽었다.)
  Dàwèi bǎ kèwén dúle dú.

- 服务员，请把桌子擦擦。(아가씨, 테이블 좀 닦아주세요.)
  Fúwùyuán, qǐng bǎ zhuōzi cāca.

- 师傅，把车停一下。(기사님 차 좀 세워주세요.)
  Shīfu, bǎ chē tíng yíxià.

연습문제

1 아래의 단어를 이용하여 바꿔 말해보세요.

(1) 小张 看 明白 了。

听 懂
做 完
气 坏

(2) 饭做 得 很好吃。

衣服洗　很干净
他长　　很高
唱　　　很好听

(3) 他把 我的电话用坏 了。

衣服弄脏
空调打开
我的车开走

(4) 他把 学生看 成 自己的孩子。

小王当　小李了
纸撕　　小条了
同事气　傻子

2 아래의 대화를 완성하세요.

(1) A : 你听懂他的话了吗?
　　B : 　　　　　　　　　　　　　　　　　　。

(2) A : 服务员整理好你的房间了吗?
　　B : 　　　　　　　　　　　　　　　　　　。

(3) A : 你的汉字写得漂亮吗?
　　B : 　　　　　　　　　　　　　　　　　　。

(4) A : 你把空调打开了吗?

B :

(5) A : 你把作业交给老师了吗?

B :

3 단어를 이용하여 문장을 만들어 보세요.

(1) 小张, 干净, 房间, 打扫, 了, 把

→

(2) 已经, 他, 搬, 了, 走

→

(3) 跑得, 他, 很快

→

(4) 说得, 他汉语, 很好

→

(5) 把, 我, 他, 哭了, 弄

→

동작의 가능성을 묘사할 때

01 명사(구)/대사+동사+得/不+보어(+명사구)

어떤 일을 할 수 있는지 없는지를 나타낼 때 사용되며, 결과를 나타내는 단어로는 일반적으로 동사, 형용사, 방향을 나타내는 명사 혹은 "了(liǎo)"가 있다. "能(不能)+동사"의 형태와 비교해보면 의미는 유사하지만 완전히 같지는 않다. 예를 들어 "钥匙丢了, 我进不去。(열쇠를 잃어버려 들어갈 수 없다.)", "我感冒了, 不能出去。(감기에 걸려 나갈 수 없다.)"는 맞는 표현이지만, "我感冒了, 出不去。"는 틀린 표현이다.

예
- 我找不到自行车了。(나는 자전거를 찾지 못했다.)
  Wǒ zhǎo bu dào zìxíngchē le.

- 这本书你看得懂吗? (너는 이 책을 이해할 수 있니?)
  Zhè běn shū nǐ kàn de dǒng ma?

- 三个汉堡太多了, 一个人吃不了。
  Sān ge hànbǎo tài duō le, yí ge rén chī bu liǎo.
  (햄버거 세 개는 너무 많아서, 한 사람이 다 먹을 수 없어요.)

연습문제

1 아래의 단어를 이용하여 바꿔 말해보세요.

(1) 我 听得懂 中文歌。

看得懂	报纸
喝得了	咖啡
吃得完	三碗饭

(2) 我 找不到 钱包 了。

做不完	作业
看不完	电影
戴不上	手表

(3) 他 买得起 电脑。

吃得了	辣的菜
看得完	这些书
买得起	那件衣服

(4) 我 吃 不了 那么多饭。

提	那个包
拿	那箱
上	大学了

2 아래의 대화를 완성하세요.

(1) A : 我们3个人点了8个菜，吃得了吗?

B : _____。

(2) A : 今天的作业这么多，你做得完吗?

B : _____。

(3) A : 你看得懂中文电影吗?

B : _____。

(4) A : 明天就要考试了，今天你还能去看电影吗?

B :

(5) A : 这件衣服1,000元，你买得起吗?

B :

3 단어를 이용하여 문장을 만들어 보세요.

(1) 买得起, 这件衣服, 我

→

(2) 法语, 看不懂, 他

→

(3) 汉语, 他们, 听得懂

→

(4) 吃不完, 我们, 这么多菜

→

(5) 我, 房间, 进得去

→

동작의 수량이나 시간을 묘사할 때

01 명사구/대사+동사+了+시간명사+명사

동작이나 행위가 어느 정도의 시간 동안 이루어 졌는지를 나타낼 때 사용되며, 동사의 뒤에 "分钟, 小时, 天, 星期"와 같은 시간을 나타내는 명사가 온다. 예를 들면 "睡了三个小时。(세 시간 동안 잤다.)"가 있다. 만약 동사 뒤에 목적어가 오면, 문장은 "看了三个小时电影。(세 시간 동안 영화를 봤다.)"와 같이 "동사+시간명사+기타명사(목적어)"의 형태로 쓴다.

예
- 我上了三个小时网。(나는 세 시간 동안 인터넷을 했다.)
  Wǒ shàngle sān ge xiǎoshí wǎng.

- 我们谈话谈了两个小时。(우리는 두 시간 동안 이야기를 했다.)
  Wǒmen tánhuà tánle liǎng ge xiǎoshí.

- 他坐了一天火车。(그는 하루 동안 기차를 탔다.)
  Tā zuòle yì tiān huǒchē.

02 명사(구)/대사+동사+수사+동량사+명사

동작의 횟수를 나타낼 때 사용되며, 여기서 수사나 동량사는 동작의 횟수를 나타낸다. 동량사에는 "次, 遍, 趟, 下" 등과 같은 단어가 오고, 만약 명사가 올 경우 문장은 "去三趟北京"과 같이 항상 "동사+수사+동량사+명사"의 형태로 쓰인다. 동량사 "下"는 "敲了三下儿门", "敲了一下儿门"과 같이 동작의 횟수를 나타내며, "동사+一下儿"의 형태로 쓰인다. 때로는 "看一下儿, 帮一下儿, 想一下儿"처럼 동작이 짧은 시간에 행해짐을 나타내기도 한다.

예
- 周末，我去了一趟书店。(주말에 나는 서점에 한 번 갔다왔다.)
  Zhōumò, wǒ qùle yí tàng shūdiàn.

- 这种药一天吃三次。(이런 약은 하루에 세 번 복용한다.)
  Zhè zhǒng yào yì tiān chī sān cì.

- 老师打了他一下儿。(선생님은 그를 한 대 때렸다.)
  Lǎoshī dǎle tā yíxiàr.

03 명사(구)/대사+동사+(一)点儿+명사(구)

동작이 미치는 대상의 수량이 적음을 나타낼 때 사용된다. "(一)点儿" 뒤에는 일반적으로 명사(구)가 오며, 동작이 미치는 대상을 나타낸다.

예
- 快来喝(一)点儿水。(빨리 와서 물 좀 마셔라.)
  Kuài lái hē (yì) diǎnr shuǐ.

- 吃(一)点儿消炎药就会好的。(소염제를 좀 먹으면 좋아질 것이다.)
  Chī (yì) diǎnr xiāoyányào jiù huì hǎo de.

- 我想买(一)点儿水果。(나는 과일을 좀 사고 싶다.)
  Wǒ xiǎng mǎi (yì) diǎnr shuǐguǒ.

04 명사/대사+동사(구)+수사+명량사+명사

동작이 미치는 대상의 수량을 나타낼 때 사용된다. 수사 뒤에 명량사를 사용하여 동작이 미치는 대상의 수량이 매우 적음을 나타낸다.

예
- 他喝了三瓶啤酒。(그는 맥주 세 병을 마셨다.)
  Tā hēle sān píng píjiǔ.

- 这里有两个书包。(여기에 책가방 두 개가 있다.)
  Zhèli yǒu liǎng ge shūbāo.

- 我买了一件衣服。(나는 옷 한 벌을 샀다.)
  Wǒ mǎile yí jiàn yīfu.

05 명사(구)/대사+有(一)点儿+형용사(구)

사물이 가진 성질이나 상태를 나타낼 때 사용된다. 이 성질이나 상태의 정도는 비교적 낮다.

예
- 这件衣服有一点儿小。(이 옷은 좀 작다.)
  Zhè jiàn yīfu yǒu (yì) diǎnr xiǎo.

- 今天有点儿热。(오늘 좀 덥다.)
  Jīntiān yǒudiǎnr rè.

- 我有点儿不舒服。(나는 몸이 좀 안 좋다.)
  Wǒ yǒudiǎnr bù shūfu.

06 명사(구)/대사+동사+一+동사(+명사(구)),
명사/대사+동사+동사(+명사(구)),
명사(구)/대사+동사+一下(+명사(구))

시험 삼아 해보거나, 짧은 시간 동안 이루어진 동작이나 행위를 나타낼 때 사용된다. 동사는 "试, 想, 走, 看, 听, 摇, 挥, 考虑, 参观"와 같은 것을 쓴다. "동사+一+동사"에서의 동사는 일음절 동사이며, "동사+동사"와 "동사+一下"에서의 동사는 이음절 동사도 가능하다. 세 가지 형식의 뒷부분에는 모두 동작 행위의 대상인 명사가 온다.

예
- 我们试一试。(내가 좀 해볼게.)
  Wǒmen shì yi shì.

- 我看看。(내가 좀 보자.)
  Wǒ kànkan.

- 说一说你的想法。(네 의견을 좀 말해봐.)
  Shuō yi shuō nǐ de xiǎngfǎ.

- 我们考虑一下你的建议。(우리는 네 제안을 생각해 보겠다.)
  Wǒmen kǎolǜ yíxià nǐ de jiànyì.

Unit 57 연습문제

1 아래의 단어를 이용하여 바꿔 말해보세요.

(1) 我 坐 了 8个小时的飞机 。

说	2个小时的话
有	2个钱包
听	1个小时的音乐

(2) 我 喝 了一点儿 酒 。

吃	饭
看	书
说	汉语

(3) 今天 有点儿 热 。

我	累
他	不舒服
那个地方	陌生

(4) 我们 看看 。

想想
听听
走走

2 아래의 대화를 완성하세요.

(1) A : 你今天怎么看起来这么累呀?

B : 　　　　　　　　　　　　　　　。

(2) A : 你的作业做了多长时间?

B : 　　　　　　　　　　　　　　　。

(3) A : 这种药一天吃几次?

B : 　　　　　　　　　　　　　　　。

(4) A：周末逛街买了什么？

B：

(5) A：这件衣服大小怎么样？

B：

3 단어를 이용하여 문장을 만들어 보세요.

(1) 我, 三次车, 坐了, 今天

→

(2) 一点儿, 我, 水, 喝了

→

(3) 难, 汉语, 有点儿

→

(4) 意见, 你的, 说一说

→

(5) 买了, 我, 三本书

→

동작의 방향을 묘사할 때

01 명사(구)/대사+동사(+명사구)+来

행위의 방향이 말하는 사람을 향할 때 사용되며, "走, 跑, 拿, 带, 送, 进, 出, 上, 下"와 같은 동사가 온다. 만약 동사가 "进, 出, 上, 下, 回, 过"이면 그 뒤에는 장소를 나타내는 단어가 오고, 문장은 "进房间来", "回家去"와 같이 "동사+장소명사+来/去"의 형식으로 쓰인다.

예
- 老师进教室来了。(선생님이 교실로 들어오셨다.)
  Lǎoshī jìn jiàoshì lái le.

- 一只狗向我跑来。(개 한 마리가 나를 향해 뛰어왔다.)
  Yì zhī gǒu xiàng wǒ pǎo lái.

- 没有人从里面出来。(안에서 나오는 사람이 없다.)
  Méiyǒu rén cóng lǐmiàn chūlai.

02 명사(구)/대사+동사(+명사구)+去

행위의 방향이 동작이 말하는 사람으로부터 멀어질 때 사용되며, "走, 跑, 拿, 带, 送, 进, 出, 上, 下"와 같은 동사가 온다. 만약 동사가 "进, 出, 上, 下, 回, 过"이면, 그 뒤에는 장소를 나타내는 명사를 첨가할 수 있고, 문장은 "进房间来", "回家去"와 같이 "동사+장소명사+来/去"의 형식으로 쓰인다.

예
- 那个人进商店去了。(그 사람은 상점으로 들어갔다.)
  Nà ge rén jìn shāngdiàn qù le.

- 他朝图书馆的方向走去。(그는 도서관을 향해 걸어갔다.)
  Tā cháo túshūguǎn de fāngxiàng zǒu qù.

- 我不要了，你拿去吧。(나는 필요없어, 네가 가져가.)
  Wǒ búyào le, nǐ ná qù ba.

03-1 명사(구)/대사+동사+上(+장소)+来

위로 향하거나 말하는 사람을 향한 행위동작을 나타낼 때 사용되며, 문장은 "……+동사+上(+장소)+来"의 형식으로 쓴다. 주어는 동작의 주체로 명사나 대사가 오고, 동사는 "走, 跑, 拿, 带, 爬"등이 오며, "上"뒤에는 일반적으로 장소를 나타내는 명사나 대사가 온다. 동사가 "看"일 경우, 문장은 "……看上去……"로 쓰며, 이 때 "上去"는 방향의 의미를 나타내지 않는다. "看上去"뒤에는 동사나 형용사 혹은 문장이 오며, 말하는 사람의 사물에 대한 예측이나 평가를 나타낸다.

예
- 他跑上来。— 他跑上楼来。(그는 뛰어 올라온다. - 그는 2층으로 뛰어 올라온다.)
  Tā pǎo shànglai. – Tā pǎo shàng lóu lai.

- 他爬上来。— 他爬上山来。(그는 기어 올라온다. - 그는 산을 등반해온다.)
  Tā pá shànglai. – Tā pá shàng shān lai.

- 他跳上来。— 他跳上台来。(그는 [위로] 뛰어오른다. - 그는 무대 위로 뛰어 올라온다.)
  Tā tiào shànglai. – Tā tiào shàng tái lai.

03-2 명사(구)/대사+동사+上(+장소)+去

위를 향하거나, 말하는 사람과 멀어지는 행위동작을 나타낼 때 사용되며, 문장은 "……+동사+上(+장소)+去"의 형식으로 쓴다. 동사는 "走, 跑, 拿, 带, 爬"와 같은 것이 오고 동사 앞에는 동작의 주체를 나타내는 명사, 대사가 온다. "上"뒤에는 일반적으로 장소를 나타내는 명사, 대사가 온다.

예
- 气球飞上去了。— 气球飞上(天)去了。
  Qìqiú fēi shàngqu le. – Qìqiú fēi shàng (tiān) qu le.
  (풍선이 날아갔다. — 풍선이 하늘로 날아갔다.)

- 他走上去了。— 他走上(楼)去了。
  Tā zǒu shàngqu le. – Tā zǒu shàng (lóu) qu le.
  (그는 걸어 올라갔다. — 그는 2층으로 걸어 올라갔다.)

- 电梯升上去了。— 电梯升上(楼顶)去了。
  Diàntī shēng shàngqu le. – Diàntī shēng shàng (lóudǐng) qu le.
  (엘리베이터는 올라갔다. — 엘리베이터는 옥상으로 올라갔다.)

Unit 58 동작의 방향을 묘사할 때

04-1 명사(구)/대사+동사+下(+장소+)来

아래로 향하거나 말하는 사람을 향한 행위동작을 나타낼 때 사용되며, 문장은 "……+동사+下(+장소)+来"의 형식으로 쓴다. 동사 앞에는 동작의 주체를 나타내는 명사, 대사가 오고, 동사는 "走, 跑, 拿, 带, 爬"등이 온다.

예
- 水(从山上)流下来。(물은 산에서 아래로 흐른다.)
  Shuǐ (cóng shānshang) liú xiàlai.

- 他(从窗台上)跳下来。(그는 창틀에서 뛰어내려왔다.)
  Tā (cóng chuāngtáishang) tiào xiàlai.

- 孩子(从楼上)跑下来。(아이는 2층에서 뛰어내려왔다.)
  Háizi (cóng lóushang) pǎo xiàlai.

04-2 명사(구)/대사+동사+下(+장소+)去

아래로 향하거나 말하는 사람과 멀어지는 행위동작을 나타낼 때 사용되며, 문장은 "……+동사+下(+장소)+去"의 형식으로 쓴다. 동사 앞에는 동작의 주체를 나타내는 명사, 대사가 오고, 동사는 "走, 跑, 拿, 带, 爬"등이 온다. "下"뒤에는 일반적으로 장소를 나타내는 명사, 대사가 오고, 동사가 지속동사일 경우 "동사+下去"는 동작이 계속됨을 나타낸다.

예
- 您敢从这儿跳下去吗？(당신은 감히 여기서 뛰어내릴 수 있나요?)
  Nín gǎn cóng zhèr tiào xiàqu ma?

- 他从12层楼上掉下去了。(그는 12층에서 떨어졌다.)
  Tā cóng shí'èr céng lóushang diào xiàqu le.

- 箱子都放下去了。(상자는 모두 내려놓았다.)
  Xiāngzi dōu fàng xiàqu le.

05-1 명사/대사+동사+进(+장소)+来(+동사(구))

어떤 장소의 안쪽을 향하거나, 말하는 사람을 향한 동작을 나타낼 때 사용되며, 문장은 "……+동사+进(+장소)+来"의 형식으로 쓴다. 동사 앞에는 동작의 주체인 명사, 대사가 오며, "进"의 뒤에는 장소를 나타내는 명사, 대사가 온다.

예

- 小王刚才跑进办公室来说他中奖了。
  Xiǎo Wáng gāngcái pǎo jìn bàngōngshì lai shuō tā zhòngjiǎng le.
  (왕 군이 방금 사무실로 뛰어 들어와 당첨되었다고 말했다.)

- 他走进我的房间来。(그는 내 방으로 걸어 들어왔다.)
  Tā zǒu jìn wǒ de fángjiān lai.

- 把化验单拿进来。(검사표를 들고 들어와라.)
  Bǎ huàyàndān ná jìnlai.

05-2 명사/대사+동사+进(+장소)+去

어떤 장소의 안쪽을 향하거나, 말하는 사람과 멀어지는 행위동작을 나타낼 때 사용되며, 문장은 "……+동사+进(+장소)+去"의 형식으로 쓴다. 동사 앞에는 동작의 주체인 명사나 대사가 오며, "进"의 뒤에는 장소를 나타내는 명사나 대사가 온다.

예

- 他走进(房间)去了。(그는 (방으로) 걸어 들어갔다.)
  Tā zǒu jìn (fángjiān) qu le.

- 小偷跑进(厕所)去了。(소매치기는 (화장실로) 뛰어 들어갔다.)
  Xiǎotōu pǎo jìn (cèsuǒ) qu le.

- 把柜子搬进(家)去。(옷장을 (집으로) 옮겨가라.)
  Bǎ guìzi bān jìn (jiā) qu.

Unit 58 동작의 방향을 묘사할 때

06-1 명사(구)/대사+동사+出来

밖으로 향하거나, 말하는 사람을 향한 행위동작을 나타낼 때 사용되며, 문장은 "……+동사+出(+장소)+来"의 형식으로 쓴다. 동사 앞에는 동작의 주체를 나타내는 명사나 대사가 온다.

예
- 明星从里面走出来了。(유명 연예인이 안에서 걸어 나왔다.)
  Míngxīng cóng lǐmiàn zǒu chūlai le.

- 一只狗从草丛里跳出来。(개 한 마리가 풀숲에서 뛰어 나왔다.)
  Yì zhī gǒu cóng cǎo cóngli tiào chūlai.

- 有什么意见就说出来。(어떤 의견이든 말해봐라.)
  Yǒu shénme yìjiàn jiù shuō chūlai.

06-2 명사(구)/대사+동사+出去

밖으로 향하거나 말하는 사람과 멀어지는 행위동작을 나타낼 때 사용되며, 문장은 "……+동사+出(+장소)+去"의 형식으로 쓴다. 동사 앞에는 일반적으로 동작의 주체를 나타내는 명사, 대사가 오며, "出"의 뒤에는 장소를 나타내는 명사나 대사가 온다.

예
- 你马上从这里滚出去。(너는 얼른 이곳을 떠나라.)
  Nǐ mǎshàng cóng zhèli gǔn chūqu.

- 把垃圾扔出去。(쓰레기를 버렸다.)
  Bǎ lājī rēng chūqu.

- 孩子刚刚跑出去了。(아이는 방금 뛰어 나갔다.)
  Háizi gānggāng pǎo chūqu le.

07-1 명사(구)/대사+동사+回(+장소)+来

떠난 장소를 다시 돌아오거나 말하는 사람을 향한 행위동작을 나타낼 때 사용되며, 문장은 "……+동사+回(+장소)+来"의 형식으로 쓴다. 동사 앞에는 동작의 주체를 나타내는 명사나 대사가 온다.

예
- 把衣服带回来。(옷을 가지고 돌아왔다.)
  Bǎ yīfu dài huílai.

- 他买了两个汉堡回学校来了。(나는 햄버거 두 개를 사서 학교로 돌아왔다.)
  Tā mǎile liǎng ge hànbǎo huí xuéxiào lai le.

- 我是从办公室走回来的。(나는 사무실에서부터 걸어서 돌아왔다.)
  Wǒ shì cóng bàngōngshì zǒu huílai de.

07-2 명사(구)/대사+동사+回(+장소)+去(+동사)

떠난 장소로 다시 돌아오거나 말하는 사람과 멀어지는 행위동작을 나타낼 때 사용되며, 문장은 "……+동사+回(+장소)+去"의 형식으로 쓴다. 동사 앞에는 동작의 주체를 나타내는 명사나 대사가 오며, "回" 뒤에는 장소를 나타내는 명사나 대사가 온다.

예
- 把车开回去。(차를 몰고 돌아갔다.)
  Bǎ chē kāi huíqu.

- 把病人送回去。(환자를 돌려보냈다.)
  Bǎ bìngrén sòng huíqu.

- 拿点儿酒回去喝。(술을 좀 가지고 돌아가서 마셔라.)
  Ná diǎnr jiǔ huíqu hē.

- 发现他不在网吧，老师和同学们又跑回学校去。
  Fāxiàn tā bú zài wǎngbā, lǎoshī hé tóngxuémen yòu pǎo huí xuéxiào qu.
  (그가 PC방에 없다는 것을 발견하고 나서, 선생님과 학우들은 다시 학교로 돌아갔다.)

Unit 58 동작의 방향을 묘사할 때

08-1 명사(구)/대사+동사+过(+장소)+来

말하는 사람을 향한 행위동작을 나타낼 때 사용되며, 문장은 "……+동사+过(+장소)+来"의 형식으로 쓴다. 동사 앞에는 동작의 주체를 나타내는 명사나 대사가 오며, 동사는 "走, 跑, 拿, 带, 送"등이 있다.

예
- 有个人从远处走过来。(어떤 사람이 멀리서 걸어왔다.)
  Yǒu ge rén cóng yuǎnchù zǒu guòlai.

- 把行李托运过来。(짐을 운반해 왔다.)
  Bǎ xíngli tuōyùn guòlai.

- 请帮我把资料寄过来。(나 대신 자료를 부치고 와라.)
  Qǐng bāng wǒ bǎ zīliào jì guòlai.

08-2 명사(구)/대사+동사+过(+장소)+去

말하는 사람과 멀어지는 행위동작을 나타낼 때 사용되며, 문장은 "……+동사+过(+장소)+去"의 형식으로 쓴다. 동사 앞에는 동작의 주체를 나타내는 명사나 대사가 오며, 동사는 "走, 跑, 拿, 带, 送"등이 있다. "过" 뒤에는 장소를 나타내는 명사나 대사가 온다.

예
- 游客过河去。(여행객이 강을 건너가다.)
  Yóukè guò hé qu.

- 把杯子拿过去。(컵을 들고가다.)
  Bǎ bēizì ná guòqu.

- 从这边跳过去。(여기서 뛰어가다.)
  Cóng zhè biān tiào guòqu.

09 명사(구)/대사+동사+起(+명사구)+来

위로 향하는 동작을 나타낼 때 사용되며, 동사는 "站, 拿, 举, 搬"등이 있다. "동사+起来" 형태의 문장은 동작의 목적지가 나타나있지 않으며, 만약에 동사에 목적어가 있다면, 일반적으로 "起"와 "来" 사이에 놓거나, "起来" 뒤에 놓는다. "동사+上去"도 동작의 방향이 위로 향하는 것을 나타낼 때 사용하는데 이 경우에는 동작의 목적지나 동작이 끝난 장소가 존재한다. 반대 방향을 나타낼 때는 "동사+下去"를 사용하며, 이 경우에는 목적지가 없다. 여기에 쓰이는 동사는 "坐, 放"등이 있으며, 동작의 방향은 아래로 향한다.

예
- 站起来。— 坐下去。 (일어서다. — 앉다.)
  Zhàn qǐlai. – Zuò xiàqu.

- 拿起来。— 放下去。 (들다. — 놓다.)
  Ná qǐlai. – Fàng xiàqu.

- 举起来。— 放下去。 (들어 올리다. — 내려놓다.)
  Jǔ qǐlai. – Fàng xiàqu.

- 他拿起一本书来。 (그는 한 권의 책을 들었다.)
  Tā ná qǐ yì běn shū lai.

연습문제

1 아래의 단어를 이용하여 바꿔 말해보세요.

(1) 老师 进教室 来了。　　　(2) 他 进商店 去了。

从外面进
从楼上跑下
从家里出

从房间里出
回家
进教室

(3) 他 从那里走 过(起)来。　　(4) 给他 拿 过去。

站　起来
跑　过来
说　起来

带
送
递

2 아래의 대화를 완성하세요.

(1) A : 那个小偷为什么开始跑起来了?

　　B : 　　　　　　　　　　　　　　　　　　　　　。

(2) A : 你看见张老师了吗?

　　B : 　　　　　　　　　　　　　　　。(동사+……+去)

(3) A : 你弟弟在哪儿?

　　B : 　　　　　　　　　　　　　　　。(동사+……+去)

(4) A : 在中国，回答老师的问题时应该站起来吗?

B : _____。

(5) A : 小王，李丽在楼下等你。

B : 知道了，_____。

3 단어를 이용하여 문장을 만들어 보세요.

(1) 他, 跑, 向我, 来

→ _____。

(2) 同学们, 去了, 进教室

→ _____。

(3) 从桌子上, 电脑, 下去了, 掉

→ _____。

(4) 小王, 从办公室, 出来了, 走

→ _____。

(5) 站, 从座位上, 起来了, 他

→ _____。

동작의 목적을 묘사할 때

01 명사(구)/대사+为了+명사(구)+동사(구)

동작의 목적을 묘사할 때 사용되며, "为了" 뒤에는 일반적으로 명사(구)가 온다.

예
- 他**为了**身体健康每天跑步。(그는 건강을 위해서 매일 달리기를 한다.)
  Tā wèile shēntǐ jiànkāng měitiān pǎobù.

- 小赵**为了**赶末班车早早走了。(조 군은 막차를 타기 위해서 일찍 출발했다.)
  Xiǎo Zhào wèile gǎn mòbānchē zǎozao zǒu le.

- 很多人**为了**防晒打伞。(많은 사람들이 햇빛을 가리기 위해 양산을 썼다.)
  Hěn duō rén wèile fáng shài dǎ sǎn.

연습문제

1 아래의 단어를 이용하여 바꿔 말해보세요.

(1) 他为了 找工作来学汉语 。

身体健康才不抽烟的
和女朋友在一起才去北京的
考上大学才努力学习的

(2) 为了 防晒女孩子们都打起了伞 。

漂亮很多人去整容
照顾家庭她辞去了工作
能尽快回国他决定坐飞机

(3) 妈妈为了 我考上大学没有出国 。

哥哥买房子才去工作的
爸爸身体健康才不给爸爸钱的
我们身体都累坏了

2 아래의 대화를 완성하세요.

(1) A: 你为什么那么喜欢学习汉语?
B: _____ 。(为了……)

(2) A: 你为什么每天走路去学校?
B: _____ 。(为了……)

(3) A: 他为什么工作那么努力?
B: _____ 。(为了……)

(4) A : 你为什么提前做完了作业?

B :   。(为了……)

(5) A : 小王为什么不出去吃饭，而是自己做饭?

B :   。(为了……)

3 단어를 이용하여 문장을 만들어 보세요.

(1) 为了, 考试, 没有睡觉, 他

→

(2) 姐姐, 照顾, 为了, 妹妹, 工作, 要去北京

→

(3) 小李, 买房子, 为了, 努力工作

→

(4) 很早起床了, 为了, 吃早饭, 我

→

(5) 为了, 我, 过生日, 早早走了

→

6. 묘사하기 Ⅱ

묘사에는 사물의 성질과 상태, 인간의 내적인 감정, 동시 진행되는 동작에 대한 묘사 등 다양한 내용이 포함된다.

Unit 60	사람이나 사물의 성질과 상태를 묘사할 때
Unit 61	내적인 감정을 묘사할 때
Unit 62	내적인 바람이나 희망을 묘사할 때
Unit 63	동시에 진행되는 동작을 묘사할 때

사람이나 사물의 성질과 상태를 묘사할 때

01 명사(구)/대사+형용사+得+很

사람, 사건, 사물의 현재 성질과 상태를 나타냄과 동시에 그 성질과 상태가 아주 높은 정도에 달했음을 묘사할 때 사용된다. "得很(~한 것이 심하다)"을 이용해 정도를 나타내며, 문장은 "형용사/심리 상태를 나타내는 동사+得很"의 형식을 사용한다. 의미상으로는 "很/非常(아주)+형용사"와 비슷한데 예를 들면 "好得很"는 "很好(아주 좋다)"나 "非常好(매우 좋다)"와 비슷한 의미를 지닌다.

예
- 这个公寓大得很。(이 아파트는 아주 넓다.)
  Zhè ge gōngyù dà de hěn.

- 外面冷得很。(밖은 아주 춥다.)
  Wàimian lěng de hěn.

- 房子里脏得很。(방이 아주 지저분하다.)
  Fángzi li zāng de hěn.

02 명사(구)/대사+형용사+极了

사람, 사건, 사물의 현재 성질과 상태가 첫 번째 기능보다 더 높은 정도에 이르렀음을 나타낸다. 이때 정도를 나타내는 단어 "极了"를 사용하여 "형용사+极了" 구문을 형성하는데 의미상으로는 "非常(아주)+형용사(심리상태를 나타내는 동사)"와 비슷하다. 예를 들면 "好极了。(너무 좋다.)"와 "高兴极了。(너무 기쁘다.)"는 "非常好。(매우 좋다.)", "非常高兴。(매우 기쁘다.)"과 비슷한 뜻을 가진다.

예
- 西藏的风景美丽极了。(시장의 풍경은 정말 아름답다.)
  Xīzàng de fēngjǐng měilì jíle.

- 他今天高兴极了。(그는 오늘 너무 기쁘다.)
  Tā jīntiān gāoxìng jíle.

- 那个人讨厌极了。(그 사람은 정말 밉상이다.)
  Nà ge rén tǎoyàn jíle.

03 명사(구)/대사+부사+형용사

현재의 사물의 성질과 상태를 묘사하는 데 쓰인다. 부사 앞에는 명사(구)가 오고 대개의 경우 부사는 "很(아주), 非常(매우), 相当(상당히), 十分(아주), 极其(지극히)" 등 정도를 나타내는 단어들로 사물이 가지고 있는 성질과 상태가 일정한 정도 또는 비교적 높은 정도에 이르렀음을 나타낸다. 이밖에 "也"를 사용하는 경우가 있는데 한 사람, 사건, 사물과 다른 사람, 사건 사물이 어떤 공통된 성질과 상태를 보유하고 있음을 나타낸다. 또한 "都"를 사용하는 경우가 있는데 일부 사람, 사건, 사물에 모두 같은 성질과 상태가 있음을 나타낸다.

예
- 这儿的夏天非常热。(여기 여름은 매우 덥다.)
  Zhèr de xiàtiān fēicháng rè.

- 那地方相当远。(그 곳은 상당히 멀다.)
  Nà dìfang xiāngdāng yuǎn.

- 他们都很辛苦。(그들 모두 매우 수고가 많다.)
  Tāmen dōu hěn xīnkǔ.

04 명사(구)+형용사 중첩+的

화자가 비교적 좋아하는 사람, 사건, 사물을 묘사할 때 사용된다. 즉 그 사람, 사건, 사물의 성질과 상태가 비교적 높은 상태에 다달았음을 설명해준다. 여기에서 형용사는 "大大(크디 크다), 高高(높고 높다), 红红(붉디 붉다), 绿绿(푸르디 푸르다), 甜甜(달디 달다), 通红通红(새빨갛다), 雪白雪白(새하얗다)"처럼 XX의 형식을 취하기도 한다. "干干净净(아주 깨끗하다), 漂漂亮亮(아주 예쁘다)"처럼 XXYY의 형식을 취하기도 하는데 이 경우에는 뒤에 "的"를 붙인다. 단 "不+형용사 중첩+的"라고 표현하지는 못한다.

예
- 他个子高高的，眼睛大大的。(그는 키가 훤칠하고 눈이 엄청 크다.)
  Tā gèzi gāogāo de, yǎnjing dàdà de.

- 蔬菜都绿油油的。(야채가 모두 푸르다.)
  Shūcài dōu lǜyóuyou de.

- 房间干干净净，整整齐齐的。(방 안이 깔끔하고 잘 정리되어 있다.)
  Fángjiān gāngānjìngjìng, zhěngzhěngqíqí de.

05 명사(구)/대사+曾经+형용사+过

사람 혹은 사물의 이전 상태를 묘사할 때 사용된다. 형용사는 이전에 나타난 적이 있는 사람이나 사물의 상태를 가리킨다. 부정형은 "没有+형용사+过"이며, 이때 "曾经"은 사용하지 않는다.

예
- 这里曾经热闹过。(여기는 번화했던 적이 있다.)
  Zhèlǐ céngjīng rènao guo.

- 谁都曾经年轻过。(누구에게나 젊었던 시절이 있다.)
  Shéi dōu céngjīng niánqīng guo.

- 她也曾经漂亮过。(그녀 역시 예뻤었다.)
  Tā yě céngjīng piàoliang guo.

06-1 명사(구)/대사+동사+着+명사(구)

현재 발생하고 있는 일이 아닌 현재의 상황이나 상태를 강조한다. 동사는 "戴(달다), 穿(입다), 捧(받쳐 들다)" 등 지속을 나타내는 단어를 사용한다.

예
- 他戴着一副眼镜。(그는 안경을 쓰고 있다.)
  Tā dàizhe yí fù yǎnjìng.

- 大卫手捧着课本发呆。(데이비드는 교과서를 들고 멍하니 있다.)
  Dàwèi shǒu pěngzhe kèběn fādāi.

- 外面正下着雨。(밖에 비가 내린다.)
  Wàimian zhèng xiàzhe yǔ.

06-2 명사(구)/대사+동사+着+명사(구)

어떤 장소에 어떤 물건이 있음을 묘사할 때 사용되며 동사는 "放(놓다), 摆(배치하다)" 등의 단어가 주로 쓰인다. 주로 "……+동사+着……" 형식을 취하며 "……在……+동사+着" 형식을 취하는 경우도 있다. "……+동사+着……"에서 "동사+着" 앞에는 장소를 나타내는 단어가 오고 뒤에는 물건을 가리키는 단어가 온다. 반면에 "……在……+동사+着"에서는 "在" 앞에 물건을 가리키는 단어가 오고 뒤에 장소를 나타내는 단어가 온다.

예
- 桌子上放着一个花瓶。(테이블 위에 꽃병 하나가 놓여져 있다.)
  Zhuōzishang fàngzhe yí ge huāpíng.

- 包里装着几件换洗衣服。(가방에는 세탁할 옷 몇 벌이 들어 있다.)
  Bāoli zhuāngzhe jǐ jiàn huànxǐ yīfu.

- 靠墙放着好几组大衣柜。(벽 쪽에는 몇 개의 큰 옷장이 놓여져 있다.)
  Kào qiáng fàngzhe hǎo jǐ zǔ dà yīguì.

Unit 60 연습문제

1 아래의 단어를 이용하여 바꿔 말해보세요.

(1) 房间里 脏 得很。

热
冷
人多

(2) 北京 很大。

我	很累
夏天	非常热
中国菜	很好吃

(3) 外面下 着 雨。

他看	书
小李吃	饭
大卫听	广播

(4) 这里 曾经 热闹 过。

衣服	便宜
他	认真考虑
我	爱

2 아래의 대화를 완성하세요.

(1) A : 你们学校大吗?

B : _____。

(2) A : 你喜欢什么样的女孩儿?

B : _____。

(3) A : 你对宿舍的服务员满意吗?

B : 很满意,因为我的房间每天都 _____。

　　(4)　A : 听说那位老太太是当年的校花?

　　　　B :

　　(5)　A : 你的房间里有什么?

　　　　B :

3　단어를 이용하여 문장을 만들어 보세요.

　　(1) 我的, 干干净净, 房间, 的

　　　→

　　(2) 戴着, 眼镜, 他, 一副

　　　→

　　(3) 便宜, 水果, 过, 曾经

　　　→

　　(4) 紧张, 我, 过, 没有

　　　→

　　(5) 床上, 3件衣服, 放着

　　　→

　　(6) 住着, 学生们, 在宾馆里

　　　→

내적인 감정을 묘사할 때

01 명사(구)/대사+喜欢+명사(구)/동사(구)

어떤 사람, 사건, 사물을 좋아함을 직접적으로 표현할 때 사용한다. 이때 "喜欢" 앞에는 "很(아주), 十分(매우), 非常(매우)" 등과 같은 부사가 올 수 있으며, 부사 앞에는 주로 사람을 가리키는 명사나 대사가 오고, "喜欢" 뒤에는 명사(구)나 동사구가 온다. 즉 "我(非常)喜欢饺子。(나는 물만두를 (매우) 좋아해.)"나 "我(很)喜欢他。(나는 그를 (정말) 좋아해.)"처럼 "······(+부사)+喜欢(좋아하다)+명사"의 형식을 취한다.

예
- 小王喜欢唱歌。(왕 군은 노래 부르기를 좋아한다.)
  Xiǎo Wáng xǐhuan chàng gē.

- 小李喜欢跟别人开玩笑。(이 군은 다른 사람과 농담하는 것을 좋아한다.)
  Xiǎo Lǐ xǐhuan gēn biérén kāi wánxiào.

- 我喜欢吃妈妈做的饭。(나는 엄마가 해준 밥을 먹기를 좋아한다.)
  Wǒ xǐhuan chī māma zuò de fàn.

02 명사(구)/대사+想+명사(구)

어떤 사람, 사물, 일에 대한 그리움을 나타낸다. 부사에는 "很(아주), 十分(매우), 非常(매우)" 등이 있고, 부사 앞에는 사람을 나타내는 명사나 대사가 온다. "想" 뒤에는 사람이나 물건을 가리키는 명사가 온다.

예
- 我想爸爸妈妈了。(나는 아버지와 어머니가 보고 싶다.)
  Wǒ xiǎng bàba māma le.

- 我很想女朋友。(나는 여자친구가 정말 보고 싶다.)
  Wǒ hěn xiǎng nǚpéngyou.

- 我很想妈妈做的饺子。(나는 엄마가 빚은 만두가 정말 먹고 싶다.)
  Wǒ hěn xiǎng māma zuò de jiǎozi.

03 명사(구)/대사+(不)同意+명사구/동사(구)

어떤 일이나 계획 또는 안배에 대한 의견의 동의 여부를 나타낼 때 사용된다. "不"앞에는 사람을 나타내는 명사가 오고, "同意(동의하다)"뒤에는 명사구나 동사, 동사구문 또는 문장이 온다. 때로는 "同意" 뒤의 단어를 생략할 수 있다.

예
- 我同意你的看法。(나는 너의 의견에 동의해.)
  Wǒ tóngyì nǐ de kànfǎ.

- 经理同意我们的计划。(사장은 우리의 계획에 동의하였다.)
  Jīnglǐ tóngyì wǒmen de jìhuà.

- 我同意去。(나는 가는 것에 동의해.)
  Wǒ tóngyì qù.

04 명사(구)/대사+对+명사(구)/동사(구)+感/有+兴趣
명사(구)/대사+对+명사(구)/동사(구)+不感/没有+兴趣

어떤 사물에 대한 한 사람의 애착정도를 보여줄 때 사용된다. "……+对(~에 대하여)……感/有+兴趣(관심이 있다/흥미를 느낀다)"에서, "对" 앞에는 일반적으로 사람을 가리키는 명사가 오고 뒤에는 명사, 동사 혹은 짧은 문장이 온다. "对" 뒤에 오는 단어는 "对"앞에 오는 단어가 관심이 있거나 혹은 관심이 없는 대상이다. "感兴趣。(흥미를 느끼다.)"나 "有兴趣。(관심이 있다.)"로 표현하며 부정형식은 "不感兴趣。(흥미가 없다.)"혹은 "没有兴趣。(관심이 없다.)"로 쓴다.

예
- 小李对武术有兴趣。(이 군은 무술에 관심이 있다.)
  Xiǎo Lǐ duì wǔshù yǒu xìngqù.

- 看了京剧表演以后，我开始对京剧感兴趣。
  Kànle jīngjù biǎoyǎn yǐhòu, wǒ kāishǐ duì jīngjù gǎn xìngqù.
  (경극을 보고 난 후 나는 경극에 흥미를 느끼기 시작했다.)

- 来中国以后，我开始对做菜感兴趣。
  Lái Zhōngguó yǐhòu, wǒ kāishǐ duì zuò cài gǎn xìngqù.
  (중국에 온 이후로 나는 요리에 관심을 가지게 되었다.)

- 小李对踢足球没有兴趣。(이 군은 축구에 별로 관심이 없다.)
  Xiǎo Lǐ duì tī zúqiú méiyǒu xìngqù.

05
명사₁/대사₁+对+명사(구)₂/대사₂+的印象+형용사구
명사₂/대사₂+给+명사(구)₁/대사₁+的印象+형용사구
명사₂/대사₂+给+명사(구)₁/대사₁+留下+(一种)+……+的印象

어떤 사람, 사물, 장소에 대한 느낌을 나타낼 때 사용된다. 받은 느낌을 강조할 때는 "……对……的印象……"을 사용하고, 느낌을 준 사물이나 장소를 강조할 때는 "……给……的印象……"이나 "……给……留下……的印象"을 사용한다. "……对……的印象……"에서 "对" 앞에는 일반적으로 사람을 나타내는 명사가 오며 "对" 뒤에는 사람이나 사물을 나타내는 명사가 주로 오거나 동사 혹은 짧은 문장이 온다. "印象" 뒤에는 주로 "很/不太+형용사" 오는데 형용사는 "好(좋다), 不好(나쁘다), 深刻(깊다)" 등의 단어가 오며, 때로는 동사가 오기도 한다.

예
- 小王的爸爸对小李的印象很好。(왕 군의 아버지는 이 군에 대한 인상이 매우 좋다.)
  Xiǎo Wáng de bàba duì Xiǎo Lǐ de yìnxiàng hěn hǎo.

- 小李给小王爸爸的印象很好。(이 군이 왕 군의 아버지에게 남긴 인상은 매우 좋다.)
  Xiǎo Lǐ gěi Xiǎo Wáng bàba de yìnxiàng hěn hǎo.

- 小李给小王爸爸留下了很好的印象。
  Xiǎo Lǐ gěi Xiǎo Wáng bàba liúxià le hěn hǎo de yìnxiàng.
  (이 군은 왕 군의 아버지에게 매우 좋은 인상을 남겼다.)

내적인 감정을 묘사할 때

06　(명사(구)/대사+)没想到+동사구
　　명사(구)/대사+竟然+동사구

예상을 벗어난 뜻밖의 결과에 대한 느낌을 묘사할 때 사용된다.

예
- 没想到在这儿遇见你！(여기서 너를 만날 거라고는 생각지도 못했다!)
  Méi xiǎngdào zài zhèr yùjiàn nǐ!

- 没想到北京的变化这么大！(베이징의 변화가 이렇게 클 줄은 생각지도 못했다.)
  Méi xiǎngdào Běijīng de biànhuà zhème dà!

- 今天这么重要的会议小张竟然没来。
  Jīntiān zhème zhòngyào de huìyì Xiǎo Zhāng jìngrán méi lái.
  (오늘 이렇게 중요한 회의에 장 군이 오지 않았다는 게 의외이다.)

07　幸亏+명사/대사+동사구

다행스러움을 묘사할 때 사용한다.

예
- 下雨了。幸亏我们有伞。(비가 온다. 다행히 우리는 우산을 갖고 있다.)
  Xiàyǔ le. Xìngkuī wǒmen yǒu sǎn.

- 今天真冷！幸亏我们穿得厚。(오늘 날씨가 정말 추운데 다행히 옷을 많이 입었다.)
  Jīntiān zhēn lěng! Xìngkuī wǒmen chuān de hòu.

- 幸亏我们出发早，否则就迟到了。
  Xìngkuī wǒmen chūfā zǎo, fǒuzé jiù chídào le.
  (다행히 일찍 출발했으니 망정이지 안 그랬으면 늦었을 거야.)

Unit 61 연습문제

1 아래의 단어를 이용하여 바꿔 말해보세요.

(1) 我 `很喜欢` `王老师`。

喜欢	中国菜
想	妈妈
希望	学习汉语

(2) 他对 `汉语` 感兴趣。

音乐
美术
语言

(3) 没想到 `他回国了`。

他是第一名
这是他妈妈
他女儿已经上大学了

(4) 你对 `小李` 的印象怎么样?

韩国
首尔
公司

2 아래의 대화를 완성하세요.

(1) A : 你喜欢听中国音乐吗?

　　B : 　　　　　　　　　　　　　　　　　　　　。

(2) A : 一个人在国外, 你想家吗?

　　B : 　　　　　　　　　　　　　　　　　　　　。

(3) A : 我认为说汉语最重要, 写汉语不重要。

　　B : 　　　　　　　　　　　　　　　　　　　　。

(4) A : 北京给你留下了什么印象？

　　B : _____。

(5) A : 外面下雨了，你的衣服怎么没有湿？

　　B : _____。(幸亏)

3 단어를 이용하여 문장을 만들어 보세요.

(1) 很想, 他, 家

→ _____。

(2) 妈妈, 看法, 我的, 同意

→ _____。

(3) 他, 我, 很好的, 留下了, 印象, 给

→ _____。

(4) 感冒了, 他, 竟然

→ _____。

(5) 我, 幸亏, 看书了

→ _____。

Unit 61 내적인 감정을 묘사할 때　**265**

Unit 62 내적인 바람이나 희망을 묘사할 때

01 명사(구)/대사+希望(+명사(구)/대사)+동사구

무엇을 또는 어떻게 하기를 바라거나, 어떤 결과가 있기를 또는 누가 무엇을 하기를 바랄 때 사용한다. "希望(희망하다, 기대하다, 바라다)" 앞에는 사람을 가리키는 명사가 오고 뒤에는 동사나 짧은 문장이 온다.

예
- 我希望马上放假。(나는 빨리 방학했으면 좋겠다.)
  Wǒ xīwàng mǎshàng fàngjià.

- 李力希望找一份新工作。(이력은 새 직장을 찾고자 한다.)
  Lǐ Lì xīwàng zhǎo yí fèn xīn gōngzuò.

- 希望能找到办法。(방법을 찾을 수 있기를 희망한다.)
  Xīwàng néng zhǎo dào bànfǎ.

- 大家希望你早点回家。(모두들 네가 좀 일찍 집으로 돌아오기를 바란다.)
  Dàjiā xīwàng nǐ zǎodiǎn huíjiā.

연습문제

1 아래의 단어를 이용하여 바꿔 말해보세요.

(1) 我 希望 快毕业 。

他	涨工资
老板都	员工好好工作
妈妈	我读医科

(2) 希望 能见他最后一面 。

能见他最后一面
能把这个事情做好
尽快给装上电话

(3) 希望 雨尽快停下来 。

雨尽快停下来
学生都听话
你不要生气

2 아래의 대화를 완성하세요.

(1) A：听说今年假期缩短了很多。

　　B：　　　　　　　　　　　　　　　　　　　　　。

(2) A：说好了要去踢球，可是外面的雨还那么大。

　　B：　　　　　　　　　　　　　　　　　　　　　。

(3) A：如果现在让你休假，你最想做的事情是什么？

　　B：　　　　　　　　　　　　　　　　　　　　　。

(4) A : 这两个大学，你最想考的是哪个？

B :

(5) A : 小王希望工资涨多少？

B :

3 단어를 이용하여 문장을 만들어 보세요.

(1) 希望, 他, 把, 你, 女儿, 来, 带

→

(2) 女儿, 希望, 爸爸, 布娃娃, 给, 买

→

(3) 李明, 在, 留, 北京, 希望, 工作

→

(4) 希望, 高, 得到, 分数

→

(5) 希望, 找, 新, 一份, 工作

→

동시에 진행되는 동작을 묘사할 때

01 명사(구)/대사+一边+동사(구), 一边+동사(구)

동시 진행되는 두 가지 일을 묘사할 때 사용된다. 앞뒤 "一边(한편으로)" 뒤에는 모두 동사가 온다.

예
- 他一边看电视一边吃东西。(그는 TV를 보면서 음식을 먹는다.)
  Tā yìbiān kàn diànshì yìbiān chī dōngxi.

- 小李一边走路一边听音乐。(이 군은 길을 걸으면서 음악을 듣는다.)
  Xiǎo Lǐ yìbiān zǒulù yìbiān tīng yīnyuè.

- 那孩子一边做作业一边打电话。(그 아이는 숙제를 하면서 전화를 건다.)
  Nà háizi yìbiān zuò zuòyè yìbiān dǎ diànhuà.

연습문제

1 아래의 단어를 이용하여 바꿔 말해보세요.

(1) 他一边 看电视 一边 吃东西 。　　(2) 我一边 洗衣服 一边 唱歌 。

打电话	写字
走路	听音乐
工作	想家

做饭	说话
开车	打电话
写作业	看电视

2 아래의 대화를 완성하세요.

(1) A : 你吃饭时还做别的事吗?

　　B : 　　　　　　　　　　　　　　　　　　　　　　　　　　。

(2) A : 你喜欢一边做作业一边听音乐吗?

　　B : 　　　　　　　　　　　　　　　　　　　　　　　　　　。

(3) A : 在网上看新闻的时候你还做别的事吗?

　　B : 　　　　　　　　　　　　　　　　　　　　　　　　　　。

(4) A: 你觉得一边开车一边打电话安全吗?

B:

(5) A: 你喜欢一边跟别人说话一边做自己的事吗?

B:

3 단어를 이용하여 문장을 만들어 보세요.

(1) 一边, 我, 走路, 一边, 打电话

→

(2) 妈妈, 一边, 洗衣服, 聊天, 一边

→

(3) 爸爸, 喝茶, 一边, 看报纸, 一边

→

(4) 一边, 写字, 老师, 一边, 讲课

→

(5) 喝水, 一边, 我, 一边, 走路

→

7. 부정

우리는 다양한 내용을 부정할 수 있다. 예를 들면 행위나 동작의 진행 또는 이미 발생한 행위나 동작을 부정하는 것, 사물의 성질과 상태를 부정하는 것, 시간·방향·장소·방식·목적을 부정하는 것, 어떤 장소에 모종의 사물이 있음을 부정하는 것, 부정과 동시에 긍정하는 것 등이다. 일반적으로 긍정문에 "不"나 "没"를 덧붙여 사용한다.

Unit 64 현재 진행 중이거나 이미 진행된 행위를 부정할 때

Unit 65 시간을 부정할 때

Unit 66 방향과 장소를 부정할 때

Unit 67 행위나 동작의 방식을 부정할 때

Unit 68 행위나 동작의 목적을 부정할 때

Unit 69 어떤 사람이 어떤 물건을 소유하고 있음을 부정할 때

Unit 70 부정과 동시에 정정할 때

Unit 64 현재 진행 중이거나 이미 진행된 행위를 부정할 때

01 명사/대사+不/没+동사구

누가 어떤 일을 행하고 있지 않음을 나타낸다. 동사 앞에는 주로 사람을 가리키는 단어가 온다.

예
- 我不喝啤酒。(나는 맥주를 마시지 않겠다./나는 맥주를 마시지 않는다.)
  Wǒ bù hē píjiǔ.

- 我不去长城。(나는 만리장성에 가지 않겠다.)
  Wǒ bú qù Chángchéng.

- 她没买衣服。(그녀는 옷을 사지 않았다.)
  Tā méi mǎi yīfu.

02 不/没+把+명사(구)/대사+동사구

"把"자문의 부정형으로 어떤 사람, 사건, 사물이 다른 사람, 사건, 사물에 대하여 어떤 제재를 가하거나 조치를 취하지 않았음을 나타낸다. "不"나 "没"는 "把" 앞에 놓이는데, "不"를 사용하는 경우는 미래의 시점에 한 사람, 사건, 사물이 다른 한 사람, 사건, 사물에 그 어떤 제재를 가하거나 조치를 취하지 않을 것임을 나타내며, "没"를 사용하는 경우는 과거의 시점에 어떤 사람, 사건, 사물이 다른 사람, 사건, 사물에 어떤 제재를 가하거나 조치를 취하지 않았음을 나타낸다.

예
- 我没把你的电脑弄坏。(나는 너의 컴퓨터를 고장내지 않았다.)
  Wǒ méi bǎ nǐ de diànnǎo nònghuài.

- 爷爷去了幼儿园，但是没把孙女接来。
  Yéye qùle yòu'éryuán, dànshì méi bǎ sūnnǚ jiē lái.
  (할아버지는 유치원에 가셨지만 손녀를 데려오지는 않으셨다.)

- 不把事情弄清楚，谁也不许离开。
  Bù bǎ shìqing nòng qīngchu, shéi yě bù xǔ líkāi.
  (사실이 명백해지기 전에는 누구도 여기를 떠날 수 없습니다.)

03 명사구/대사+不/没/别+조동사+把+명사(구)+동사구

어떤 사람, 일, 사건에 대해 어떻게 할 수 없음을 나타낼 때 사용한다. "能, 会, 可能, 应该" 등의 조동사는 "把" 앞에 오며, 부정을 나타내는 "没, 不"는 조동사 앞에 온다.

예
- 你**别把**工作的事情和私人的事情混在一起。
  Nǐ bié bǎ gōngzuò de shìqing hé sīrén de shìqing hùn zài yìqǐ.
  (너는 공과 사를 묶어 처리하면 안 된다.)

- 你**不**应该**把**内心的感受说给他听。
  Nǐ bù yīnggāi bǎ nèixīn de gǎnshòu shuō gěi tā tīng.
  (너는 마음속에 있는 말을 그에게 해서는 안 된다.)

- 你**不**要**把**今天的事留到明天。
  Nǐ búyào bǎ jīntiān de shì liúdào míngtiān.
  (너는 오늘 일을 내일로 미루지 말아야 한다.)

04 명사(구)/대사+没(有)+동사+过+명사(구)

과거에 어떤 행위를 하지 않았음을 나타낸다. 긍정형식은 "……曾经+동사+过……"이며, "曾经"은 생략할 수 있다. 부정형은 "……没(有)+동사+过……"로 "曾经"은 사용할 수 없다. 부정형은 문어체에서는 "……不曾+동사+过……"로도 사용된다. "没有"나 "不曾" 앞에는 사람을 나타내는 단어가 오며 "过" 뒤에는 명사가 온다.

예
- 我**没**(有)去**过**长城，我曾经去过故宫。
  Wǒ méi(yǒu) qùguo Chángchéng, wǒ céngjīng qùguo Gùgōng.
  (나는 만리장성에 가본 적은 없지만, 고궁에 가본 적은 있다.)

- 我**没**(有)去**过**那个地方。 (나는 그곳에 가본 적이 없다.)
  Wǒ méi(yǒu) qùguo nà ge dìfang.

- 我**没**(有)看**过**那个电影。 (나는 그 영화를 본 적이 없다.)
  Wǒ méi(yǒu) kànguo nà ge diànyǐng.

연습문제

1 아래의 단어를 이용하여 바꿔 말해보세요.

(1) 我不 喝啤酒 。

起床
上课
吃早点

(2) 我没有 去过长城 。

学过汉语
吃过饺子
见过小王

(3) 我没把 你的电脑弄坏 。

汉语课本带来
作业做完
书放在桌子上

(4) 你一定要把 作业做完 。

英语学好
孩子带大
钱给他

2 아래의 대화를 완성하세요.

(1) A : 明天你跟我一起去图书馆学习吗?

　　B : 对不起, 　　　　　　　　　　　　　　　　　　　　 。

(2) A : 昨天你去中国饭馆吃饭了吗?

　　B : 　　　　　　　　　　　　　　　　　　　　 。

(3) A : 晚上10点以前你能把作业做完吗?

　　B : 　　　　　　　　　　　　　　　　　　　　 。

(4) A : 你自己买过很贵的衣服吗?

　　B :

(5) A : 你见过中国的熊猫吗?

　　B :

3 단어를 이용하여 문장을 만들어 보세요.

(1) 看见, 小李, 我, 没

→

(2) 不, 喝酒, 他

→

(3) 钱包, 没把, 他, 带来

→

(4) 没有, 烤鸭, 吃过, 我

→

(5) 没, 上海, 去过, 他

→

시간을 부정할 때

01 不是+시간사+동사구+的

이미 발생한 사건을 강조할 때 쓰이며, 특히 시간을 강조할 때 쓰인다. "是……的"는 이미 발생한 일을 강조하며 "不是……的"는 이의 부정형이며, "不是"앞에는 사람이나 사물을 가리키는 명사가 온다. "是"와 "的"사이에 "시간을 나타내는 명사+이 시간과 관련된 사건"이 오면 시간이 강조된다. 의문문으로 쓰이는 경우에는 추측의 의미를 나타내는데 시간에 대한 추측도 이에 포함된다. "是"앞에 "不"를 덧붙여 상대방의 추측을 부정한다.

예
- 会议不是4点结束的。(회의는 4시에 끝난 게 아니다.)
  Huìyì bú shì sì diǎn jiéshù de.

- 我不是8月份来北京的。(나는 8월에 베이징에 온 게 아니다.)
  Wǒ bú shì bā yuèfèn lái Běijīng de.

- 我的车不是今年买的。(내 차는 올해 산 것이 아니다.)
  Wǒ de chē bú shì jīnnián mǎi de.

연습문제

1 아래의 단어를 이용하여 바꿔 말해보세요.

(1) 我不是 8点上课 的。

昨天来北京
今年来
从中国来

(2) 他不是 去年出国 的。

6月回来
5月离开北京
下午去

(3) 自行车 不是 今年 新买的。

衣服
手机
书

昨天
上个星期三
前天

2 아래의 대화를 완성하세요.

(1) A : 你是8点开始上课的吗?

B :   。

(2) A : 你们学校是9月开学的吗?

B :   。

(3) A : 你是去年开始学习汉语的吗?

B :   。

(4) A : 你弟弟是1990年出生的吗?

B :

(5) A : 你是6岁就学会骑自行车的吗?

B :

3 단어를 이용하여 문장을 만들어 보세요.

(1) 不是, 他, 起床的, 7点

→

(2) 不是, 星期二, 我们, 去长城的

→

(3) 电脑, 昨天, 不是, 刚买的

→

(4) 不是, 4点, 我, 下课的

→

(5) 我, 去旅游的, 不是, 5月

→

방향과 장소를 부정할 때

01 不是+동사(구)+的

장소나 추측에 대한 부정을 강조할 때 쓰인다. "是"와 "的" 사이에는 "장소+그 장소와 관련있는 행위"가 오며 이미 발생한 행위와 그 장소와의 관계를 강조한다. 장소를 나타내는 단어 앞에는 "从, 在"등의 전치사가 오고, 동사가 목적어를 동반하는 경우, 목적어는 대개 "的"의 뒤나 주어 앞에 놓인다. 의문문으로 쓰이면 추측의 의미를 나타내는 데 방향이나 장소에 대한 추측도 이에 포함된다. "是"앞에 "不"를 덧붙여 추측을 부정한다.

예
- 我不是从南方来的。 (나는 남방에서 오지 않았다.)
  Wǒ bú shì cóng nánfāng lái de.

- 这不是在商店买的。 (이것은 상점에서 산 것이 아니다.)
  Zhè bú shì zài shāngdiàn mǎi de.

- 他不是从大门进来的。 (그는 대문으로 들어오지 않았다.)
  Tā bú shì cóng dàmén jìnlai de.

연습문제

1 아래의 단어를 이용하여 바꿔 말해보세요.

(1) 我不是从 美国 来的。

上海
南方
北京

(2) 我不是 在商店买 的。

那所大学毕业
在酒吧门口找到
地上捡

2 아래의 대화를 완성하세요.

(1) A : 你是从美国南部来的吗?

B : 　　　　　　　　　　　　　　　　　　　　　　　　。

(2) A : 你是在学校门口的麦当劳吃的午饭吗?

B : 　　　　　　　　　　　　　　　　　　　　　　　　。

(3) A : 他是在北京见到他爱人的吗?

B : 　　　　　　　　　　　　　　　　　　　　　　　　。

(4) A : 小王是在伦敦开始学习画画的吗?

B : 　　　　　　　　　　　　　　　　　　　　　　　　。

(5) A : 成龙是在美国开始拍电影的吗?

B : 　　　　　　　　　　　　　　　　　　　　　　　　。

3 단어를 이용하여 문장을 만들어 보세요.

(1) 不是, 我, 来的, 从北京

→

(2) 在教室, 钱包, 不是, 找到的

→

(3) 他, 进来的, 不是, 从窗户

→

(4) 在家里, 我, 不是, 吃的早饭

→

(5) 衣服, 放在, 箱子里的, 不是

→

행위나 동작의 방식을 부정할 때

01 不是+동사구+的

행위나 동작의 방식에 대한 부정을 강조할 때 쓰인다. "不是……的"는 "是……的"의 부정형이다. "不是" 앞에는 사람이나 사물을 가리키는 명사가 오고, "是"와 "的" 사이에는 "행위의 방식+방식과 관련된 동작"이 오는데 행위의 방식을 특히 강조한다. 의문문으로 쓰이는 경우에는 추측의 의미를 나타내는 데 행위의 방식에 대한 추측도 이에 포함된다. "是" 앞에 "不"를 덧붙여 상대방의 추측을 부정한다.

예
- 我不是坐飞机来的。(나는 비행기를 타고 오지 않았다.)
  Wǒ bú shì zuò fēijī lái de.

- 他不是骑自行车去商店的。(그는 자전거를 타고 상점에 간 것이 아니다.)
  Tā bú shì qí zìxíngchē qù shāngdiàn de.

- 你不是坐飞机去的吗？(당신은 비행기를 타고 간 게 아니죠?)
  Nǐ bú shì zuò fēijī qù de ma?

- 他不是骑自行车去商店的吗？(그는 자전거를 타고 상점에 간 게 아니죠?)
  Tā bú shì qí zìxíngchē qù shāngdiàn de ma?

Unit 67 연습문제

1 아래의 단어를 이용하여 바꿔 말해보세요.

(1) 我不是 坐飞机 来的。

坐火车
骑自行车
乘电梯

(2) 他不是 来找人 的。

打车去
去吃饭
下午出来

2 아래의 대화를 완성하세요.

(1) A : 你是开车去机场接你妈妈的吗?

B : _____。

(2) A : 你是走路去学校的吗?

B : _____。

(3) A : 张老师是骑自行车来上课的吗?

B : _____。

(4) A : 你们全家人是坐飞机去北京的吗?

B : _____。

(5) A : 你是打电话跟朋友聊天的吗?

B : _____。

3 단어를 이용하여 문장을 만들어 보세요.

(1) 去的, 他, 不是, 坐汽车

→ 　　　　　　　　　　　　　　　　　　　　　　　　　。

(2) 写信, 告诉他的, 妈妈, 不是

→ 　　　　　　　　　　　　　　　　　　　　　　　　　。

(3) 走路, 不是, 他, 回家的

→ 　　　　　　　　　　　　　　　　　　　　　　　　　。

(4) 不是, 他, 用筷子, 吃的饭

→ 　　　　　　　　　　　　　　　　　　　　　　　　　。

(5) 用铅笔, 他, 不是, 写的信

→ 　　　　　　　　　　　　　　　　　　　　　　　　　。

Unit 68 행위나 동작의 목적을 부정할 때

01 不是+동사구+的

행위 혹은 동작의 목적이나 이유에 대한 부정을 강조할 때 쓰인다. "不是……的"는 "是……的"의 부정형이다. "不是" 앞에는 사람이나 사물을 가리키는 명사가 오고, "是"와 "的" 사이에는 "목적과 관련되는 일+목적"이 오며 행위의 목적이나 이유를 강조한다. 의문문으로 쓰이는 경우에는 추측의 의미를 나타내는데 행동을 유발시킨 목적이나 이유에 대한 추측도 이에 포함된다. "是" 앞에 "不"를 덧붙여 상대방의 추측을 부정한다.

예
- 我不是来学汉语的。 (나는 중국어를 배우러 온 게 아니다.)
  Wǒ bú shì lái xué Hànyǔ de.

- 王小明不是去旅游的。 (왕소명은 여행을 간 게 아니다.)
  Wáng Xiǎomíng bú shì qù lǚyóu de.

- 他们不是来参观的。 (그들은 견학을 위해 온 것이 아니다.)
  Tāmen bú shì lái cānguān de.

연습문제

1 아래의 단어를 이용하여 바꿔 말해보세요.

(1) 我不是来 旅游 的。

学汉语
买衣服
访问

(2) 他不是来 看电影 的。

工作
喝酒
闹事

2 아래의 대화를 완성하세요.

(1) A : 你是来北京学习汉语的吗?

B : _____。

(2) A : 你每天跑步是为了减肥吗?

B : _____。

(3) A : 你学习那么努力是为了让妈妈高兴吗?

B : _____。

(4) A : 你去那家商店是为了买到便宜的东西吗?

B : _____。

(5) A : 你学习汉语是为了到中国公司工作吗?

B : _____。

3 단어를 이용하여 문장을 만들어 보세요.

(1) 来喝茶的, 我们, 不是

→

(2) 他们, 来上课的, 不是

→

(3) 妈妈, 来买菜的, 不是

→

(4) 不是, 来玩的, 我们

→

(5) 不是, 他们, 打游戏, 买电脑, 为了

→

Unit 69 어떤 사람이 어떤 물건을 소유하고 있음을 부정할 때

01 명사/대사+没有+명사

어떠한 사람이 어떤 물건을 소유하고 있지 않음을 나타낼 때 사용한다. "没有"앞에는 사람이나 장소를 나타내는 단어가 오고 뒤에는 사람이나 사물을 가리키는 명사가 오며 시간 등을 나타내는 추상적인 단어가 오는 경우도 있다.

예
- 我没有词典。(나는 사전이 없습니다.)
  Wǒ méiyǒu cídiǎn.

- 王小明没有电脑。(왕소명은 컴퓨터가 없습니다.)
  Wáng Xiǎomíng méiyǒu diànnǎo.

- 我们没有春假。(우리는 봄 방학이 없습니다.)
  Wǒmen méiyǒu chūnjià.

연습문제

1 아래의 단어를 이용하여 바꿔 말해보세요.

(1) 我没有 电脑 。

手机
汉语课本
苹果

(2) 他没有 汽车 。

房子
自行车
橡皮

(3) 我家周围没有 医院 。

商店
银行
幼儿园

2 아래의 대화를 완성하세요.

(1) A : 你有汉韩词典吗?

B : 　　　　　　　　　　　　　　　　　　　。

(2) A : 教室里有空调吗?

B : 　　　　　　　　　　　　　　　　　　　。

(3) A : 你房间里有电视吗?

B : 　　　　　　　　　　　　　　　　　　　。

(4) A : 小王有上次汉语考试的题目吗?

　　B :

(5) A : 网上有这首歌的歌词吗?

　　B :

3 단어를 이용하여 문장을 만들어 보세요.

(1) 没有, 钱包, 他

→

(2) 学生证, 现在, 我, 没有

→

(3) 饭馆, 没有, 旁边, 书店

→

(4) 没有, 小狗, 公园里

→

(5) 空调, 教室里, 没有

→

부정과 동시에 정정할 때

01 명사(구)/대사+不是+명사(구)/대사, 是+명사(구)/대사
　　　명사(구)/대사+是+명사(구)/대사, 不是+명사(구)/대사

부정과 동시에 정정하는 경우에 사용된다. 먼저 틀린 것을 말하고 나중에 정확한 것을 이야기할 수도 있고 반대로 먼저 정확한 것을 말하고 나중에 틀린 것을 이야기할 수도 있다. "……不是……, 是……"에서 "不是" 앞에는 주로 명사가 오나 동사가 오는 경우도 있다. "不是"와 "是" 뒤에는 명사나 동사가 온다.

- 打电话的不是小王，是小李。(전화 온 사람은 왕 군이 아니라 이 군이다.)
  Dǎ diànhuà de bú shì Xiǎo Wáng, shì Xiǎo Lǐ.

- 打电话的是小李，不是小王。(전화 온 사람은 이 군이지 왕 군이 아니다.)
  Dǎ diànhuà de shì Xiǎo Lǐ, bú shì Xiǎo Wáng.

- 我是让你站在窗边，不是床边。
  Wǒ shì ràng nǐ zhànzài chuāngbiān, bú shì chuángbiān.
  (나는 너에게 침대 옆에 서 있으라고 한 것이 아니라 창가에 서 있으라고 한 것이다.)

Unit 70 연습문제

1 아래의 단어를 이용하여 바꿔 말해보세요.

(1) 我不是 美国人 ，是 英国人 。   (2) 我是 小刘 ，不是 小李 。

他的哥哥	他的同学		想当老师	想当律师
坐车来的	走路来的		看书	买书
来借书的	来还书的		看电影	看电视

(3) 他们不是 学英语 是 学汉语 。

买衣服	卖衣服
打篮球	踢足球
做中餐	做西餐

2 아래의 대화를 완성하세요.

(1) A : 送你生日礼物的是小王吗?

　　B :　　　　　　　　　　　　　　　　　　　　　　　　　　　　　。

(2) A : 你要的是可乐吗?

　　B :　　　　　　　　　　　　　　　　　　　　　　　　　　　　　。

(3) A : 你喜欢的是流行音乐吗?

　　B :　　　　　　　　　　　　　　　　　　　　　　　　　　　　　。

(4) A : 你想买的是件红色的毛衣吗?

B : 　　　　　　　　　　　　　　　　　　　　　　　　　　　。

(5) A : 小王想去的国家是美国吗?

B : 　　　　　　　　　　　　　　　　　　　　　　　　　　　。

3 단어를 이용하여 문장을 만들어 보세요.

(1) 不是, 他, 起床, 睡觉, 是

→ 　　　　　　　　　　　　　　　　　　　　　　　　　　　。

(2) 我们, 上课, 不是, 开会, 是

→ 　　　　　　　　　　　　　　　　　　　　　　　　　　　。

(3) 我, 喝咖啡, 不是, 喝茶, 是

→ 　　　　　　　　　　　　　　　　　　　　　　　　　　　。

(4) 哥哥, 是, 旅游, 不是, 回家, 去

→ 　　　　　　　　　　　　　　　　　　　　　　　　　　　。

(5) 我们, 不是, 去唱歌, 是, 去跳舞

→ 　　　　　　　　　　　　　　　　　　　　　　　　　　　。

8. 찬성(반대)

찬성이나 반대를 전할 때는 다음 몇 개의 문형을 활용할 수 있다.

Unit 71 찬성이나 반대를 할 때

찬성이나 반대를 할 때

01 명사(구)/대사+동사(구)+吧

명령이나 찬성(동의)을 나타낸다. "吧" 앞에는 명사, 동사, 짧은 문장이 오며 형용사 "好"도 자주 쓰인다.

예
- 你去吧，他需要你帮忙。(네가 가봐. 그는 네 도움이 필요해.)
  Nǐ qù ba, tā xūyào nǐ bāngmáng.

- 你来吧，我等你。(네가 와라. 기다리고 있을 테니.)
  Nǐ lái ba, wǒ děng nǐ.

- 来看电影的进来吧。(영화 볼 사람은 들어와.)
  Lái kàn diànyǐng de jìnlai ba.

- 好吧，这次你也参加。(좋아, 이번에는 너도 참가해.)
  Hǎo ba, zhè cì nǐ yě cānjiā.

02 명사/대사+(不)同意(+명사(구))

어떤 일에 대한 찬성 여부 즉 어떤 일에 관한 계획이나 배치에 대한 찬성 혹은 반대 나타낼 때 사용된다. "不" 앞에는 사람을 가리키는 명사가 오며 "同意" 뒤에는 문장 또는 명사나 명사구가 온다. 때로는 "同意" 뒤의 단어를 생략하는 경우도 있다.

예
- 我同意你的看法。(나는 너의 의견에 찬성해.)
  Wǒ tóngyì nǐ de kànfǎ.

- 经理不同意我们的计划。(사장은 우리 계획에 동의하지 않아.)
  Jīnglǐ bù tóngyì wǒmen de jìhuà.

- 我同意。(난 찬성이야.)
  Wǒ tóngyì.

Unit 71 연습문제

1 아래의 단어를 이용하여 바꿔 말해보세요.

(1) 好 吧, 我们去上课。

你去	他很想你
你来	我等你
你吃	我不饿

(2) 我同意 小李的看法。

妈妈的意见
现在开会
他的计划

(3) 你唱首歌 吧。

别等了，你去学校
肚子饿的同学先吃
没有时间的同学先离开

(4) 老师 不同意 他参加。

妈妈	姐姐去留学
老板	他的方案
我	跟他商量

2 아래의 대화를 완성하세요.

(1) A : 明天我想去看香山红叶，和我一起去，行吗?

　　B : 　　　　　　　　　　　　　　　。

(2) A : 我的书包丢了，你能不能陪我一起去买一个新的?

　　B : 　　　　　　　　　　　　　　　。

(3) A : 明天演出需要穿白衬衣，我可以穿你的吗?

　　B : 　　　　　　　　　　　　　　　。

(4) A : 我们明天去一家贵一点的饭馆吃饭, 好吗?

　　　B : _____。

(5) A : 妈妈, 放学以后我想去小王家看电影, 好吗?

　　　B : _____。

3　단어를 이용하여 문장을 만들어 보세요.

(1) 好吧, 看电影, 我们

→ _____。

(2) 同意, 妈妈, 去美国, 我

→ _____。

(3) 去酒吧, 同意, 他, 喝酒

→ _____。

(4) 不同意, 他, 去上海

→ _____。

(5) 走吧, 去吃饭, 我们

→ _____。

유머 한 토막

孩子的逻辑 [Háizi de luójì] - 아이의 논리

老师: 我们学校由下学期起，开始全英文授课。
Lǎoshī Wǒmen xuéxiào yóu xià xuéqī qǐ, kāishǐ quán Yīngwén shòukè.
선생님 "우리 학교는 다음 학기부터 모든 수업을 영어로 하기로 했어요."

A同学: 我们会听不懂的。
A tóngxué Wǒmen huì tīng bu dǒng de.
A학생 "우리는 못 알아들을 거예요."

老师: 不要担心听不懂，学语言就要多听，
Lǎoshī Bú yào dānxīn tīng bu dǒng, xué yǔyán jiù yào duō tīng,
선생님 你们每天听我说英语，时间久了自然就会明白。
nǐmen měitiān tīng wǒ shuō Yīngyǔ, shíjiān jiǔle zìrán jiù huì míngbai.
"못 알아 듣는 것에 대해 걱정하지 마요, 언어를 배울 때는 많이 들으면 돼요.
학생 여러분은 매일 제가 하는 영어를 들을 테니 시간이 지나면 저절로 이해할 수 있을 거예요."

B同学: 可是我每天听家里的小狗叫，也不知道它在说什么呀？
B tóngxué Kěshì wǒ měitiān tīng jiāli de xiǎogǒu jiào, yě bù zhīdao tā zài shuō shénme ya?
B학생 "그렇지만 전 매일 집에서 강아지가 짖는 것을 듣는데도, 걔가 무슨 말을 하는지 모르거든요?"

9. 제안(조언)

상대방에게 제안할 때에는 다음 몇 개의 문형을 활용할 수 있다.

Unit 72 제안이나 조언을 할 때

Unit 73 부정적인 제안이나 조언을 할 때

제안이나 조언을 할 때

01 명사/대사+是不是+동사구

상대방에게 어떤 일을 하도록 제안하는 경우에 쓰인다. 이러한 의문문에는 다른 사람에게 어떤 일을 하도록 간청함과 아울러 그 사람의 의사를 묻는 것도 포함된다.

예
- 电话里说不清楚，你看，你是不是过来一趟？
  Diànhuà li shuō bu qīngchu, nǐ kàn, nǐ shì bu shì guòlái yí tàng?
  (전화로는 명확하게 이야기할 수 없어. 네가 한 번 왔다 가는 게 어때?)

- 这么晚了，孩子还不回家，你是不是打个电话问问？
  Zhème wǎn le, háizi hái bù huíjiā, nǐ shì bu shì dǎ ge diànhuà wènwen?
  (이렇게 늦었는데 아이가 아직 돌아오지 않았어요. 당신이 전화를 걸어 물어보면 안 될까요?)

- 大家都要睡觉了，你是不是把电视声音关小点儿？
  Dàjiā dōu yào shuìjiào le, nǐ shì bu shì bǎ diànshì shēngyīn guān xiǎo diǎnr?
  (다들 잠자리에 들었는데, 너 TV 소리 좀 낮추는 게 어때?)

02 명사/대사+동사구+吧

어떤 일에 대하여 상의하거나 제안하는 경우에 쓰인다.

예
- 我们走路去你家吧？ (우리 너희 집까지 걸어가는 게 어때?)
  Wǒmen zǒulù qù nǐ jiā ba?

- 我们喝咖啡去吧？ (우리 커피 마시러 가는 게 어때?)
  Wǒmen hē kāfēi qù ba?

- 我们去吃火锅吧？ (우리 샤브샤브 먹으러 가는 게 어때?)
  Wǒmen qù chī huǒguō ba?

03 명사(구)/대사+建议(+명사(구))+동사구

비교적 완곡한 어투로 다른 사람에게 제안할 때 사용된다. "建议(제안하다)" 앞에는 사람을 가리키는 명사가 오며 뒤에는 짧은 문장이나 동사가 온다.

예
- 我建议大家抓紧时间。(나는 여러분이 시간을 잘 활용하기를 제안합니다.)
  Wǒ jiànyì dàjiā zhuājǐn shíjiān.

- 老师多年的教学经验建议我们多预习。
  Lǎoshī duō nián de jiàoxué jīngyàn jiànyì wǒmen duō yùxí.
  (선생님은 다년간의 교육 경험으로 우리에게 예습을 많이 할 것을 권하셨다.)

- 王小明建议周末看电影。(왕소명이 주말에 영화를 보러 가자고 제안했다.)
  Wáng Xiǎomíng jiànyì zhōumò kàn diànyǐng.

04 명사(구)/대사+得+동사구

마땅히 해야 하거나 반드시 해야 하는 일을 제안할 때 사용된다. 이때 "得"는 'děi'로 읽으며, "得" 앞에는 사람을 가리키는 명사나 대사, 뒤에는 마땅히 해야 하거나 반드시 해야 하는 일을 나타내는 동사적 성격을 가진 단어가 온다.

예
- 今天要爬山，咱们得多吃点儿。(오늘 등산을 갈 거니까 많이 먹어야 돼.)
  Jīntiān yào páshān, zánmen děi duō chī diǎnr.

- 伞忘带了，我得回去拿一下。(우산을 가져오는 것을 잊었어. 돌아가서 가져와야 해.)
  Sǎn wàng dài le, wǒ děi huíqù ná yíxià.

- 得这种病的人得多喝水，注意休息。
  Dé zhè zhǒng bìng de rén děi duō hē shuǐ, zhùyì xiūxi.
  (이런 종류의 병에 걸린 사람은 물을 많이 마시고 충분히 휴식을 취해야 해요.)

05 (명사/대사+)该+동사(구)+了

어떤 일을 할 시간이 되었음을 제안할 때 사용된다. "该"와 "了" 사이에는 "该出门了(집을 나서야 할 시간이다)"나 "该上课了。(수업해야 할 시간이다.)"에서처럼 주로 동사적 성격을 가진 단어가 오지만 "十二月份了,该冷了。(12월이다. 이제 추울 때다.)", "我们该快点儿了。(우리 서둘러야 해요.)"와 같이 형용사적 성격을 가진 단어가 오는 경우도 있다.

예
- 你该休息一下眼睛了。(너는 이제 눈을 좀 쉬어 주어야 해.)
  Nǐ gāi xiūxi yíxià yǎnjing le.

- 马上该登机了，把登机牌准备好。(곧 비행기에 탑승할 시간이니, 탑승권을 잘 챙겨라.)
  Mǎshàng gāi dēngjī le, bǎ dēngjīpái zhǔnbèi hǎo.

- 该买米了，家里剩的不多了。(쌀을 사야겠다. 집에 쌀이 별로 남지 않았다.)
  Gāi mǎi mǐ le, jiāli shèng de bù duō le.

06 명사(구)/대사+不妨(무방하다/괜찮다)+동사구

완곡한 어기로 제안할 때 사용된다. "不妨" 앞에는 사람을 나타내는 명사나 대사가 오며, 뒤에는 다른 사람에게 반드시 해야할 일이나 할 수 있는 일을 제안하는 동사적 성격을 가진 단어가 온다.

예
- 还有半个小时呢，我们不妨先去喝杯咖啡。
  Háiyǒu bàn ge xiǎoshí ne, wǒmen bùfáng xiān qù hē bēi kāfēi.
  (아직 30분이나 남았는데, 커피라도 마시는 게 좋겠어요.)

- 心情不好的时候你不妨听听音乐。(기분이 우울할 때는 음악을 듣는 것도 괜찮다.)
  Xīnqíng bù hǎo de shíhou nǐ bùfáng tīngting yīnyuè.

- 你不妨去问一下老师的意见。(선생님의 의견을 물어보는 것이 좋겠어요.)
  Nǐ bùfáng qù wèn yíxià lǎoshī de yìjiàn.

Unit 72 연습문제

1 아래의 단어를 이용하여 바꿔 말해보세요.

(1) 我们去吃饭 吧。

> 衣服便宜点
> 我们一起去图书馆
> 你明天早点儿来

(2) 妈妈建议 我出国 。

> 姐姐去北京工作
> 爸爸少喝酒
> 我学医学

(3) 你该 睡觉 了。

> 起床
> 工作
> 上学

(4) 我们不妨 坐下来谈一会儿 。

> 早点过去
> 过去一趟
> 先吃早饭

2 아래의 대화를 완성하세요.

(1) A：天气预报说明天有大雨，我们是不是要取消比赛？

B： _____ 。

(2) A：妈妈，我们明天有考试。

B： _____ 。(……吧)

(3) A：我有点感冒。

B： _____ 。(建议)

(4) A : 再有一个月就要高考了。

B : 是啊, _____。（得）

(5) A : 我从来没去过那家咖啡馆。

B : _____。（不妨）

3 단어를 이용하여 문장을 만들어 보세요.

(1) 打个电话, 你, 问问, 是不是

→ _____?

(2) 得, 你, 吃药了

→ _____。

(3) 别, 太热了, 关门

→ _____。

(4) 看书, 你, 了, 该

→ _____。

(5) 老师, 我, 吃早饭, 建议

→ _____。

Unit 73 부정적인 제안이나 조언을 할 때

01 (명사/대사+)别+동사구(+了)

다른 사람에게 어떤 일을 그만두도록 충고할 때 사용된다. "别" 앞에는 사람을 가리키는 명사나 대사가 오며, "别" 뒤에는 다른 사람이 모종의 일을 하지 않도록 권고하는 동사적 성격을 가진 단어가 온다.

예
- 别看电视了，去做作业吧。(TV는 그만 보고 가서 숙제 해라.)
  Bié kàn diànshì le, qù zuò zuòyè ba.

- 别喝那么多酒，对身体不好。(몸에 해로우니 술을 그렇게 많이 마시지 마라.)
  Bié hē nàme duō jiǔ, duì shēntǐ bù hǎo.

- 你别做菜了，咱们出去吃吧。(식사준비는 하지 마라. 나가서 먹자.)
  Nǐ bié zuò cài le, zánmen chūqu chī ba.

Unit 73 연습문제

1 아래의 단어를 이용하여 바꿔 말해보세요.

(1) 别说话，保持安静。

别看书了，去睡觉吧

别吃得太多，晚上还有一个宴会呢

别做菜了，今天有人请我们吃饭

(2) 别难过，会好起来的。

别着急，他会回来的

别一直催他，他会生气的

别不愿意，对你是好事

(3) 别把钱丢了，小心点儿。

你别再说了，我听烦了

别让老师去了，他太累了

别不高兴，人家说得没错

2 아래의 대화를 완성하세요.

(1) A：这么晚了，孩子还在看电视啊？

　　B：　　　　　　　　　　　　　　　　。

(2) A：别喝那么多，对身体不好。

　　B：　　　　　　　　　　　　　　　　。

(3) A：他竟敢和我那样说话！

　　B：　　　　　　　　　　　　　　　　。

(4) A : 我去医院看看他吧。

　　B : 是啊, _____。

(5) A : 老师让我去一下学校。

　　B : _____。

3 단어를 이용하여 문장을 만들어 보세요.

(1) 生气, 了, 生气, 身体, 对, 别, 不好

　　→ _____。

(2) 带上, 雨伞, 别, 忘, 了

　　→ _____。

(3) 别, 说, 相信, 了, 听, 他, 不, 值得, 他, 的, 话

　　→ _____。

(4) 想, 了, 别, 再, 事情, 过去, 都, 了

　　→ _____。

(5) 别, 盯着, 电视, 看, 一直, 眼睛, 看, 坏, 的, 会

　　→ _____。

10. 평가하기

평가에는 긍정적인 평가, 부정적인 평가, 이성적인 평가 등의 다양한 내용을 포함한다.

Unit 74   긍정적으로 평가할 때

Unit 75   부정적으로 평가할 때

Unit 76   이성적으로 평가할 때

Unit 74 긍정적으로 평가할 때

01 명사(구)+太+형용사(구)+了

긍정적인 평가를 내릴 때 쓰인다. "太+형용사+了"는 "很(아주)+형용사"와 같은 뜻이다. 예를 들어 "太好了(너무 좋다)"는 "很好(아주 좋다)"라는 의미와 같고 이때 형용사는 "好(좋다), 漂亮(예쁘다), 美(아름답다), 可爱(사랑스럽다)" 등 만족스러움, 좋음을 나타내는 것들이 쓰인다. 만약 형용사가 만족스러운지 불만족스러운지를 명확하게 나타내고 있지 않다면 "太+형용사+了"는 긍정적인 평가가 될 수도 있고, 부정적인 평가가 될 수도 있다. 예를 들어 "这个公园太大了，我们一定多玩一会儿。(이 공원은 무척 넓다. 우리 꼭 오래 놀다 가자.)"과 "这里的商店太多了，买东西非常方便。(여기 가게가 정말 많네. 물건 사기가 정말 편하겠다.)"는 긍정적인 평가에 속한다.

예
- 太好了。(너무 좋다.)
  Tài hǎo le.

- 这个故事太有意思了。(이 이야기는 너무 재미있다.)
  Zhè ge gùshi tài yǒuyìsi le.

- 太漂亮了。(너무 예쁘다.)
  Tài piàoliang le.

Unit 74

연습문제

1 아래의 단어를 이용하여 바꿔 말해보세요.

(1) 这部电影太 有意思 了。

好看
精彩
没意思

(2) 他的妹妹太 漂亮 了。

聪明
可爱
淘气

(3) 这里的 服务 太 好 了。

菜   好吃
菜   香
风景   好

(4) 今天太 生气 了。

倒霉
冷
难受

2 아래의 대화를 완성하세요.

(1) A : 故宫怎么样?

B :   。

(2) A : 王老师的汉语怎么样?

B :   。

(3) A : 中国音乐怎么样?

B :   。

(4) A : 她的舞跳得怎么样?

B :

(5) A : 妈妈做的饭怎么样?

B :

3 단어를 이용하여 문장을 만들어 보세요.

(1) 这儿, 了, 舒服, 太

→

(2) 太, 中文歌, 好听, 了

→

(3) 衣服, 妈妈的, 了, 漂亮, 太

→

(4) 孩子, 那个, 可爱, 太, 了

→

(5) 那儿, 美, 太, 了

→

Unit 75 부정적으로 평가할 때

01 已经+명사(구)+了, (……)

이미 어떤 시각이 되었거나 얼마만큼의 시간이 지났음을 나타낸다. "已经" 뒤에는 시간을 가리키는 명사적 성격을 띤 단어가 와서 몇 시, 며칠, 무슨 요일, 몇 월 등의 시각 또는 몇 시간, 며칠, 몇 개월 등 시간의 길이에 대해 정확하게 제시해 준다. "了" 뒤에는 동사나 짧은 문장이 오며, 만약 화자가 "了" 뒤의 내용에 대해 이미 알고 있다면 "了" 뒤의 내용은 생략하기도 한다.

예
- 已经12点了，该睡觉了。(벌써 12시다, 잘 때다.)
  Yǐjing shí'èr diǎn le, gāi shuìjiào le.

- 已经半年了。(이미 반년이 되었다.)
  Yǐjing bàn nián le.

- 已经21世纪了。(이미 21세기다.)
  Yǐjing èrshíyī shìjì le.

02 都+명사(구)+了, (……)

이미 어떤 시각이 되었거나 얼마만큼의 시간이 지났지만 해야 할 일을 채 완성하지 못했음을 나타내며, 흔히 불만의 정서가 가미된다. "都" 뒤에는 시간을 가리키는 단어가 와서 몇 시, 며칠, 무슨 요일, 몇 월 등의 시각 또는 몇 시간, 며칠, 몇 개월 등 시간의 길이에 대해 정확하게 제시해준다. "了" 뒤에는 동사나 짧은 문장이 오며, 만약 화자가 "了" 뒤의 내용에 대해 이미 알고 있다면 "了" 뒤의 내용은 생략하기도 한다.

예
- 都大学生了，还不懂事！(이제 대학생인데 아직도 철이 안 들었다니!)
  Dōu dà xuésheng le, hái bù dǒngshì!

- 都8点了，快起床。(8시가 다 되었다. 얼른 일어나.)
  Dōu bā diǎn le, kuài qǐchuáng.

- 都21世纪了。(벌써 21세기가 되었다.)
  Dōu èrshíyī shìjì le.

03 (명사(구)+)太+형용사+了

부정적인 평가를 나타낼 때 쓰인다. "太+형용사+了"는 "很+형용사+了"와 다른 의미를 지니는데, 어떤 일을 할 수 없을 정도로 정도가 지나치게 심함을 나타낸다. 예를 들어 "太晚了"는 "很晚(아주 늦다)"의 뜻이 아니라 화자의 불만을 포함하여 "너무 늦어버렸음"을 나타낸다. 즉 "太+형용사+了"에서의 형용사는 불만의 어기를 나타낸다. 날씨를 나타내는 "热(덥다), 冷(춥다)", 시간을 나타내는 "晚(늦다)", 느낌을 나타내는 "累(힘들다)", 맛을 나타내는 "苦(쓰다)", 향을 나타내는 "臭(지독하다)", 속도를 나타내는 "慢(느리다)" 등이 이에 포함된다. 만약 형용사가 만족스러운지 불만족스러운지가 명확하지 않다면 "太+형용사+了"는 긍정적인 평가가 될 수도 있고 부정적인 평가가 될 수도 있다. 예를 들어 "这件衣服太大了，我穿着不合适。(이 옷은 너무 커서 나한테는 안 맞아.)"와 "这里的汽车太多了，有点乱。(여기는 차가 너무 많아 무질서해 보여.)"는 부정적인 평가에 속한다. 때로는 "那儿的东西太便宜了，我担心质量有问题。(거기 물건은 너무 싸서 품질에 문제가 있는 건 아닌지 걱정돼.)"에서처럼 형용사가 만족스러움을 나타내더라도 전체 문장이 부정적인 뜻을 가지는 경우도 있으며, 이 경우 "……, 太+형용사+了"나 "太+형용사+了, ……" 형식을 취한다.

예
- 时间太晚了。(시간이 너무 늦어버렸다.)
  Shíjiān tài wǎn le.

- 太慢了。(너무 느리다.)
  Tài màn le.

- 太贵了。(지나치게 비싸다.)
  Tài guì le.

Unit 75 연습문제

1 아래의 단어를 이용하여 바꿔 말해보세요.

(1) 已经 8点 了，该 起床 了。　　(2) 都 9点 了，快去 睡觉。

三天	回国
3点	上课
一个月	回来

12点	吃饭
8点	做作业
1点	把他叫来

(3) 他太 累 了。　　(4) 路上 太 辛苦 了。

骄傲
紧张
高大

街上人	多
他人	好
爸爸	伟大

2 아래의 대화를 완성하세요.

(1) A : 我还想再看一会儿电视，可以吗?

　　B : _____。(已经……了)

(2) A : 妈妈，你昨天怎么喝酒了?

　　B : _____。(都……了)

(3) A : 你那么喜欢那件衣服，为什么不买呀?

　　B : _____。(太……了)

(4) A : 已经10点了，你怎么还不起床?

B : _____。(……让……+동사)

(5) A : 今天你为什么穿那么多衣服?

B : _____。

3 단어를 이용하여 문장을 만들어 보세요.

(1) 了, 已经, 回家了, 三年, 应该

→ _____。

(2) 了, 打电话, 都, 6点, 快去

→ _____。

(3) 我, 了, 太, 着急

→ _____。

(4) 远, 那里, 了, 太,

→ _____。

(5) 太, 衣服, 了, 小

→ _____。

Unit 76 이성적으로 평가할 때

01 명사(구)+형용사(구), 只是+형용사(구)

긍정적인 평가를 내린 후 부족한 점을 지적할 때 쓰인다. 먼저 좋은 점을 이야기한 다음 안 좋은 점을 말하는데, "只是"앞에는 긍정적인 평가를, 뒤에는 부정적인 평가를 써준다.

예
- 这件衣服很漂亮，只是太贵了。(이 옷은 예쁘긴 한데 [다만] 너무 비싸다.)
  Zhè jiàn yīfu hěn piàoliang, zhǐshì tài guì le.

- 那个公园很好玩，只是太远了。(그 공원은 재미있긴 한데 [다만] 너무 멀다.)
  Nà ge gōngyuán hěn hǎo wán, zhǐshì tài yuǎn le.

- 菜的味道很好，只是太油腻了。(요리는 아주 맛있는데 [다만] 너무 느끼하다.)
  Cài de wèidao hěn hǎo, zhǐshì tài yóunì le.

02 명사(구)+형용사(구), 只是+형용사(구)

소극적인 평가를 내린 후 좋은 점을 제시할 때 쓰인다. 먼저 안 좋은 점을 이야기한 다음 좋은 점을 말하는데 "只是"앞에는 부정적인 평가를, 뒤에는 긍정적인 평가를 써준다.

예
- 这家饭馆的饭菜很贵，味道也不太好，只是比较安静。
  Zhè jiā fànguǎn de fàncài hěn guì, wèidao yě bú tài hǎo, zhǐshì bǐjiào ānjìng.
  (이 식당은 비싸고 맛도 별로다. 단지 비교적 조용할 뿐이다.)

- 这家商店的东西质量很一般，只是比较便宜。
  Zhè jiā shāngdiàn de dōngxi zhìliàng hěn yìbān, zhǐshì bǐjiào piányi.
  (이 상점의 물건은 품질이 별로이다. 단지 물건이 비교적 저렴할 뿐이다.)

- 他的新房很漂亮，只是小了点儿。
  Tā de xīnfáng hěn piàoliang, zhǐshì xiǎole diǎnr.
  (그의 새집은 예쁘긴 한데, 단지 [크기가] 좀 좁다.)

Unit 76 연습문제

1 아래의 단어를 이용하여 바꿔 말해보세요.

(1) 今天的电影太好看了 ，只是 时间太短 。

这里的菜很好吃
他汉语很好贵
他人很好

太油腻
发音有些小问题
长得不好看

(2) 这件衣服价钱很贵，颜色太黑 ，只是 质量还可以 。

这里的菜很辣，味道不太好
电影内容一般，演员不太好
人不错，长相也好

价钱便宜
音乐不错
脾气不好

2 아래의 대화를 완성하세요.

(1) A : 那个公园怎么样？

　　B : 　　　　　　　　　　　　　　　　　　　。

(2) A : 那条裙子怎么样？

　　B : 　　　　　　　　　　　　　　　　　　　。

(3) A : 他的汉语怎么样？

　　B : 　　　　　　　　　　　　　　　　　　　。

(4) A : 北京的冬天怎么样?

B :

(5) A : 那家饭馆的菜怎么样?

B :

3 단어를 이용하여 문장을 만들어 보세요.

(1) 很聪明, 只是, 他, 有点懒

→

(2) 茶, 少了点, 只是, 很好喝

→

(3) 有些累, 只是, 做完了, 作业

→

(4) 她, 只是, 小王, 没时间, 很想来

→

(5) 不累, 只是, 有点饿, 我

→

11. 비교하기

두 사물 간에 공통점, 차이점 등의 여부를 비교하는 것, 두 사물 중에 어느 한 쪽이 뛰어남을 나타내는 것 등의 내용이 여기에 포함된다.

Unit 77   두 사물 간에 공통점이 있는지의 여부를 비교할 때

Unit 78   두 사물 중에 어느 한 쪽이 뛰어남을 나타낼 때

Unit 79   두 사물 간에 큰 차이가 없음을 나타낼 때

두 사물 간에 공통점이 있는지의 여부를 비교할 때

01-1 명사(구)/대사+跟/和+명사(구)/대사+(不)一样

"跟/和(와/과)"의 앞과 뒤에는 모두 명사가 온다. 부정형을 사용할 경우 "不"의 위치에 주의한다.

예
- 我的衣服和她的一样。(내 옷은 그녀의 것과 같다.)
  Wǒ de yīfu hé tā de yíyàng.

- 这里和北京一样。(여기는 베이징과 같다.)
  Zhèli hé Běijīng yíyàng.

- 我的车和你的车不一样。(내 차는 너의 차와 다르다.)
  Wǒ de chē hé nǐ de chē bù yíyàng.

01-2 명사(구)/대사+跟/和+명사(구)/대사+一样+동사(구)/형용사

두 사물 간에 공통점이 있는지의 여부를 비교할 때 사용된다. "跟/和(와/과)"의 앞과 뒤에는 모두 명사나 동사 또는 짧은 문장이 온다.
"一样(같다/동일하다)" 뒤에는 "喜欢(좋아하다), 爱(사랑하다)" 등 심리를 나타내는 동사나 짧은 문장 혹은 형용사가 올 수 있다. "一样(같다/동일하다)" 뒤에 형용사가 올 경우 일반적으로 "很(아주), 非常(매우)" 등의 정도를 나타내는 단어는 함께 쓰지 않는다.
부정형에서 형용사를 사용할 때와 심리동사, 짧은 문장을 사용할 때 "不"의 위치는 다르다. 형용사를 사용하는 경우는 "……跟/和……(不)+一样+형용사"이며 심리동사, 동사, 짧은 문장을 사용하는 경우는 "……跟/和……一样(不)+심리동사"이다.

예
- 我跟他一样不喜欢跑步。(나도 그처럼 달리기를 싫어한다.)
  Wǒ gēn tā yíyàng bù xǐhuan pǎobù.

- 你的车跟我的车一样大。(너의 차 크기는 내 차만큼 크다.)
  Nǐ de chē gēn wǒ de chē yíyàng dà.

- 那件衣服跟这件衣服一样贵。(그 옷은 이 옷만큼 비싸다.)
  Nà jiàn yīfu gēn zhè jiàn yīfu yíyàng guì.

02-1 명사(구)/동사(구)+跟/和+명사(구)/동사(구)+差不多

두 사물 간에 공통점이 있는지의 여부를 비교할 때 사용된다. "跟/和(와/과)"의 앞과 뒤에는 모두 명사나 동사가 온다. 부정형이 없으며 양자가 서로 다름을 나타낼 때에는 일반적으로 "……跟……不一样(~는 ~과 다르다)"을 사용한다.

예
- 今天的天气和昨天差不多。 (오늘 날씨는 어제와 비슷하다.)
  Jīntiān de tiānqì hé zuótiān chàbuduō.

- 他的工作和我的工作差不多。 (그의 직업은 나의 작업과 비슷하다.)
  Tā de gōngzuò hé wǒ de gōngzuò chàbuduō.

- 养鱼和养鸟差不多。 (물고기를 기르는 것과 새를 기르는 것은 비슷하다.)
  Yǎng yú hé yǎng niǎo chàbuduō.

02-2 명사(구)/대사+跟/和+명사(구)/대사+差不多+형용사

두 사물 간에 공통점이 있는지의 여부를 비교할 때 사용된다. "跟/和(와/과)"의 앞과 뒤에는 명사나 동사가 온다. "差不多" 뒤에는 일반적으로 형용사나 심리를 나타내는 동사가 와서 그 형용사나 심리동사가 나타내는 두 사물 간에 공통점이 있는지의 여부를 비교한다. 이때 형용사나 심리동사 앞에는 "很(아주), 非常(매우)"등의 정도를 나타내는 단어가 오지 않는다. 부정의 답변은 "……跟……不一样+…… (~는 ~과 달리 ~하다)"로 할 수 있다.

예
- 我和他差不多高。 (나와 그는 키가 비슷하다.)
  Wǒ hé tā chàbuduō gāo.

- 这件衣服跟那件衣服差不多大。 (이 옷은 저 옷만큼 크다.)
  Zhè jiàn yīfu gēn nà jiàn yīfu chàbuduō dà.

- 这本书跟那本书差不多厚。 (이 책은 저 책만큼 두껍다)
  Zhè běn shū gēn nà běn shū chàbuduō hòu.

03-1 명사(구)/대사+像+명사(구)/대사+一样(+형용사)

두 사물 간에 공통점이 있음을 나타낸다. "像"의 앞과 뒤에는 명사가 오고, "一样" 뒤에는 형용사나 동사, 짧은 문장이 온다.

예
- 她像明星一样漂亮。 (그녀는 스타처럼 예쁘다.)
  Tā xiàng míngxīng yíyàng piàoliang.

- 我们的宿舍像高级宾馆一样舒服。 (우리 기숙사는 고급호텔처럼 쾌적하다.)
  Wǒmen de sùshè xiàng gāojí bīnguǎn yíyàng shūfu.

- 他的笑容像阳光一样灿烂。 (그의 미소는 태양처럼 찬란하다.)
  Tā de xiàoróng xiàng yángguāng yíyàng cànlàn.

03-2 명사(구)/대사+像+명사(구)/대사+一样

두 사물 간에 공통의 특징이 있음을 나타낸다. 이 경우 대화하는 쌍방은 두 사물의 공통점이 무엇인지 알고 있다. 따라서 두 사물의 공통점은 명백히 드러나지 않으므로 상하문맥 속에서 파악해야 하며, "一样" 뒤에는 공통의 특징을 나타내는 단어가 오지 않을 수도 있다.

예
- 他总是像乌龟一样。 (그는 항상 거북이 같다.)
  Tā zǒngshì xiàng wūguī yíyàng.

- 他的笑容像阳光一样。 (그의 미소는 태양 같다.)
  Tā de xiàoróng xiàng yángguāng yíyàng.

- 孩子的笑脸像花儿一样。 (아이의 웃는 얼굴은 꽃과 같다.)
  Háizi de xiàoliǎn xiàng huār yíyàng.

Unit 77 연습문제

1 아래의 단어를 이용하여 바꿔 말해보세요.

(1) 我家 和北京一样 热。

那里	大
上海	有很多车
首尔	繁华

(2) 姐姐的个子 和妹妹的差不多。

| 我的工作 |
| 妈妈的衣服 |
| 姐姐的脾气 |

(3) 她 像 电影明星 一样 漂亮。

我的房间	宾馆	舒服
我跑得	兔子	快
她	老虎	凶

2 아래의 대화를 완성하세요.

(1) A : 这双蓝色的鞋有点大，那双红色的呢?

B : 　　　　　　　　　　　　　　　　　　　。

(2) A : 我的车是环保型的，你的呢?

B : 　　　　　　　　　　　　　　　　　　　。

(3) A : 我喜欢周末在家休息，你呢?

B : 　　　　　　　　　　　　　　　　　　　。

(4) A : 我家的车是白色的，你家的呢?

B :

(5) A : 他的家舒服吗?

B :

3   단어를 이용하여 문장을 만들어 보세요.

(1) 哥哥, 一样, 和, 弟弟, 聪明

→

(2) 我的课本, 跟, 他的, 一样

→

(3) 英语, 和, 差不多, 法语

→

(4) 这个, 和, 差不多, 那个, 大

→

(5) 爸爸的笑容, 一样, 灿烂, 阳光, 像

→

Unit 78 두 사물 중에 어느 한 쪽이 뛰어남을 나타낼 때

01 명사(구)/대사+比+명사(구)/대사(+更/还)+형용사(구)

두 사물을 비교하는데 사용된다. "比" 앞과 뒤에는 비교되는 두 사물로 주로 명사 또는 대사가 온다 . "更/还" 뒤에는 형용사나 "喜欢(좋아하다)" 등 심리를 나타내는 심리동사가 오며, 그 형용사나 심리동사가 나타내는 정도는 "比" 앞의 대상이 "比" 뒤의 대상보다 더 높음을 나타낸다. 형용사나 심리동사 앞에는 "很(아주), 非常(매우), 十分(매우)" 등의 부사가 올 수 없으며, 부정형은 "……不比……(+更/还)……" 이다.

예
- 我比他矮。(나는 그보다 키가 작다.)
  Wǒ bǐ tā ǎi.

- 今天比昨天(还)热。(오늘은 어제보다 (더) 덥다.)
  Jīntiān bǐ zuótiān (hái) rè.

- 这个菜比那个(更)好吃。(이 요리는 저 요리보다 (더) 맛있다.)
  Zhè ge cài bǐ nà ge (gèng) hǎochī.

02 명사(구)/대사+형용사/동사, 명사(구)/대사+比+명사(구)/대사+更/还+형용사/동사(구)

두 사물의 공통된 특징을 비교하여 어느 한 쪽이 더 두드러짐을 나타낸다. "比" 앞과 뒤에는 모두 명사가 오며, 앞 구문의 형용사/동사의 내용과 뒤 구문의 "比" 뒤의 내용이 동일하다. 앞 구문의 형용사나 동사 앞에는 "很(아주), 非常(매우), 十分(매우)" 등의 부사가 올 수 있으나 "更, 还(더)" 등의 부사는 올 수 없다. 이와 반대로 뒤 구문의 형용사나 동사 앞에는 "很(아주), 非常(매우), 十分(매우)" 등 부사가 올 수 없는 대신 "更, 还(더)" 등의 부사는 올 수 있다. 앞, 뒤 구문의 동사는 모두 "喜欢(좋아하다)" 등 심리를 나타내는 심리동사이다. 이 문형에서 두 사물 모두 형용사나 동사가 나타내는 어떤 특징을 나타내지만 "比" 앞의 단어가 가리키는 대상에 그러한 특징이 더욱 두드러짐을 나타낸다.

예
- 你很高兴，我比你还高兴。(너도 기쁘겠지만, 나는 너보다 더 기쁘다.)
  Nǐ hěn gāoxìng, wǒ bǐ nǐ hái gāoxìng.

- 故宫比较远，长城比故宫还远。(고궁도 꽤 먼데, 만리장성은 그보다 더 멀다.)
  Gùgōng bǐjiào yuǎn, Chángchéng bǐ Gùgōng hái yuǎn.

- 大卫的汉语水平比玛丽的还高。(데이비드의 중국어 수준은 마리보다도 더 높다.)
  Dàwèi de Hànyǔ shuǐpíng bǐ Mǎlì de hái gāo.

03 和/跟+명사(구)/대사+比, 명사(구)/대사+更+형용사/동사(구)

두 사물을 비교하여 어느 한 쪽이 더 두드러짐을 나타낸다. "和/跟(와/과)"의 앞과 뒤에는 모두 명사가 오며 "更" 뒤에는 형용사나 "喜欢(좋아하다)" 등 심리를 나타내는 심리동사가 온다. 형용사나 심리동사 앞에는 "更(더)"과 같은 부사가 올 수 있지만, "很(아주), 非常(매우), 十分(매우)" 등의 부사는 올 수 없다.

예
- 和昨天比，今天更冷。(어제와 비교하면 오늘이 더 춥다.)
  Hé zuótiān bǐ, jīntiān gèng lěng.

- 跟苹果比，香蕉更贵。(사과와 비교하면 바나나가 더 비싸다.)
  Gēn píngguǒ bǐ, xiāngjiāo gèng guì.

- 跟你比，小李更喜欢上网。(너와 비교하면 이 군이 인터넷하는 것을 더 좋아한다.)
  Gēn nǐ bǐ, Xiǎo Lǐ gèng xǐhuan shàngwǎng.

Unit 78 연습문제

1 아래의 단어를 이용하여 바꿔 말해보세요.

(1) 我比她 高 。

聪明
漂亮
年轻

(2) 我很 高兴 ，他比我还 高兴 。

累
难受
生气

累
难受
生气

(3) 和 香蕉 比，我更 喜欢苹果 。

昨天
爸爸
天津

喜欢今天
胖一些
喜欢住在北京

2 아래의 대화를 완성하세요.

(1) A : 姚明和乔丹谁高?

B :   。

(2) A : 律师的工资很高，医生的呢?

B :   。

(3) A : 西瓜很贵，2元钱一斤。苹果呢?

B :   。

Unit 78 두 사물 중에 어느 한 쪽이 뛰어남을 나타낼 때

(4) A：我哥哥很高，180cm。你哥哥呢?

B：

(5) A：我喜欢在学校食堂吃饭，你呢?

B：

3 단어를 이용하여 문장을 만들어 보세요.

(1) 今天, 热, 比, 昨天

→

(2) 美国学生, 多, 英国学生, 比

→

(3) 和, 韩国菜, 我, 中国菜, 更喜欢, 比

→

(4) 看电影, 比, 他, 和, 更喜欢, 听音乐

→

(5) 小李, 有钱, 比, 小王

→

두 사물 간에 큰 차이가 없음을 나타낼 때

01 명사(구)/대사/동사(구)+没有+명사(구)/대사/동사(구)+那么/这么+형용사/동사구

한 분야에서 비교했을 때 "没有" 뒤의 사물이 "没有" 앞의 사물보다 그 특징이 더 두드러짐을 나타내며, 두 사물을 비교 서술함에 있어서 한 사물을 비교적 간단하게 묘사해 낼 수 있다. "没有"의 앞과 뒤에는 명사, 동사 또는 짧은 문장이 오며, "那么/这么" 뒤에는 주로 "冷(춥다), 热(덥다), 大(크다), 小(작다), 高(높다), 低(낮다)" 등 형용사나 "喜欢(좋아하다)" 등 심리를 나타내는 동사가 온다. 때로는 기타 동사가 오는 경우도 있다.

예
- 今天没有昨天那么热。(오늘은 어제처럼 그렇게 덥지 않다.)
  Jīntiān méiyǒu zuótiān nàme rè.

- 我没有你那么累。(나는 너처럼 그렇게 힘들지 않다.)
  Wǒ méiyǒu nǐ nàme lèi.

- 他没有你那么喜欢游泳。(그는 너만큼 수영을 좋아하지 않는다.)
  Tā méiyǒu nǐ nàme xǐhuan yóuyǒng.

- 练瑜伽没有踢足球那么累。(요가를 연습하는 것은 축구를 하는 것만큼 피곤하지 않다.)
  Liàn yújiā méiyǒu tī zúqiú nàme lèi.

02 명사(구)/대사/동사(구)+不如+명사(구)/대사/동사(구)+형용사

한 분야에서 비교했을 때 "不如" 뒤의 사물이 "不如" 앞의 사물보다 그 특징이 더 두드러짐을 비교 설명한다. 두 사물을 비교 서술함에 있어서 한 사물을 비교적 간단하게 묘사해 낼 수 있다. "不如"의 앞과 뒤에는 명사, 동사 또는 짧은 구문이 오며, 그 뒤에는 주로 "好(좋다)", "漂亮(예쁘다)", "宽敞(널찍하다)" 등 만족스러움을 나타내는 형용사가 온다. 때로는 "喜欢(좋아하다)" 등 심리를 나타내는 동사가 오거나 기타 동사가 오는 경우도 있다.

예
- 他不如弟弟聪明。(그는 남동생만큼 머리가 좋지 못하다.)
  Tā bùrú dìdi cōngming.

- 那种药不如这种药效果好，见效快。(그 약은 이 약보다 약효가 좋거나 빠르지 못하다.)
  Nà zhǒng yào bùrú zhè zhǒng yào xiàoguǒ hǎo, jiànxiào kuài.

- 这个房间不如那个房间宽敞。(이 방은 저 방보다 널찍하지 않다.)
  Zhè ge fángjiān bùrú nà ge fángjiān kuānchang.

- 打羽毛球不如打篮球有意思。(베드민턴을 치는 것은 농구를 하는 것만큼 재미있지 않다.)
  Dǎ yǔmáoqiú bùrú dǎ lánqiú yǒu yìsi.

03 명사(구)/대사+不比+명사(구)/대사/동사(구)+형용사

비교되는 두 사물이 비슷함을 나타내거나 "不比" 앞의 사물이 "不比" 뒤의 사물보다 그 특징상 정도가 약함을 비교 설명한다. 두 사물을 비교 서술함에 있어서 후에 거론되는 사물을 비교적 간단하게 묘사할 수 있다. "不比"의 앞과 뒤에는 명사, 동사 또는 짧은 구문이 온다. 뒤에 오는 형용사에는 "冷(춥다), 热(덥다), 大(크다), 小(작다), 高(높다), 低(낮다)"등이 있으며 동사에는 주로 "喜欢(좋아하다)"등 심리를 나타내는 동사가 온다. 때로는 기타 동사가 오는 경우도 있다.

예
- 他不比你高。(그의 키는 너만큼 크지 않다.)
  Tā bù bǐ nǐ gāo.

- 这儿的东西不比那儿贵。(이곳 물건은 그곳 물건만큼 비싸지 않다.)
  Zhèr de dōngxi bù bǐ nàr guì.

- 走路有时不比开车慢。(때로는 걸어 가는 것이 [차를] 운전해서 가는 것보다 늦지 않다.)
  Zǒulù yǒushí bù bǐ kāichē màn.

연습문제

1 아래의 단어를 이용하여 바꿔 말해보세요.

(1) 他没有我 大 。

重
饿
高

(2) 我不如姐姐 美 。

白
可爱
高

(3) 北京不比上海 热 。

小
干净
人口多

2 아래의 대화를 완성하세요.

(1) A : 我跑步跑了4,000米，累死了!

B : 我只跑了1,000米, _____ 。

(2) A : 我一分钟可以写30个汉字。

B : _____, 我只能写10个。

(3) A : 我家的房子120平米。

B : _____, 我家的只有90平米。

(4) A : 这家商店的苹果很贵，3块一斤。

B : _____，那家商店的4块一斤。

(5) A : 汉语难还是英语难？

B : _____。

3 단어를 이용하여 문장을 만들어 보세요.

(1) 没有, 看书, 累, 看电影

→ _____。

(2) 不如, 贵, 衣服, 电脑

→ _____。

(3) 冷, 今天, 昨天, 不比

→ _____。

(4) 坐火车, 没有, 快, 坐飞机

→ _____。

(5) 英语, 汉语, 没有, 难

→ _____。

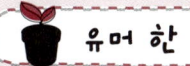 유머 한 토막

老妈学英语 [lǎomā xué Yīngyǔ] – 엄마의 영어 배우기

有一天，我正在看VCD，老妈捧了一本书进来。
Yǒu yì tiān, wǒ zhèngzài kàn VCD, lǎomā pěngle yì běn shū jìnlai.
어느 날 나는 VCD를 보고 있었는데, 엄마가 책 한 권을 들고 들어오셨다.

老妈 lǎomā 어머니	"这个 'I don't know.' 是什么意思？" "Zhè ge 'I don't know.' shì shénme yìsi?" 얘야, 이 'I don't know.'는 무슨 뜻이니?	
我 wǒ 나	"我不知道。" "Wǒ bù zhīdao." "나는 모릅니다."	
老妈 lǎomā 어머니	"送你上大学读了几年，你怎么什么都不知道？" "Sòng nǐ shàng dàxué dúle jǐ nián, nǐ zěnme shénme dōu bù zhīdao?" "대학에서 공부한 게 몇 년인데 넌 어째서 아무 것도 모른다는 거니?"	
我 wǒ 나	"不是! 就是 '我不知道' 嘛!" "Bú shì! jiù shì 'wǒ bù zhīdao' ma!" "그게 아니고요! '나는 모릅니다'라고요!"	
老妈 lǎomā 어머니	"还嘴硬!" "Hái zuǐ yìng!" "아직도 우기기는!"	

说完, 老妈给了我一巴掌。
Shuōwán, lǎomā gěile wǒ yì bāzhang.
그 말이 끝나기가 무섭게 어머니는 내 따귀를 한 대 때리셨다.

老妈又问: lǎomā yòu wèn 엄마가 또 물으셨다	"'I hear nothing, repeat.' 是什么意思呢？" "'I hear nothing, repeat.' shì shénme yìsi ne?" "'I hear nothing, repeat.'는 무슨 뜻이니?"	
我 wǒ 나	"我没听清楚，再说一次。" "Wǒ méi tīng qīngchu, zài shuō yí cì." "난 못 들었으니 다시 한 번 말씀해주세요."	
老妈又说了一遍: lǎomā yòu shuōle yí biàn 어머니가 또 한 번 말씀하셨다	"I hear nothing, repeat." "I hear nothing, repeat." "I hear nothing, repeat."	
我 wǒ 나	"我没听清楚，再说一次。" "Wǒ méi tīng qīngchu, zài shuō yí cì." "난 못 들었으니 다시 한 번 말씀해주세요."	

于是，我又挨了一巴掌……
Yúshì, wǒ yòu āile yì bāzhang…
결국 나는 뺨을 한 대 더 맞아야 했다…

12. 강조하기

우리는 다양한 내용을 강조할 수 있다. 예를 들면 시간, 방향과 장소, 방식, 목적을 강조할 수 있고 사물의 수량이나 행위, 동작의 횟수가 적거나 전혀 없음을 강조할 수 있으며 반드시 행해야 하는 행위나 동작에 대해 강조할 수도 있다. 또한 어떤 상태가 존재하지 않음을 강조할 수도 있고 한 분야에서 사람, 사물의 특징이 아주 두드러지거나 일상적인 정도를 벗어났음을 강조할 수도 있다.

Unit 80	시간을 강조할 때
Unit 81	방향과 장소를 강조할 때
Unit 82	행위나 동작의 방식을 강조할 때
Unit 83	목적을 강조할 때
Unit 84	사물의 수량이나 행위, 동작의 횟수가 전혀 없음을 강조할 때
Unit 85	반드시 해야 하는 행위나 동작을 강조할 때
Unit 86	어떤 상태가 전혀 존재하지 않음을 강조할 때
Unit 87	어떤 사람, 사건, 사물의 특징이 일반적인 정도를 벗어났음을 강조할 때
Unit 88	발생할 수 없거나 발생하지 말아야 할 상황을 강조할 때

시간을 강조할 때

01 명사(구)/대사+是+시간사+동사(구)+的

"是……的"는 이미 과거에 발생한 일을 강조하며, 주로 시간을 강조할 때 쓰인다. "是" 앞에는 사람이나 사물을 가리키는 명사가 오며, "是"와 "的" 사이에는 "시간을 나타내는 명사+이 시간과 관련 있는 행위"가 온다.

예
- 我是8点来的。(나는 8시에 왔다.)
  Wǒ shì bā diǎn lái de.

- 他是昨天4点到的。(그는 어제 4시에 도착했다.)
  Tā shì zuótiān sì diǎn dào de.

- 我们是两小时前得到通知的。(우리는 두 시간 전에 통보를 받았다.)
  Wǒmen shì liǎng xiǎoshí qián dédào tōngzhī de.

연습문제

1 아래의 단어를 이용하여 바꿔 말해보세요.

(1) 我是 星期一来北京 的。

7点起床
2点上课
中午去食堂吃

(2) 飞机是 3点到 的。

2点起飞
5点离开上海
飞行3个小时

(3) 他是 6月来学汉语 的。

8点吃早饭
5点走
12点回来

2 아래의 대화를 완성하세요.

(1) A : 你是昨天下午5点到北京的吗?

B :   。

(2) A : 你们是9月1日开学吗?

B :   。

(3) A : 小王是1990年出生的吗?

B :   。

(4) A : 张老师是去年开始教汉语的吗?

B :

(5) A : 王先生是昨天下午2点给我打电话的吗?

B :

3 단어를 이용하여 문장을 만들어 보세요.

(1) 晚饭, 做的, 6点, 是

→

(2) 开始的, 是, 电影, 8点

→

(3) 回家的, 我, 过年, 是

→

(4) 去的, 他, 冬天, 是

→

(5) 三月, 离开的, 小张, 是

→

방향과 장소를 강조할 때

01 명사(구)/대사+是+장소+동사(구)+的

주로 장소를 강조할 때 쓰이며, "是"와 "的" 사이에는 "장소+그 장소와 관련된 행위"가 오고 이미 발생한 행위와 그 장소와의 관계에 대해 강조한다. 장소를 나타내는 단어의 앞에는 "从, 在" 등의 전치사가 오며, 동사가 목적어를 동반하는 경우, 목적어는 "的"의 뒤나 주어 앞에 놓인다.

예
- 我是从南方来的。 (나는 남방에서 왔어.)
  Wǒ shì cóng nánfāng lái de.

- 我是在商店买的。 (나는 상점에서 샀어.)
  Wǒ shì zài shāngdiàn mǎi de.

- 他是从大门进来的。 (그는 대문으로 들어왔어.)
  Tā shì cóng dàmén jìnlái de.

연습문제

1 아래의 단어를 이용하여 바꿔 말해보세요.

(1) 他是 从英国来 的。

从香港来
在北京出生
在北大学

(2) 我午饭是在 饭馆 吃的。

家里
餐厅
路上

(3) 他是 从大门进来 的。

在酒吧找到
从窗户爬进来
在门口丢

2 아래의 대화를 완성하세요.

(1) A : 你是在韩国出生的吗?

B :   。

(2) A : 你是在北京开始学习汉语的吗?

B :   。

(3) A : 他是在美国开始喜欢流行音乐的吗?

B :   。

(4) A : 小王是在中国认识李老师的吗?

　　 B :

(5) A : 这张照片是在中国拍的吗?

　　 B :

3 단어를 이용하여 문장을 만들어 보세요.

(1) 钱包, 找到的, 是, 在教室里

→

(2) 衣服, 在商场里, 买的, 是

→

(3) 上中学的, 我, 在天津, 是

→

(4) 庆祝的, 在酒吧, 他的生日, 是

→

(5) 在大街上, 我们, 遇见的, 是

→

Unit 82 행위나 동작의 방식을 강조할 때

01 명사(구)/대사+是+동사(구)+的

주로 행위나 동작의 방식을 강조한다. "是"와 "的" 사이에는 "일하는 방식+그 방식과 관련된 행위"가 오며 일하는 방식이 강조된다. "是"의 앞에는 사람과 사물을 강조하는 명사가 온다.

예
- 我是坐飞机来的。(나는 비행기를 타고 왔다.)
  Wǒ shì zuò fēijī lái de.

- 他是骑自行车去商店的。(그는 자전거를 타고 상점에 갔다.)
  Tā shì qí zìxíngchē qù shāngdiàn de.

- 他是用左手打球的。(그는 왼손으로 공을 쳤다.)
  Tā shì yòng zuǒshǒu dǎ qiú de.

Unit 82 연습문제

1 아래의 단어를 이용하여 바꿔 말해보세요.

(1) 我是 坐飞机 来的。

　　骑自行车
　　坐火车
　　搭别人的车

(2) 他是 打电话告诉我 的。

　　用笔写的
　　用银行卡付钱
　　用msn和女朋友聊天

(3) 小王是 跑步 来的。

　　走路
　　坐地铁
　　开车

2 아래의 대화를 완성하세요.

(1) A：你是骑自行车来上班的吗?
　　B：

(2) A：你是怎么去北京旅行的?
　　B：

(3) A：小金是怎么学好汉语的?
　　B：

(4) A : 你是怎么购买东西的?

B : 　　　　　　　　　　　　　　　　　　　　　　　　　　。

(5) A : 他是怎么跟外国朋友联系的?

B : 　　　　　　　　　　　　　　　　　　　　　　　　　　。

3　단어를 이용하여 문장을 만들어 보세요.

(1) 到的, 坐汽车, 妈妈, 是

→ 　　　　　　　　　　　　　　　　　　　　　　　　　　。

(2) 坐船, 我, 走的, 是

→ 　　　　　　　　　　　　　　　　　　　　　　　　　　。

(3) 用筷子, 他, 吃的, 是

→ 　　　　　　　　　　　　　　　　　　　　　　　　　　。

(4) 看电视, 小李, 学的, 是

→ 　　　　　　　　　　　　　　　　　　　　　　　　　　。

(5) 打电话, 我, 订的, 是

→ 　　　　　　　　　　　　　　　　　　　　　　　　　　。

Unit 83 목적을 강조할 때

01 명사(구)/대사+是+동사(구)+的

주로 행위나 동작의 목적이나 원인을 강조할 때 사용하며, "是"와 "的" 사이에는 "목적과 관련 있는 행위+목적"이 와서 목적을 강조한다. "是"의 앞에는 사람과 사물을 나타내는 명사가 온다.

예
- 我是来学汉语的。(나는 중국어를 배우러 온 것이다.)
  Wǒ shì lái xué Hànyǔ de.

- 王小明是去旅游的。(왕소명은 여행을 간 것이다.)
  Wáng Xiǎomíng shì qù lǚyóu de.

- 他们是来参观的。(그들은 견학을 온 것이다.)
  Tāmen shì lái cānguān de.

연습문제

1 아래의 단어를 이용하여 바꿔 말해보세요.

(1) 我是来 学汉语 的。

旅游
喝茶
吃饭

(2) 他是来 找人 的。

考试
报到
主持会议

(3) 小王是 为了学好汉语来中国 的。

为考试而很晚睡觉
为了玩游戏才买电脑
为了表示爱她才那样做

2 아래의 대화를 완성하세요.

(1) A : 你来北京是为了学习汉语吗?

B :

(2) A : 他去美国是为了看他妈妈吗?

B :

(3) A : 他学习汉语是为了在中国工作吗?

B :

(4) A : 你工作那么努力是为了挣更多的钱吗?

B : _____。

(5) A : 你每天起床那么早是为了锻炼身体吗?

B : _____。

3 단어를 이용하여 문장을 만들어 보세요.

(1) 来看书的, 他, 是

→ _____。

(2) 我, 来借书的, 是

→ _____。

(3) 小李, 来过生日的, 是

→ _____。

(4) 因为下雨, 他, 迟到的, 是

→ _____。

(5) 来工作的, 他, 是

→ _____。

Unit 84 사물의 수량이나 행위, 동작의 횟수가 전혀 없음을 강조할 때

01 一+단위명사(+명사구)+也/都+不/没/+동사(구)

어떤 행위나 동작이 전혀 발생하지 않았거나 또는 과거에 발생한 적이 없음을 강조한다. "不/没" 뒤에는 행위나 동작을 나타내는 동사가 오며, "단위명사" 뒤에는 일반적으로 동작이나 행위의 대상인 명사가 오는데 이 명사는 동사 뒤에 위치하지 않는다는 점에 주의해야 한다. "단위명사"가 사물의 수량을 나타내면 이 명사는 구문 중에 쓰이지만, 행위나 동작의 횟수를 나타내는 동량사이면 이 명사는 구문 중에 쓰이지 못한다. 이 문형에서 "一+단위명사(……)"는 수량이 극히 적거나 혹은 전혀 없음을 나타낸다.

예
- 一口水也没喝。(물 한 모금도 못 마셨다.)
  Yì kǒu shuǐ yě méi hē.

- 一句话也不说。(한 마디 말도 하지 않는다.)
  Yí jù huà yě bù shuō.

- 一次都没去过。(한 번도 가보지 못했다.)
  Yí cì dōu méi qùguo.

02 哪儿/什么/谁+也/都+不/没+동사(구)

어떤 행위를 한 사람이 전혀 없거나, 어떤 장소나 사물이 어떤 행위와 전혀 무관함을 강조하며, "不/没" 뒤에는 행위나 동작을 나타내는 동사가 온다.
"哪(어디), 什么(무엇), 谁(누구)"는 행위의 대상으로 "哪"는 "어디에도", "谁"는 "누구도", "什么"은 "아무것도"를 뜻하며, 동사 뒤에는 기타 다른 명사가 오지 않는다.

예
- 哪儿都没去。(어디에도 가지 않았다.)
  Nǎr dōu méi qù.

- 谁都没注意。(누구도 주의하지 않았다.)
  Shéi dōu méi zhùyì.

- 什么都不想说。(아무것도 말하고 싶지 않아.)
  Shénme dōu bù xiǎng shuō.

연습문제

1 아래의 단어를 이용하여 바꿔 말해보세요.

(1) 我一 句话 也不 说 。

个字　写
口水　喝
点儿　知道

(2) 他 哪儿 都不 去 。

什么　吃
什么　知道
谁　　认识

(3) 谁都没 看见 。

注意
喝茶
来

2 아래의 대화를 완성하세요.

(1) A：你会唱英文歌吗?

B：＿＿＿＿＿＿＿＿＿＿＿＿＿＿＿＿。(一+量词(……)也/都没/不……)

(2) A：你跟新来的老师说过话吗?

B：＿＿＿＿＿＿＿＿＿＿＿＿＿＿＿＿。(一+量词(……)也/都没/不……)

(3) A：你去过别的国家吗?

B：＿＿＿＿＿＿＿＿＿＿＿＿＿＿＿＿。(哪儿(什么/谁)也(都)不(没)……)

(4) A : 你喝过白酒吗?

B : _____。(一+量词(……)也/都没/不……)

(5) A : 你今天吃晚饭了吗?

B : _____。(哪儿(什么/谁)也(都)不(没)……)

3 단어를 이용하여 문장을 만들어 보세요.

(1) 一件衣服, 他, 买, 也没

→ _____。

(2) 都不会, 我, 一句汉语, 说

→ _____。

(3) 都没, 什么, 我, 想

→ _____。

(4) 都听不见, 什么, 小张

→ _____。

(5) 都不能, 谁, 看

→ _____。

반드시 해야 하는 행위나 동작을 강조할 때

01 명사(구)/대사+非+동사(구)+不可

반드시 해야 하는 일이나 반드시 발생하게 될 상황을 강조할 때 사용된다. "非……不可"의 주어가 "나"일 경우 주관적인 의지가 한층 강조되어 "꼭"의 뜻을 가진다. "非……不可"의 주어가 "너"일 경우 명령의 어감이 강조되어 "반드시"의 뜻을 가진다. "非……不可"의 주어가 "그"일 경우 가능성을 제시하며 "틀림없이 ~할 것이다"의 뜻을 가진다.

예
- 我非看不可。(나는 꼭 볼거야.)
  Wǒ fēi kàn bùkě.

- 你非参加不可。(너는 반드시 참석해야 해.)
  Nǐ fēi cānjiā bùkě.

- 他非生气不可。(그는 틀림없이 화낼 거야.)
  Tā fēi shēngqì bùkě.

연습문제

1 아래의 단어를 이용하여 바꿔 말해보세요.

(1) 我非 看 不可。

去
吃
听

(2) 哥哥非 参加 不可。

生气
努力
学习

(3) 你非 迟到 不可。

坐车
唱歌
吃完

2 아래의 대화를 완성하세요.

(1) A：妈妈，我不想做今天的作业。

　　B：　　　　　　　　　　　　　　　。（非……不可）

(2) A：今天我不想去上课。

　　B：明天就要考试了，所以你　　　　　　　　　　　　。

(3) A：我可不可以不参加运动会？

　　B：只有你最合适，　　　　　　　　　　　　。

(4) A : 明天的演讲比赛我可不可以不参加?

B : 名单已经交给学校了, _____。

(5) A : 你对明天的长跑比赛有没有信心?

B : 有信心, _____。

3 단어를 이용하여 문장을 만들어 보세요.

(1) 说, 不可, 你, 非

→ _____。

(2) 来北京, 他, 非, 不可

→ _____。

(3) 我, 搬, 不可, 非

→ _____。

(4) 他, 不可, 非, 表演

→ _____。

(5) 穿, 你, 不可, 非

→ _____。

어떤 상태가 전혀 존재하지 않음을 강조할 때

01 一点儿+也/都/不+동사/형용사

어떤 상태가 전혀 존재하지 않음을 강조할 때 사용된다. "一点儿"이나 "一点儿……"는 아주 적거나, 정도가 아주 낮음을 나타내고, "不" 뒤에는 주로 형용사나 동사가 온다. "不" 뒤에 동사가 오고 "一点儿" 앞의 단어가 이 동사의 대상인 경우 "一点儿……也/都+不+동사"로 써야 한다.

예
- 一点儿都不知道。(전혀 모른다.)
  Yìdiǎnr dōu bù zhīdao.

- 一点儿也不累。(전혀 피곤하지 않다.)
  Yìdiǎn yě bú lèi.

- 一点儿都不漂亮。(하나도 예쁘지 않다.)
  Yìdiǎnr dōu bú piàoliang.

- 一点儿面子也(都)不给。(조금도 체면을 세워주지 않다.)
  Yìdiǎnr miànzi yě (dōu) bù gěi.

연습문제

1 아래의 단어를 이용하여 바꿔 말해보세요.

(1) 我一点儿也不 累 。

生气
难受
喜欢

(2) 衣服一点儿也不 贵 。

漂亮
便宜
流行

(3) 他一点儿都不 知道 。

想说
想听
讨厌

2 아래의 대화를 완성하세요.

(1) A：已经下午6点了，饿了吧?

B：我5点的时候刚吃过饭，　　　　　　　　　　　　　　　。

(2) A：看了一天的书，一定很累吧?

B：我对这本书很感兴趣，　　　　　　　　　　　　　　　。

(3) A：你觉得她穿那件衣服漂亮吗?

B：不适合她的年龄，　　　　　　　　　　　　　　　。

(4) A : 这部新电影怎么样?

B :⎵。

(5) A : 那家饭馆的菜怎么样?

B :⎵。

3 단어를 이용하여 문장을 만들어 보세요.

(1) 一点儿也不, 好看, 电影

→ ⎵。

(2) 那首歌, 好听, 一点儿也不

→ ⎵。

(3) 聪明, 他, 一点儿也不

→ ⎵。

(4) 菜, 好吃, 一点儿都不

→ ⎵。

(5) 一点儿都不, 我, 满意

→ ⎵。

Unit 87 어떤 사람, 사건, 사물의 특징이 일반적인 정도를 벗어났음을 강조할 때

01 连+명사(구)+都/也+동사(구)

어떤 사람이나 사물의 특징이 아주 두드러지거나 일반적인 정도를 벗어났음을 강조할 때 사용된다. "都/也" 앞에는 명사나 동사, 짧은 문장이 오며 사물의 강한 특징을 나타낸다. "都/也"의 뒤에는 일반적으로 동사가 오고, 부정형식에서 "不/没"는 "都/也" 뒤와 동사 앞에 놓인다.

예
- 这个问题太难，连大卫这么聪明的人都不会。
  Zhè ge wèntí tài nán, lián Dàwèi zhème cōngming de rén dōu bú huì.
  (이 문제는 너무 어려워서, 데이비드같이 머리가 좋은 사람조차도 잘 모른다.)

- 他连自己的孙子也不认识了。 (그는 자기 손자마저도 못 알아볼 정도가 되었다.)
  Tā lián zìjǐ de sūnzi yě bú rènshi le.

- 为了看世界杯，我连吃饭睡觉的时间都用上了。
  Wèile kàn shìjièbēi, wǒ lián chīfàn shuìjiào de shíjiān dōu yòngshang le.
  (월드컵을 보기 위해 나는 밥 먹고 잠자는 시간마저 아껴가며 월드컵을 보았다.)

연습문제

1 아래의 단어를 이용하여 바꿔 말해보세요.

(1) 这个汉字太难, 连老师 不认识。

这本书很难找	没有
这个问题很难	不知道答案
今天交通很堵	迟到

(2) 我很喜欢看足球, 连吃饭的时间都 用上了。

他喜欢打游戏	没有
小张喜欢看书	在看
小张喜欢聊天	在聊

(3) 这个问题太简单了, 连 小孩子 都 知道。

他工作太忙了	说话的时间	没有
他太不认真了	那个明显的错误	没发现
他太不会说谎了	傻子	能看出来

2   아래의 대화를 완성하세요.

(1) A : 你现在工作忙吗?

B : 忙死了，　　　　　　　　　　　　　　　　　　　　　　　　　。

(2) A : 他的汉语怎么样?

B : 太好了，　　　　　　　　　　　　　　　　　　　　　　　　　。

(3) A : 去听那场音乐会的人多吗?

B : 太多了，　　　　　　　　　　　　　　　　　　　　　　　　　。

(4) A : 昨天的考试怎么样?

B : 太难了，　　　　　　　　　　　　　　　　　　　　　　　　　。

(5) A : 你会做那道题吗?

B : 太容易了，　　　　　　　　　　　　　　　　　　　　　　　　。

3 단어를 이용하여 문장을 만들어 보세요.

(1) 虫子, 都吃, 有的人, 连

→

(2) 爸爸, 吃饭的时间, 连, 也没有

→

(3) 他, 一句话, 也不想说, 连

→

(4) 也不会用, 我, 连, 电脑

→

(5) 小王, 一句汉语, 都不会说, 连

→

Unit 88 발생할 수 없거나 발생하지 말아야 할 상황을 강조할 때

01 명사(구)/대사+怎么+동사구+呢

발생할 수 없거나, 발생하지 말아야 할 상황을 강조할 때 사용된다. "怎么" 앞에는 사람을 가리키는 명사나 대사가 오고, "怎么"와 "呢" 사이에는 동사적 성격을 가진 단어가 온다. 화자가 생각하기에 발생할 수 없거나 발생하지 말아야 할 상황을 나타내며, 화자의 놀람, 호기심, 분노 등도 함께 나타낸다.

예
- 你怎么总是迟到呢? (너는 왜 항상 지각하니?)
  Nǐ zěnme zǒngshì chídào ne?

- 你怎么总是把房间弄得这么乱呢? (너는 왜 항상 방을 이렇게 어지럽히니?)
  Nǐ zěnme zǒngshì bǎ fángjiān nòngde zhème luàn ne?

- 火车怎么还不来呢? (기차는 왜 아직도 안 오지?)
  Huǒchē zěnme hái bù lái ne?

 연습문제

1   아래의 단어를 이용하여 바꿔 말해보세요.

   (1) 你怎么总是 迟到 呢?

   睡觉
   说话
   做错

   (2) 他怎么还不 起床 呢?

   来
   吃饭
   说

   (3) 飞机怎么还不 来 呢?

   起飞
   降落
   准时

2   아래의 대화를 완성하세요.

   (1) A: 火车8点出发，现在已经9点了。

   B: 是啊，_____? （怎么……呢）

   (2) A: 8点开始上课，现在已经8:20了。

   B: 可是_____?

   (3) A: 天气预报说今天是晴天。

   B: 可是_____?

(4) A : 听说小王考了第一名。
B : 虽然他考了第一名，可是他好像不高兴。

A :   ?

(5) A : 小王考上了北京大学。
B : 不过他并不开心。

A :   ?

3   단어를 이용하여 문장을 만들어 보세요.

(1) 怎么, 总是, 你, 呢, 吃东西

→   ?

(2) 他, 穿红衣服, 总是, 怎么, 呢

→   ?

(3) 还不休息, 妈妈, 怎么, 呢

→   ?

(4) 老师, 还不来, 呢, 怎么

→   ?

(5) 小刘, 呢, 还不交作业, 怎么

→   ?

13. 변화하기

변화를 나타낼 때 다음의 문형을 활용할 수 있다.

Unit 89 변화를 나타낼 때

변화를 나타낼 때

01 从+명사(구)+到+명사(구)

"到"의 앞과 뒤에는 일반적으로 시간 혹은 장소를 가리키는 명사가 와서 시간이나 공간적 변화를 나타낸다.

예
- 从去年到今年 (지난해부터 올해까지)
  Cóng qùnián dào jīnnián

- 从昨天到今天 (어제부터 오늘까지)
  Cóng zuótiān dào jīntiān

- 从暑假开始到现在 (여름방학부터 지금까지)
  Cóng shǔjià kāishǐ dào xiànzài

02-1 명사(구)/대사+越来越+형용사(+동사구)

정도의 변화를 나타내며 "越来越" 앞에는 명사가 오고, "越来越" 뒤에는 일반적으로 "热(덥다), 冷(춥다), 漂亮(예쁘다), 聪明(총명하다)" 등의 형용사가 오는데, 그 앞에는 "很(아주), 非常(매우)"과 같은 단어는 덧붙이지 않는다. "越来越" 뒤에 "喜欢(좋아하다), 爱(사랑하다)" 등 심리를 나타내는 동사가 오기도 하는데 이런 심리동사는 뒤에 명사를 동반한다. 이 문형은 정도의 변화 즉 현재의 정도가 이전에 비해 강해졌음을 나타낼 때 사용된다.

예
- 天气越来越热。(날씨가 갈수록 더워진다.)
  Tiānqì yuèláiyuè rè.

- 人越来越少。(사람이 점점 적어진다.)
  Rén yuèláiyuè shǎo.

- 我越来越喜欢听音乐。(나는 갈수록 음악이 좋아진다.)
  Wǒ yuèláiyuè xǐhuan tīng yīnyuè.

02-2 (명사(구)+)越+동사+越+동사(구)/형용사

변화의 과정을 나타내며 첫 번째 "越" 뒤에는 동사가, 두 번째 "越" 뒤에는 형용사나 심리상태를 나타내는 동사가 온다. 첫 번째 "越" 뒤에 오는 동사가 나타내는 행위의 진행에 따라 두 번째 "越" 뒤에 오는 형용사나 심리상태를 나타내는 동사의 정도가 강해짐을 나타낸다.

예
- 越学越有趣。(배울수록 재미있다.)
  Yuè xué yuè yǒuqù.

- 越吃越爱吃。(먹을수록 좋아하게 된다.)
  Yuè chī yuè àichī.

- 越看越喜欢。(볼수록 좋아진다.)
  Yuè kàn yuè xǐhuan.

03 명사(구)+一+天(/年)比+一+天(/年)+형용사

정도의 변화를 나타내며, "一天(年)比一天(年) 날이 갈수록/해가 거듭할수록"이라고 해석한다. 뒤에는 형용사가 오며 시간이 지남에 따라 정도가 강해짐을 나타내는데 이때 형용사 앞에는 부사가 오지 못한다.

예
- 一天比一天冷。(날이 갈수록 추워진다.)
  Yì tiān bǐ yì tiān lěng.

- 一年比一年好。(해마다 좋아진다.)
  Yì nián bǐ yì nián hǎo.

- 情况一天比一天糟糕。(상황이 날이 갈수록 악화된다.)
  Qíngkuàng yì tiān bǐ yì tiān zāogāo.

연습문제

1 아래의 단어를 이용하여 바꿔 말해보세요.

(1) 从 教室 到 图书馆 远不远?

这儿	那儿
北京	上海
你家	公司

(2) 妹妹越来越 漂亮 了。

可爱
聪明
淘气

(3) 现在 一天比一天 冷。

夏天　　热
孩子　　高
课程　　难

2 아래의 대화를 완성하세요.

(1) A : 你怎么开车去上学?

　　B : 　　　　　　　　　　　　　!

(2) A : 晚上一个人走在街上，你害怕吗?

　　B : 　　　　　　　　　　　　　。

(3) A : 她的汉语有进步吗?

　　B : 　　　　　　　　　　　　　。

(4) A : 学外语有意思吗?

B : _____。

(5) A : 中国的经济怎么样?

B : _____。

3 단어를 이용하여 문장을 만들어 보세요.

(1) 累不累, 从, 昨天, 今天, 到

→ _____?

(2) 他, 胖了, 越来越

→ _____。

(3) 越看, 我, 越喜欢

→ _____。

(4) 一年比一年, 高了, 他

→ _____。

(5) 饭馆的菜, 好吃, 越来越

→ _____。

14. 시간의 지속과 공간의 확대

"到"의 앞과 뒤에는 대부분 시간 혹은 장소를 가리키는 명사가 오며, 시간의 지속이나 공간의 확대를 나타낸다.

Unit 90 시간의 지속과 공간의 확대

시간의 지속과 공간의 확대

01 从+명사(구)+到+명사(구)

"到"의 앞과 뒤에는 대부분 시간 혹은 장소를 가리키는 명사가 오며, 시간의 지속이나 공간의 확대를 나타낸다.

예
- 从教室到图书馆 (교실에서부터 도서관까지)
  Cóng jiàoshì dào túshūguǎn

- 从昨天到今天 (어제부터 오늘까지)
  Cóng zuótiān dào jīntiān

- 从暑假开始到现在 (여름방학이 시작된 무렵부터 지금까지)
  Cóng shǔjià kāishǐ dào xiànzài

연습문제

1 아래의 단어를 이용하여 바꿔 말해보세요.

(1) 从 一个城市 到 另一个城市 太累了。 (2) 从 北京 到 上海 有点远。

早上7点	晚上10点
去年	今年
前天	今天

美国	中国
这儿	那儿
家	单位

(3) 从 暑假开始 到 现在 有点忙。

早上起床	晚上8点
去年开始	今天3月
会议开始	会议结束

2 아래의 대화를 완성하세요.

(1) A : 你学汉语学了多长时间?

  B : ＿＿＿＿＿＿＿＿＿＿＿＿＿＿＿＿＿＿＿＿＿＿＿＿＿＿＿＿＿＿＿＿。

(2) A : 昨天下午从1点到3点你在做什么?

  B : ＿＿＿＿＿＿＿＿＿＿＿＿＿＿＿＿＿＿＿＿＿＿＿＿＿＿＿＿＿＿＿＿。

(3) A : 这儿离公共汽车站远吗?

  B : ＿＿＿＿＿＿＿＿＿＿＿＿＿＿＿＿＿＿＿＿＿＿＿＿＿＿＿＿＿＿＿＿。

(4) A : 你的汉语怎么那么好?

　　B : _____?

(5) A : 他为什么会做中国菜?

　　B : _____?

3 단어를 이용하여 문장을 만들어 보세요.

(1) 从, 到, 你家, 北京, 远吗

→ _____?

(2) 到, 图书馆, 你房间, 从, 近吗

→ _____?

(3) 有10站, 从, 到, 故宫, 这里

→ _____。

(4) 有课, 到, 10点, 从, 8点

→ _____。

(5) 从, 昨天下午, 今天中午, 到, 都在家

→ _____。

유머 한 토막

小白与黑客 2 [xiǎobái yǔ hēikè] - 백치와 해커 2

黑客:
hēikè
嗨~~~ 我来了!
Hāi~ Wǒ lái le!

해커
어이~ 나 왔어!

小白:
xiǎobái
好几天不见你, 被我的防火墙挡住啦?
Hǎo jǐ tiān bú jiàn nǐ, bèi wǒ de fánghuǒqiáng dǎngzhù la?

백치
정말 오랜만이네, 내 방화벽을 좀 차단해줄래?

黑客:
hēikè
哈哈, 笑话, 上你的机子比上我自己的还容易, 不是想我了吧?
Hāhā, xiàohua, shàng nǐ de jīzi bǐ shàng wǒ zìjǐ de hái róngyi, bú shì xiǎng wǒ le ba?

해커
하하, 농담하기는. 네 기계로 치면 내 것보다 더 쉬운데, 설마 내가 보고 싶었겠어?

小白:
xiǎobái
我是想请你帮一个忙。
Wǒ shì xiǎng qǐng nǐ bāng yí ge máng.

백치
난 네 도움이 정말 필요했어.

黑客:
hēikè
什么事?
Shénme shì?

해커
무슨 일인데?

小白:
xiǎobái
你能不能进入电力系统修改一点数据?
Nǐ néng bu néng jìnrù diànlì xìtǒng xiūgǎi yìdiǎn shùjù?

백치
좀 들어와서 전력계통의 통계 좀 고쳐줄 수 있니?

黑客:
hēikè
你想干嘛!
Nǐ xiǎng gàn ma!

해커
뭘 하려고!

小白:
xiǎobái
求求你, 帮我把我家这个月的电费消了吧。
Qiúqiu nǐ, bāng wǒ bǎ wǒ jiā zhè ge yuè de diànfèi xiāole ba.

백치
부탁할게, 날 좀 도와서 이번 달 전기료 좀 없어지게 해줘.

黑客:
hēikè
去死!
Qù sǐ!

해커
꺼져!

15. 관계

관계에는 조건의 관계, 가정의 관계, 인과적 관계, 병렬적 관계, 전환의 관계, 순차적 관계, 열거의 관계, 점층의 관계, 양보의 관계 등이 있다.

Unit 91	조건의 관계를 나타낼 때
Unit 92	가정의 관계를 나타낼 때
Unit 93	인과관계를 나타낼 때
Unit 94	병렬적 관계를 나타낼 때
Unit 95	전환의 관계를 나타낼 때
Unit 96	순차적 관계를 나타낼 때
Unit 97	열거의 관계를 나타낼 때
Unit 98	점층의 관계를 나타낼 때
Unit 99	양보의 관계를 나타낼 때

Unit 91 조건의 관계를 나타낼 때

01 只要+동사구, (명사(구)/대사+)就+동사(구)

한 가지 조건만 구비되면 어떤 일을 진행할 수 있음을 나타낸다. 즉 "只要" 뒤의 내용은 "就" 뒤의 내용을 실현하기 위한 조건으로 이 조건만 구비되면 "就" 뒤의 내용은 반드시 실현될 수 있음을 나타낸다. "只要"나 "就" 뒤에는 모두 동사나 짧은 문장이 오며, 행위의 주체는 "就……" 앞에 위치한다.

예
- 只要不下雨，我们就去爬山。 (비만 안 오면 우리는 등산을 갈 거야.)
  Zhǐyào bú xiàyǔ, wǒmen jiù qù páshān.

- 只要你同意，我们就出去玩儿。 (너만 찬성하면 우리는 나가 놀 거야.)
  Zhǐyào nǐ tóngyì, wǒmen jiù chūqù wánr.

- 只要你喜欢，就买。 (너만 좋다고 하면 나는 살 거야.)
  Zhǐyào nǐ xǐhuan, jiù mǎi.

02-1 명사(구)/대사+只有+동사(구), (명사(구)/대사+)才+동사(구)

어떤 일을 할 수 있는 유일한 사람이나 사물을 가리킨다. "只有" 뒤에는 명사나 동사, 짧은 문장이 오고, "才" 뒤에는 동사나 짧은 문장이 온다. 동작의 주체는 항상 "才" 앞에 놓여 "……只有……, 才……"나 "只有……, ……才……"의 형식을 취한다.

예
- 只有老张才会修汽车。 (장 군만이 자동차를 정비할 줄 안다.)
  Zhǐyǒu Lǎo Zhāng cái huì xiū qìchē.

- 你只有努力学习，才能考上大学。 (열심히 공부만 하면 대학에 합격할 수 있다.)
  Nǐ zhǐyǒu nǔlì xuéxí, cái néng kǎoshang dàxué.

- 你只有听话，妈妈才会同意。 (말을 잘 듣기만 하면 엄마가 동의해 주실 거야.)
  Nǐ zhǐyǒu tīnghuà, māma cái huì tóngyì.

02-2 只有+동사(구), (명사(구)/대사+)才+동사(구)

어떤 일을 실현함에 있어서 반드시 있어야 하는 조건을 가리킨다. "只有" 뒤의 내용은 이에 해당하는 조건으로, 이 조건이 구비되는 않으면 "才" 뒤의 내용을 실현할 수 없다.

예
- **只有**努力，**才**能学好。(노력해야만 잘 배워나갈 수 있다.)
  Zhǐyǒu nǔlì, cái néng xué hǎo.

- **只有**花很多钱，**才**能住那个旅馆。(비싼 돈을 들여야만 그 호텔에 묵을 수 있다.)
  Zhǐyǒu huā hěn duō qián, cái néng zhù nà ge lǚguǎn.

- **只有**你给他打电话，他**才**会来。(네가 [그에게] 전화해야만 그는 올 것이다.)
  Zhǐyǒu nǐ gěi tā dǎ diànhuà, tā cái huì lái.

03 不管/无论+동사구, 명사(구)/대사+都+동사구

어떤 조건이나 상황에서도 모종의 일을 실현할 수 있음을 나타낸다. "不管/无论(~을/를 막론하고)"은 다양한 조건과 상황을 나타내고, "都" 뒤에는 해야 할 일이나 발생할 상황을 나타낸다. 구어체에서는 주로 "不管……都……"를 사용하며, 문어체에서는 "不管……都……" 외에도 "无论……都……"를 쓴다. "不管"이나 "无论" 뒤에는 다음과 같은 구문이 올 수 있는데, ① "怎样(어찌하다)/什么(어떤)/谁(누구)……" 형식의 구문, ② "동사+不+동사" 형식의 구문, ③ 여러 개의 비슷한 구조가 열거된 짧은 문장 등이 그것이다.

예
- **不管**下不下大雨，我们**都**得去。(비가 많이 오든 안 오든 우리는 모두 가야 한다.)
  Bùguǎn xià bu xià dàyǔ, wǒmen dōu děi qù.

- **不管**你同意还是不同意，我**都**要做。(네가 동의를 하든 하지 않든 나는 할 것이다.)
  Bùguǎn nǐ tóngyì háishi bù tóngyì, wǒ dōu yào zuò.

- **无论**应酬到多晚，他**都**会回家。
  Wúlùn yìngchou dào duō wǎn, tā dōu huì huíjiā.
  (연회가 밤늦게까지 이어지더라도 그는 집으로 돌아갈 것이다.)

04 凡是+명사(구), 명사(구)/대사+都+동사(구)

조건의 관계를 나타내며, "凡是" 뒤에는 문장에서 언급되는 대상의 범위를 나타내고 "都" 뒤에는 반드시 출현하거나 실현되는 상황을 나타낸다. 이 문형은 일정한 범위 내에 속한 대상은 단 하나의 예외 없이 모두 공통적 특징을 갖고 있음을 나타낼 때 사용된다.

예

- 凡是常见的小毛病，他都会修。(그는 일반적인 잔 고장은 모두 수리할 줄 안다.)
  Fánshì cháng jiàn de xiǎo máobìng, tā dōu huì xiū.

- 凡是优秀的人才，公司都需要。(무릇 우수한 인재라면 모든 회사에서 필요로 한다.)
  Fánshì yōuxiù de réncái, gōngsī dōu xūyào.

- 凡是水果味儿的酸奶，我都爱喝。(나는 과일 맛의 요구르트면 다 좋아한다.)
  Fánshì shuǐguǒ wèir de suānnǎi, wǒ dōu ài hē.

Unit 91 연습문제

1 아래의 단어를 이용하여 바꿔 말해보세요.

(1) 只要 不下雨 我就 去故宫。

你喜欢	买
你来	等你
你不走	不走

(2) 只有 他 才会 修车。

老师	读这个字
妈妈	知道这件事
孩子	这么说话

(3) 不管 下不下雨，我们都 得去。

你还是我	要去上海
同意不同意	得做
他来不来	要尽快进去

(4) 凡是 在工厂的工人，都 要去劳动。

出版社的人	可以进去
学生	应该学习
教师	应该爱学生

2 아래의 대화를 완성하세요.

(1) A : 我们什么时候出去旅行?

　　B : 　　　　　　　　　　　　　　　　　　。

(2) A : 怎么样才能学好汉语?

　　B : 　　　　　　　　　　　　　　　　　　。

(3) A : 每个人都可以进那家高级宾馆吗?

　　B : 不是, 　　　　　　　　　　　　　　　。

(4) A : 如果小王不同意你去美国，你还去吗?

B : _____。

(5) A : 我身高1.20米，需要买票吗?

B : _____。

3 단어를 이용하여 문장을 만들어 보세요.

(1) 有钱, 就, 可以买, 只要

→ _____。

(2) 努力, 学习, 只要, 就有, 好工作

→ _____。

(3) 生病, 只有, 他, 才, 不上课

→ _____。

(4) 多大, 不管, 都要, 学习

→ _____。

(5) 学生, 凡是, 学习, 都要

→ _____。

가정의 관계를 나타낼 때

01 동사(구)+吧, ……; 동사(구)+吧, ……

앞, 뒤 내용은 모순되는 심정을 나타낸다. 가정이나 예측의 뜻이 내포되며 "……吧, ……; ……吧, ……。" 형식을 취한다. "吧" 앞에는 명사, 동사, 짧은 문장 혹은 형용사가 온다.

예
- 和自己国家的人同屋吧，不能练习汉语；
  Hé zìjǐ guójiā de rén tóngwū ba, bù néng liànxí Hànyǔ;

  和别的国家的人同屋吧，不能很好地聊天。
  hé bié de guójiā de rén tóngwū ba, bù néng hěn hǎo de liáotiān.
  (같은 나라 사람과 같은 방을 쓰면 중국어를 연습할 수 없고
   다른 나라 사람과 같은 방을 쓰면 마음껏 수다를 떨 수 없다.)

- 买吧，有点儿贵；不买吧，又怕找不到更合适的了。
  Mǎi ba, yǒudiǎnr guì; bù mǎi ba, yòu pà zhǎo bu dào gèng héshì de le.
  (사자니 비싸고 안 사자니 이보다 더 합당한 가격이 없을 것 같다.)

- 去吧，太远；不去吧，又觉得对不起她。
  Qù ba, tài yuǎn; bú qù ba, yòu juéde duìbuqǐ tā.
  (가자니 너무 멀고, 안 가자니 그녀에게 미안한 것 같다.)

02 如果+동사구, (명사(구)/대사+)就+동사구

가정의 관계를 뜻하는데, "如果" 뒤에는 가정된 일로 만약 이 사건이 발생하거나 존재한다면 "就" 뒤의 상황이 벌어지거나 혹은 "就" 뒤의 내용이 제시한 사건이 발생함을 나타낸다. "如果"와 "就" 뒤에는 짧은 문장, 동사 또는 형용사가 온다.

예
- 如果不下雨，（我们）就去长城。(비가 안 오면, (우리는) 만리장성에 갈 것이다.)
  Rúguǒ bú xiàyǔ, (wǒmen) jiù qù Chángchéng.

- 如果我很有钱，（我）就去世界各地旅行。
  Rúguǒ wǒ hěn yǒu qián, (wǒ) jiù qù shìjiè gèdì lǚxíng.
  (만약 돈이 아주 많다면, (나는) 세계여행을 다닐 것이다.)

- 如果你坚持做下去，就一定会成功。
  Rúguǒ nǐ jiānchí zuò xiàqu, jiù yídìng huì chénggōng.
  (네가 꾸준히 해 나간다면, 반드시 성공할 수 있다.)

Unit 92 연습문제

1 아래의 단어를 이용하여 바꿔 말해보세요.

(1) 看书 吧，太累；不看 吧，又没有事做。

买这件衣服	太贵	不买	有点舍不得
吃饭	不饿	不吃	有点晚了
走	不好意思	不走	不舒服

(2) 如果 下雨 ，我们就 不去长城了 。

有钱	买房子
有时间	去买衣服
你不来	先走了

(3) 如果 好好工作 ，就 能赚很多钱 。

会飞	好了
我有个姐姐	好了
我有钱	周游世界

2 아래의 대화를 완성하세요.

(1) A：你为什么每天工作那么努力?

   B：_____。

(2) A：你为什么一定要上重点中学?

   B：_____。

(3) A：你为什么喜欢和中国朋友交谈?

   B：_____。

(4) A : 小王为什么一定要去美国?

B :   。

(5) A : 明天你去不去唱歌?

B :   。(……吧, …… ; ……吧, ……)

3 단어를 이용하여 문장을 만들어 보세요.

(1) 有钱, 如果, 我, 就买车

→   。

(2) 我, 如果, 就去旅游, 有时间

→   。

(3) 如果, 就去吃饭, 你, 饿了

→   。

(4) 生病了, 如果, 你, 去医院, 就

→   。

(5) 太累了, 如果, 你, 就, 休息吧

→   。

인과관계를 나타낼 때

01 因为(+명사구)+동사(구)/명사(구), (所以)(+명사(구)/대사+)동사구

인과관계를 나타내는 문형으로, "因为" 뒤에는 원인을 나타내는 명사, 동사, 형용사, 짧은 문장이 오고 "所以" 뒤에는 이 원인으로 인한 결과를 나타내는 동사, 형용사, 짧은 문장이 온다.

예
- 因为感冒了，(所以)我没来上课。(나는 감기에 걸려서 수업하러 오지 않았다.)
  Yīnwèi gǎnmào le, (suǒyǐ) wǒ méi lái shàngkè.

- 因为小王吃过饭了，(所以)我们没叫他。
  Yīnwèi Xiǎo Wáng chīguo fàn le, (suǒyǐ) wǒmen méi jiào tā.
  (왕 군은 밥을 먹었기 때문에 우리는 그를 부르지 않았다.)

- 因为下午有雨，(所以)不能去长城了。
  Yīnwèi xiàwǔ yǒu yǔ, (suǒyǐ) bù néng qù Chángchéng le.
  (오후에 비가 온다고 해서 만리장성에 갈 수 없게 되었다.)

02 명사(구)/대사+为+명사(구)+동사구

행위나 동작의 목적이나 원인을 나타낸다. "为" 앞에는 행위의 주체를 나타내는 명사가 오고, 뒤에는 명사나 동사 또는 짧은 문장이 온다.

예
- 他为做好工作学中文。(그는 직장 일을 잘하려고 중국어를 배운다.)
  Tā wèi zuò hǎo gōngzuò xué Zhōngwén.

- 我朋友为学好中文去中国。(내 친구는 중국어를 잘 배우려고 중국에 갔다.)
  Wǒ péngyou wèi xué hǎo Zhōngwén qù Zhōngguó.

- 不要太晚回家，妈妈会为你担心。(엄마가 너 때문에 걱정하니까 너무 늦게 귀가하지 마.)
  Búyào tài wǎn huíjiā, māma huì wèi nǐ dānxīn.

연습문제

1 아래의 단어를 이용하여 바꿔 말해보세요.

(1) 因为 太累 , 所以 没去上课 。　　(2) 因为 太贵 , 所以 没买 。

　　起床晚　　没吃早饭　　　　　热　　开空调
　　下雨　　　没出去　　　　　　远　　坐车去
　　吃多了　　肚子难受　　　　　近　　走路来的

(3) 他为 工作学中文 。

　　考试学到很晚
　　我着急
　　学费打工

2 아래의 대화를 완성하세요.

(1) A : 你昨天怎么没来上课?

　　B : _____ 。

(2) A : 你的汉语怎么越来越差?

　　B : _____ 。

(3) A : 他为什么想去中国?

　　B : _____ 。

(4) A : 小王为什么把成绩告诉妈妈?

B : _____。

(5) A : 明天要考试了, 他怎么在看电视?

B : _____。

3 단어를 이용하여 문장을 만들어 보세요.

(1) 因为, 所以, 考试, 看书

→ _____。

(2) 感冒, 去医院, 所以, 因为

→ _____。

(3) 喝酒了, 因为, 头疼, 所以

→ _____。

(4) 为, 高兴, 他, 我

→ _____。

(5) 担心, 妈妈, 我, 为

→ _____。

Unit 94 병렬적 관계를 나타낼 때

01 명사(구)/대사+又+형용사+又+형용사

한 사물이 두 가지 특징을 갖고 있음을 나타낸다. 첫 번째 "又" 앞에는 대개 명사가 오고, "又" 뒤에 오는 두 개의 형용사는 모두 "又" 앞에 오는 명사에 대한 설명으로 둘 다 긍정적이거나, 둘 다 부정적인 내용을 지닌다. 참고로 하나가 긍정적인 뜻을 나타내고 다른 하나가 부정적인 뜻을 나타내서는 안된다.

예
- 西瓜又大又甜。(수박이 크고 달다.)
  Xīguā yòu dà yòu tián.

- 他又聪明又漂亮。(그는 머리도 좋고 예쁘기도 하다.)
  Tā yòu cōngming yòu piàoliang.

- 我觉得又热又累。(나는 덥기도 하고 피곤하기도 하다.)
  Wǒ juéde yòu rè yòu lèi.

02 명사(구)/대사+又+동사(구)+又+동사(구)

한 사람이 동시에 두 가지 행위를 하고 있음을 나타낸다. 두 동사는 서로 다른 단어이지만 같은 종류에 속하며, 이 문형에서는 두 동사가 두드러지게 강조된다.

예
- 又打又骂。(때리고 욕한다.)
  Yòu dǎ yòu mà.

- 他又买肉又买酒。(그는 고기도 사고 술도 샀다.)
  Tā yòu mǎi ròu yòu mǎi jiǔ.

- 他们又唱歌又跳舞。(그들은 노래도 하고 춤도 춘다.)
  Tāmen yòu chàng gē yòu tiào wǔ.

 연습문제

1 아래의 단어를 이용하여 바꿔 말해보세요.

(1) 他又 聪明 又 漂亮。

唱歌　跳舞
热情　友好
懒　　馋

(2) 苹果又 大 又 甜。

贵　　不好吃
红　　圆
香　　脆

(3) 小李又 打 又 骂。

买酒　买肉
说　　笑
唱　　跳

2 아래의 대화를 완성하세요.

(1) A : 他的女朋友怎么样?

B :　　　　　　　　　　　　　　　　　　　　　。

(2) A : 你的汉字写得怎么样?

B :　　　　　　　　　　　　　　　　　　　　　。

(3) A : 你为什么喜欢买那家商店的衣服?

B :　　　　　　　　　　　　　　　　　　　　　。

(4) A : 在公园，你看到老人们在做什么？

B :

(5) A : 昨天的舞会怎么样？

B :

3 단어를 이용하여 문장을 만들어 보세요.

(1) 他, 又, 饿, 渴, 又

→

(2) 小王, 困, 累, 又, 又

→

(3) 教室, 干净, 又, 大, 又

→

(4) 他, 跑, 跳, 又, 又

→

(5) 衣服, 又, 便宜, 漂亮, 又

→

Unit 95 전환의 관계를 나타낼 때

01 虽然+동사(구)/형용사(구), 但是/可是+동사(구)/형용사(구)

전환의 관계를 나타낸다. "虽然" 뒤의 내용과 "但是" 뒤의 내용은 전환적 또는 상반된 의미를 나타내고, "虽然"과 "但是, 可是" 뒤에는 동사나 짧은 문장이 온다. 만약 "虽然" 뒤에 짧은 문장이 오면 "虽然……，但是……" 형식을 취할 수 있는데 이때 "虽然" 뒤에 오는 짧은 문장의 주어는 "虽然" 앞에 와서 "……虽然……，但是……"의 형식으로 쓰이기도 한다.

예
- 虽然下雨了，但是我们玩儿得很高兴。
  Suīrán xiàyǔ le, dànshì wǒmen wánr de hěn gāoxìng.
  (비가 오긴 했지만, 우리는 아주 재미있게 놀았다.)

- 这衣服虽然价钱贵了点儿，但是质量确实不错。
  Zhè yīfu suīrán jiàqian guìle diǎnr, dànshì zhìliàng quèshí búcuò.
  (이 옷은 조금 비싸기는 하지만, 품질은 확실히 좋다.)

- 虽然我很想帮你的忙，可是最近我真的没有时间。
  Suīrán wǒ hěn xiǎng bāng nǐ de máng, kěshì zuìjìn wǒ zhēnde méiyǒu shíjiān.
  (나는 너를 너무 돕고 싶지만, 요즘 정말 시간이 없다.)

연습문제

1 아래의 단어를 이용하여 바꿔 말해보세요.

(1) 虽然 热 ，但是 没人离开教室 。

　　菜很辣　　很好吃
　　很累　　　我没休息
　　很想吃　　还是忍住了

(2) 我想买电脑 ，可是 我没钱 。

　　我想看书　　　没时间
　　我想学汉语　　我觉得很难
　　我想和他说话　没有机会

(3) 他喜欢看电影 ，但是 我不喜欢 。

　　我喜欢喝茶　　不喜欢喝酒
　　他有很多书　　没看过
　　他收集了很多CD　从来不听

2 아래의 대화를 완성하세요.

(1) A : 那件衣服怎么样?

　　B : 　　　　　　　　　　　　　　　　　　　　。

(2) A : 北京的公共交通怎么样?

　　B : 　　　　　　　　　　　　　　　　　　　　。

(3) A : 昨天下雨了，你们玩得怎么样?

　　B : 　　　　　　　　　　　　　　　　　　　　。

(4) A : 你有时间参加朋友的婚礼吗?

B : _____。

(5) A : 学校里面的那家商店怎么样?

B : _____。

3 단어를 이용하여 문장을 만들어 보세요.

(1) 有钱, 我, 但是, 不买车

→ _____。

(2) 他, 有点懒, 但是, 很聪明

→ _____。

(3) 很小, 房间, 可是, 舒服

→ _____。

(4) 很大, 教室, 但是, 没人

→ _____。

(5) 很饿, 我, 但是, 没下课

→ _____。

순차적 관계를 나타낼 때

01 명사(구)/대사+(不/没+)동사구₁+동사구₂

주로 순차적으로 일어나는 동작이나 동시에 일어나는 동작을 나타낼 때 쓰인다. 즉 한 사람이 어떤 동작을 하고 나서 연이어 다른 동작을 하거나 또는 동시에 두 가지 동작을 함을 뜻한다.

예
- 我去商场买东西。(나는 백화점에 가서 물건을 산다.)
  Wǒ qù shāngchǎng mǎi dōngxi.

- 我不去图书馆看书。(나는 도서관에 책을 보러 가지 않는다.)
  Wǒ bú qù túshūguǎn kàn shū.

- 她笑着走进来。(그는 웃으면서 걸어 들어왔다.)
  Tā xiàozhe zǒu jìnlai.

02-1 명사(구)/동사(구)+以前/以后, 동사구

어떤 시간이나 사건이 발생하기 전에 이미 다른 일이 발생했거나 아니면 그 이후에 또 다른 일이 발생할 것임을 나타낸다. "……以前/以后"은 시간을 뜻하며, "이중…以前"은 어떤 일이 발생하기 전에 다른 일을 해야 함을, "……以后"는 어떤 일이 발생된 후에 다른 일을 해야 함을 나타낸다. "以前(后)" 앞에는 시간명사, 동사, 전치사 구문, 짧은 문장이 오고 뒤에는 동사나 짧은 문장이 온다.

예
- 出门以前，请关好门窗。(외출하기 전에 문과 창문을 잘 닫아주세요.)
  Chūmén yǐqián, qǐng guān hǎo ménchuāng.

- 下车以前，带好行李。(차에서 내리기 전에 짐을 잘 챙겨라.)
  Xià chē yǐqián, dài hǎo xíngli.

- 回家以后，给我打电话。(집에 오면 나에게 전화해라.)
  Huíjiā yǐhòu, gěi wǒ dǎ diànhuà.

02-2 以前/以后, 명사(구)/대사+동사구

이미 어떤 일이 발생했거나 또는 앞으로 어떤 일이 발생할 것임을 나타낸다. "以前/以后" 자체가 모두 시간적 개념을 뜻하며, 뒤에는 동사나 짧은 문장이 온다.

예
- **以前**, 我去过中国。(예전에 나는 중국에 가본 적이 있다.)
  Yǐqián, wǒ qùguo Zhōngguó.

- **以后**, 我会继续学习汉语。(나는 앞으로도 중국어를 계속 배울 것이다.)
  Yǐhòu, wǒ huì jìxù xuéxí Hànyǔ.

- **以前**, 我在一个电脑公司上过班。(예전에 나는 컴퓨터 회사에서 근무한 적이 있다.)
  Yǐqián, wǒ zài yí ge diànnǎo gōngsī shàngguo bān.

03 先+동사구, 然后+동사구(, 最后+동사구)

일을 진행하는 시간적 순서를 나타낸다. "先(먼저)" 뒤의 내용은 처음하는 일이고, "然后(다음)" 뒤의 내용은 "先(먼저)" 뒤의 내용을 완성하고 나서 하는 일이다. 이 문형은 과거의 일과 미래의 일에 모두 쓸 수 있다. "先(먼저)", "然后(다음)", "最后(마지막으로)" 뒤에는 동사나 짧은 문장이 오며 시간의 선후순서에 따라 배열된다. 전체 문장의 주어는 문장의 첫머리에 위치하고 앞 문장의 주어는 "先" 앞에 위치한다.

예
- 我们**先**学生词, **然后**学课文。(우리는 먼저 새로운 단어를 배운 다음 본문을 배운다.)
  Wǒmen xiān xué shēngcí, ránhòu xué kèwén.

- 每天早上起床, 孩子都要**先**向父母问好, **然后**再刷牙、洗脸, **最后**才带着早点去上学。
  Měitiān zǎoshang qǐchuáng, háizi dōu yào xiān xiàng fùmǔ wèn hǎo, ránhòu zài shuāyá, xǐliǎn, zuìhòu cái dàizhe zǎodiǎn qù shàngxué.
  (매일 아침 일어나서 아이는 먼저 부모님께 아침인사를 드린 다음 양치하고 세수한다. 그러고 나서 아침식사를 챙겨서 학교에 가지고 간다.)

- 做西红柿炒鸡蛋要**先**把西红柿洗好, 切成块儿, **然后**在锅里倒上油炒鸡蛋, **最后**把西红柿放进去一起炒就行了。
  Zuò xīhóngshì chǎo jīdàn yào xiān bǎ xīhóngshì xǐ hǎo, qiēchéng kuàir, ránhòu zài guōli dǎo shàng yóu chǎo jīdàn, zuìhòu bǎ xīhóngshì fàng jìnqu yìqǐ chǎo jiù xíng le.
  (토마토계란볶음을 만들 때는 먼저 토마토를 깨끗이 씻어 여러 조각으로 썰어 준비한 다음, 팬에 기름을 두르고 계란을 볶다가 (계란이 익으면), 마지막에 썰어 놓은 토마토를 넣고 같이 볶으면 된다.)

04 首先+동사구, 其次+동사구 (, 第三……, 第四……)

동작이나 행위의 순서 즉 일의 중요한 정도에 따른 순서를 나타내며, 시간의 선후순서와도 관련이 있다. 이 문형은 여러 일을 그 중요성이나 논리에 따라 순서를 배치함을 나타내는데 일반적으로 "首先"뒤의 내용이 가장 중요하고, "其次"뒤의 내용이 그 다음으로 중요하다. "首先(우선)", "其次(다음)", "第三(세 번째)", "第四(네 번째)"뒤에는 동사나 짧은 문장이 온다.

예
- 想学好汉语，首先应该认真上课，其次要多跟中国人交流，第三要了解一些中国文化。
Xiǎng xué hǎo Hànyǔ, shǒuxiān yīnggāi rènzhēn shàngkè, qícì yào duō gēn Zhōngguó rén jiāoliú, dìsān yào liǎojiě yìxiē Zhōngguó wénhuà.
(중국어를 잘 배우려면 우선 수업을 잘 들어야 하고, 둘째로 많은 중국사람과 교류해야 하며 셋째로 중국문화를 잘 이해해야 한다.)

- 要旅行的话，你要做很多准备。首先，你要考虑好去哪种类型的地方旅行；其次，你要考虑好打算花多少钱旅行，第三，你要选择旅行线路；第四，你要准备各种证件并交纳旅行费用。
Yào lǚxíng de huà, nǐ yào zuò hěn duō zhǔnbèi. Shǒuxiān nǐ yào kǎolǜ hǎo qù nǎ zhǒng lèixíng de dìfang lǚxíng; qícì nǐ yào kǎolǜ hǎo dǎsuan huā duōshao qián lǚxíng, dìsān nǐ yào xuǎnzé lǚxíng xiànlù; dìsì nǐ yào zhǔnbèi gèzhǒng zhèngjiàn bìng jiāonà lǚxíng fèiyòng.
(여행을 가려면 많은 준비를 해야 한다. 우선 어느 곳으로 여행을 갈지 정하고, 다음으로 여행비용을 계산해야 한다. 그 다음으로 여행코스를 선택하고, 마지막에 각종 증빙서류를 챙기고 여행비용을 지불해야 한다.)

- 做事，首先要认真，其次要仔细。
Zuò shì, shǒuxiān yào rènzhēn, qícì yào zǐxì.
(일을 하려면 우선 진지해야 하고, 다음으로는 꼼꼼해야 한다.)

연습문제

1 아래의 단어를 이용하여 바꿔 말해보세요.

(1) 我 去图书馆 看书 。

打开门　进去了
站起来　走了
去商场　买东西

(2) 我们先 起床 ，然后 刷牙 。

吃饭　去买衣服
上课　去故宫
看电影　喝咖啡

(3) 先 吃饭 ，然后 去酒吧 ，最后 去卡拉ok 。

洗脸　刷牙　洗头
去小李家　公司　一起去机场
学生词　学得文　做练习

2 아래의 대화를 완성하세요.

(1) A : 明天下午你打算做什么?

B : 　　　　　　　　　　　　　　　　　。

(2) A : 来中国以前你的汉语也这么好吗?

B : 　　　　　　　　　　　　　　　　　。

(3) A : 以前你吃过中国菜吗?

B : 　　　　　　　　　　　　　　　　　。

(4) A : 每天到学校以后你做什么?

　　B : 　　　　　　　　　　　　　　　　　　　　　　　　。

(5) A : 要想保持眼睛健康，应该注意哪些问题?

　　B : 　　　　　　　　　　　　　　　　　　　　　　　　。

3 단어를 이용하여 문장을 만들어 보세요.

(1) 去商场, 他, 买衣服

→

(2) 以后, 回家, 打电话, 给我

→

(3) 汉语, 我, 学过, 以前

→

(4) 洗脸, 先, 然后, 睡觉

→

(5) 以前, 喜欢, 打篮球, 我

→

Unit 97 열거의 관계를 나타낼 때

01 有的+동사구, 有的+동사구(, 还有的+동사구)

열거를 나타낼 때 사용되는데, "有的人(어떤 사람)"처럼 사람을 열거할 수도 있고, "有的花(어떤 꽃)"처럼 사물을 열거할 수도 있으며, "有的时候(때로는)"("有的时候"는 줄여서 "有时候", "有时"라고도 한다)처럼 시간을 열거할 수도 있다. "有的"는 명사이며 뒤에 동사나 짧은 문장이 온다.

예
- 教室里有很多人，有的在看书，有的在做作业。
  Jiàoshì li yǒu hěn duō rén, yǒude zài kàn shū, yǒu de zài zuò zuòyè.
  (교실에는 많은 사람들이 있는데, 어떤 사람은 책을 읽고 어떤 사람은 숙제를 하고 있다.)

- 周末，我们有的学习，有的看电视，还有的逛街。
  Zhōumò, wǒmen yǒude xuéxí, yǒude kàn diànshì, hái yǒude guàngjiē.
  (주말에 [우리 중에] 어떤 사람은 공부를 하고, 어떤 사람은 TV를 보며, 어떤 사람은 거리 구경을 나간다.)

- 公园里有很多花，有的是蓝色的，有的是红色的，还有的是白色的。
  Gōngyuán li yǒu hěn duō huā, yǒude shì lánsè de, yǒude shì hóngsè de, hái yǒude shì báisè de.
  (공원에는 많은 꽃들이 있는데, 어떤 꽃은 파랗고 어떤 꽃은 빨갛고 어떤 꽃은 하얗다.)

02-1 명사구/대사+동사(구), 一方面+동사구, 另一方面+동사구

동시에 두 가지 이유를 제시하거나, 두 가지 평가를 내릴 때 사용되며, 원인, 목적, 조건 등 사물의 양쪽 측면에 대해 이야기한다. "一方面"앞에는 한 가지 일을 가리키는 동사나 짧은 문장이 오고, "一方面"과 "另一方面"뒤에는 동사나 짧은 문장이 와서 이 두 가지 측면의 특징을 서술한다.

예

- 来北京有很多好处，一方面可以学汉语，另一方面可以了解北京人的生活。
  Lái Běijīng yǒu hěn duō hǎochu, yìfāngmiàn kěyǐ xué Hànyǔ, lìng yìfāngmiàn kěyǐ liǎojiě Běijīngrén de shēnghuó.
  (베이징에 오면 많은 이점이 있는데, 한편으로는 중국어를 배울 수 있고, 다른 한편으로는 베이징 사람의 생활을 알 수 있다는 점이다.)

- 我不喜欢参加旅行社去旅行，一方面这种旅行很不自由，另一方面这种旅行常常很贵。
  Wǒ bù xǐhuan cānjiā lǚxíngshè qù lǚxíng, yìfāngmiàn zhè zhǒng lǚxíng hěn bú zìyóu, lìng yìfāngmiàn zhè zhǒng lǚxíng chángcháng hěn guì.
  (나는 여행사의 저렴한 여행코스를 싫어한다. 한편으로는 이런 여행이 자유롭지 못하기 때문이고 다른 한편으로는 비용이 아주 비싸기 때문이다.)

- 我喜欢小吃，一方面是因为味道确实不错，另一方面是因为价钱都很便宜。
  Wǒ xǐhuan xiǎochī, yìfāngmiàn shì yīnwèi wèidao quèshí búcuò, lìng yìfāngmiàn shì yīnwèi jiàqian dōu hěn piányi.
  (난 간식거리를 좋아하는데, 한편으로는 맛이 아주 좋고 다른 한편으로는 아주 저렴하기 때문이다.)

02-2 동사(구), 一方面+동사구, 另一方面+동사구

서로 반대되는 입장에서 제시된 이유나 평가를 나타낸다. 즉, 한 사물의 상반된 두 측면에 대해 이야기한다.

예
- 互联网是一把双刃剑，一方面可以帮助我们和世界沟通，另一方面也给我们的生活带来很多麻烦。
  Hùliánwǎng shì yì bǎ shuāngrènjiàn, yìfāngmiàn kěyǐ bāngzhù wǒmen hé shìjiè gōutōng, lìng yìfāngmiàn yě gěi wǒmen de shēnghuó dàilái hěn duō máfan.
  (인터넷은 양날의 칼과 같아서, 한편으로는 우리와 세계가 통하도록 해주지만 다른 한편으로는 우리의 생활에 많은 번거로움을 더하기도 한다.)

- 一方面，我觉得大学生打工可以锻炼自己，也可以赚点钱；另一方面，我又担心大学生打工会耽误他们的学习。
  Yìfāngmiàn, wǒ juéde dàxuéshēng dǎgōng kěyǐ duànliàn zìjǐ, yě kěyǐ zhuàn diǎn qián; lìng yìfāngmiàn, wǒ yòu dānxīn dàxuéshēng dǎgōng huì dānwu tāmen de xuéxí.
  (대학생들이 아르바이트를 하는 것에 대해 나는 한편으로 자신을 단련하고 돈도 벌 수 있어 좋다고 생각하면서도, 다른 한편으로는 대학생이 아르바이트 때문에 공부에 지장을 줄까 걱정도 된다.)

- 一方面，安乐死确实可以减轻很多人的痛苦；但是，另一方面，如果控制得不好，安乐死很可能成为很方便的谋杀的工具。
  Yìfāngmiàn, ānlèsǐ quèshí kěyǐ jiǎnqīng hěn duō rén de tòngkǔ; dànshì, lìng yìfāngmiàn, rúguǒ kòngzhì de bù hǎo, ānlèsǐ hěn kěnéng chéngwéi hěn fāngbiàn de móushā de gōngjù.
  (안락사는 한편으로 확실히 많은 사람들의 고통을 줄여주기도 하지만, 다른 한편으로 규제가 잘 안되면 아주 용이한 살인 도구가 될 수도 있다.)

연습문제

1 아래의 단어를 이용하여 바꿔 말해보세요.

(1) 我们班的同学，有的 来自美国 ，有的 来自英国 。

去买书
看书
喜欢游泳

去买词典
做作业
喜欢打球

(2) 这家商店衣服很多，有的 贵 ，有的 便宜 。

是红色的
是大人的
是进口的

是黑色的
是孩子的
是国产

(3) 来北京有很多好处，一方面可以 学习汉语 ，另一方面可以 旅游 。

吃烤鸭
吃中国菜
和家人团聚

看京剧
了解中国文化
短期旅游

2 아래의 대화를 완성하세요.

(1) A : 下课后同学们在做什么?

B : _____。

(2) A : 周末你们班的同学做什么?

B : _____。

(3) A : 你们喜欢什么时候做作业?

B : _____。

(4) A : 到北京学习汉语有什么好处?

B : _____。

(5) A : 你为什么喜欢看中国电影?

B : _____。

3 단어를 이용하여 문장을 만들어 보세요.

(1) 有的人, 聪明, 漂亮, 有的人

→

(2) 有的问题, 简单, 容易, 有的问题

→

(3) 有的时候, 有的时候, 冷, 热

→

(4) 有的苹果, 大, 小, 有的苹果

→

(5) 有的花, 有的花, 红, 白

→

Unit 98 점층의 관계를 나타낼 때

01 명사(구)/대사+동사+了+명사(구), 还+동사+了+명사(구)

한 사람이 동시에 또는 선후하여 대상이 서로 다른 것에 대한 동일한 동작을 반복함을 나타내거나, 한 동작이나 행위 이외에 다른 동작이나 행위를 함을 나타낸다. 첫 번째 동사 앞과 뒤, 두 번째 동사 뒤에는 일반적으로 명사가 온다.

예
- 我今天买了衣服，还买了水果。(나는 오늘 옷도 사고, 과일도 샀다.)
  Wǒ jīntiān mǎile yīfu, hái mǎile shuǐguǒ.

- 我买了三本书，还买了一件衣服。(나는 책 세 권과 옷 한 벌을 샀다.)
  Wǒ mǎile sān běn shū, hái mǎile yí jiàn yīfu.

- 写了很多生词，还练习了语法。(많은 새 단어도 쓰고, 어법도 연습했다.)
  Xiěle hěn duō shēngcí, hái liànxí le yǔfǎ.

02 명사(구)/대사+不但+동사구, 而且+동사구

진일보되는 설명을 나타낼 때 사용되는데 "而且……" 뒤에 오는 내용이 진일보되는 설명이다. "不但"와 "而且" 뒤에는 동사나 짧은 문장이 오며 "不但"와 "而且" 뒤에 오는 짧은 문장이 동일한 주어를 가지면 그 주어는 "不但" 앞에 온다. 즉 "……不但……，而且……"의 형식이 된다. 한편으로 "不但"와 "而且" 뒤에 오는 짧은 문장의 주어가 서로 다르면 앞 문장의 주어는 "不但" 뒤에, 뒷 문장의 주어는 "而且" 뒤에 온다.

예
- 他不但到过中国，而且在中国住过很长时间。
  Tā búdàn dàoguo Zhōngguó, érqiě zài Zhōngguó zhùguo hěn cháng shíjiān.
  (그는 중국에 가봤을 뿐만 아니라 중국에서 오랫동안 생활했다.)

- 他不但喜欢坐车，而且喜欢开车。
  Tā búdàn xǐhuan zuò chē, érqiě xǐhuan kāi chē.
  (그는 차 타는 것을 좋아할 뿐만 아니라 운전하는 것도 좋아한다.)

- 她不但漂亮，而且非常聪明。(그녀는 예쁠 뿐만 아니라 머리도 아주 좋다.)
  Tā búdàn piàoliang, érqiě fēicháng cōngming.

03 除了+동사(구)/명사(구)/대사, (명사(구)+)还有+명사(구)/대사/동사구

두 사물이 모두 같은 범주에 속해 있음을 나타낸다. "除了" 뒤에는 명사, 동사, 짧은 문장이 오고, "还" 뒤에는 동사나 짧은 문장이 오는데, "还" 뒤에 짧은 문장이 오는 경우, 주어는 항상 "还" 앞에 위치하여 "除了……, ……还……"의 형식을 취한다. 만약 앞, 뒤 구문의 주어가 동일하면 그 주어는 "除了……" 앞에 놓여 "……除了……, 还……" 형식으로 사용되거나 "还……" 앞에 놓여 "除了……, ……还……" 형식을 취한다.

예
- 除了老师，还有学生。(선생님 외에 학생도 있다.)
  Chúle lǎoshī, háiyǒu xuésheng.

- 除了吃的，我们这里还有穿的和玩儿的。(먹을 것 외에 입을 것과 놀 것도 있다.)
  Chúle chī de, wǒmen zhèlǐ háiyǒu chuān de hé wánr de.

- 除了他，还有我。(그 외에 나도 있다.)
  Chúle tā, háiyǒu wǒ.

04 既+동사구/형용사, 又+동사구/형용사
既+동사구, 也+동사구

한 사물에 두 가지 특징이 있거나 한 사람이 두 가지 일을 함을 나타낸다. "既……又……"는 두 가지 특징 또는 일을 가리키는 반면, "既……也……"는 두 가지 일을 함을 강조한다. "既……又……"에서 "既"와 "又" 뒤에는 형용사 또는 동사가 오지만, "既……也……"에서 "既"와 "也" 뒤에는 대체로 동사가 온다.

예
- 既学了汉语，又游览了名胜古迹。(중국어도 공부하고, 명승고적도 구경했다.)
  Jì xuéle Hànyǔ, yòu yóulǎn le míngshèng gǔjì.

- 西瓜既大又圆。(수박이 크고, 둥글다.)
  Xīguā jì dà yòu yuán.

- 他既是经理，也是公司的董事长。(그는 사장이면서, 회사의 대표이사이다.)
  Tā jì shì jīnglǐ, yě shì gōngsī de dǒngshìzhǎng.

연습문제

1 아래의 단어를 이용하여 바꿔 말해보세요.

(1) 我 今天看书了, 还 做作业了 。

买了衣服
看了京剧
收拾了房间

买了水果
喝了茶
洗了衣服

(2) 她不但 聪明 , 而且 漂亮 。

喜欢唱歌
有车
爱学习

喜欢跳舞
还有房子
爱玩儿

(3) 除了 老师 , 还有 学生 。

哥哥
吃的
大衣

姐姐
玩得
睡衣

2 아래의 대화를 완성하세요.

(1) A : 昨天你去商店买了什么?

B : 我买了很多东西, _____ 。

(2) A : 听说你喜欢吃中国菜。

B : 是啊, _____ 。

(3) A : 那家书店只卖中文书吗?

B : 不是, _____ 。

(4) A : 那家商店卖的东西多吗?

B : 很多, _____ 。

(5) A : 每天早起有什么好处?

B : _____ 。

3 단어를 이용하여 문장을 만들어 보세요.

(1) 苹果, 大, 又, 甜, 既

→ _____ 。

(2) 我, 饿, 不但, 渴, 而且

→ _____ 。

(3) 还有, 书, 除了, 词典

→ _____ 。

(4) 我, 还, 刷牙了, 洗脸了

→ _____ 。

(5) 既是, 他, 老师, 也是, 班主任

→ _____ 。

양보의 관계를 나타낼 때

01 哪怕/即使+동사구, (명사(구)/대사+)也+동사구

양보의 관계를 나타낸다. "哪怕/即使" 뒤에는 상식적으로는 발생할 수 없는, 극단적으로 가정된 설정이 오고, "也" 뒤에는 반드시 해야 하거나 또는 미래에 발생할 일이나 상황이 온다.

예
- 哪怕下冰雹，我也会来的。(우박이 쏟아져도 나는 올 거야.)
  Nǎpà xià bīngbáo, wǒ yě huì lái de.

- 这件事很紧急，即使不睡觉，我也要把它做完。
  Zhè jiàn shì hěn jǐnjí, jíshǐ bú shuìjiào, wǒ yě yào bǎ tā zuò wán.
  (이 일은 아주 급해서 잠을 못 자더라도 나는 그 일을 끝낼 거야.)

- 您哪怕少吃点，也得吃呀。(조금이라도 먹어야 해.)
  Nín nǎpà shǎo chī diǎnr, yě děi chī ya.

연습문제

1 아래의 단어를 이용하여 바꿔 말해보세요.

(1) 哪怕 下雨 ，我也 要来 。

累　　看书
没时间　要去银行
她生气　说出来

(2) 即使 他不来 ，我也 要去长城 。

生病了　要上课
很晚了　不上课
你不同意　要去做

(3) 哪怕 再忙 ，我也 回家 。

再难　学
很贵　买
再生气　得去

2 아래의 대화를 완성하세요.

(1) A : 下星期一是朋友的婚礼，你有时间参加吗？

B : ＿＿＿＿＿＿＿＿＿＿＿＿＿＿＿＿＿＿＿＿＿＿。

(2) A : 如果明天下雨，你还来看比赛吗？

B : 当然，＿＿＿＿＿＿＿＿＿＿＿＿＿＿＿＿＿＿。

(3) A : 只有2个小时了，你能完成任务吗？

B : ＿＿＿＿＿＿＿＿＿＿＿＿＿＿＿＿＿＿＿＿＿＿。

(4) A : 你现在只复习了10个词语，能通过明天的听写吗?

B :

(5) A : 天气预报说明天天气不好，我们还去爬山吗?

B :

3 단어를 이용하여 문장을 만들어 보세요.

(1) 很热, 即使, 我, 也不, 开空调

→

(2) 哪怕, 你, 也不能, 很饿, 吃饭

→

(3) 即使, 没有票, 我, 回家, 也要

→

(4) 哪怕, 做完, 我, 也要, 不睡觉

→

(5) 错了, 哪怕, 你, 说汉语, 也要

→

유머 한 토막

提问与回答 [tíwèn yǔ huídá] – 질문과 대답

老师问:
lǎoshī wèn
선생님이 물으시길
"我有两个题目，你能答出第一题就不需再答第二题，你有多少根头发？"
"Wǒ yǒu liǎng ge tímù, nǐ néng dáchū dì yī tí jiù bù xū zài dá dì èr tí, nǐ yǒu duōshao gēn tóufa?"
내가 너에게 두 가지 질문을 하마. 네가 첫 번째 문제에 답하면 두 번째 문제는 답하지 않아도 된단다. 넌 머리카락이 몇 가닥이나 되니?

学生回答:
xuésheng huídá
학생이 답하길
"一亿两千万根。"
"Yí yì liǎng qiān wàn gēn."
"일억 이천만 개요."

老师问:
lǎoshī wèn
선생님이 물으시길
"你怎么知道？"
"Nǐ zěnme zhīdao?"
"그걸 네가 어떻게 아니?"

学生说:
xuésheng huídá
학생이 답하길
"第二题不需回答。"
"Dì èr tí bù xū huídá."
"두 번째 질문에는 답할 필요 없는 거죠?"

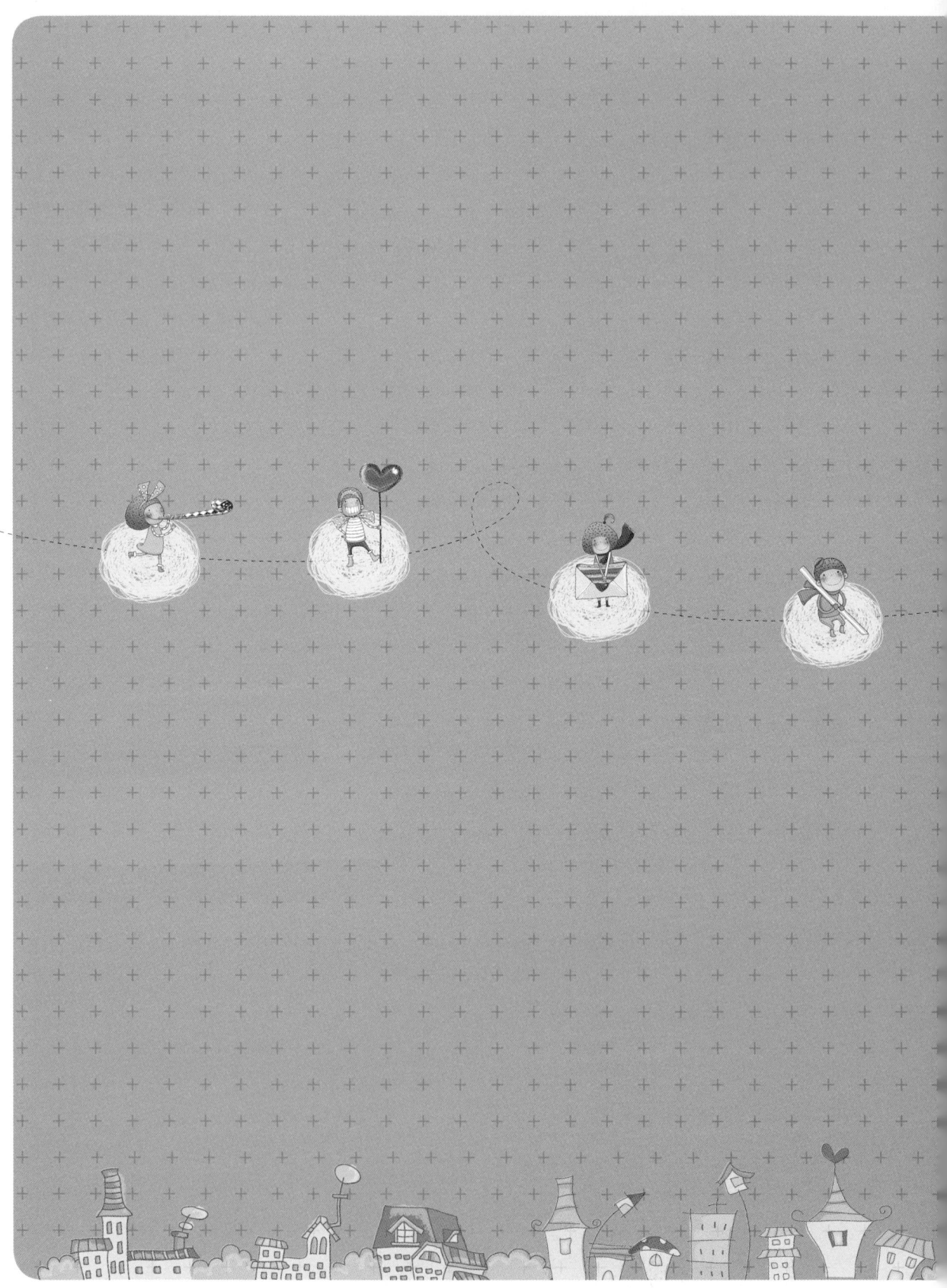

1. 문의하기

Unit 1 시간을 물을 때

2 아래의 대화를 완성하세요.
  (1) 你早上几点起床?
  (2) 你的生日是几月几号?
  (3) 他是哪年开始学习汉语的?
  (4) 你们学校什么时候放假?
  (5) 你最喜欢星期几?

3 단어를 이용하여 문장을 만들어 보세요.
  (1) 你星期几考试?
  (2) 今天我们几点下课? / 我们今天几点下课?
  (3) 你们什么时候放假?
  (4) 你是几号去美国的?
  (5) 爸爸的生日在哪天?

Unit 2 장소를 물을 때

2 아래의 대화를 완성하세요.
  (1) 英语老师的办公室在哪里(哪儿)?
  (2) 你现在去哪里(哪儿)?
  (3) 你住在哪里(哪儿)?
  (4) 哪里(哪儿)卖水果?
  (5) 周末你去哪里(哪儿)了?

3 단어를 이용하여 문장을 만들어 보세요.
  (1) 教室在哪里?
  (2) 我的衣服呢?
  (3) 哪里卖便宜的水果?
  (4) 作业放在哪里?
  (5) 你从哪里来?

Unit 3 수량을 물을 때

2 아래의 대화를 완성하세요.
  (1) 你们班有几位老师?
  (2) 今年二月有多少天?
  (3) 今天的作业有几道题?
  (4) 从你家到学校坐车需要几个小时/多长时间?
  (5) 你吃过几次中国菜?

3 단어를 이용하여 문장을 만들어 보세요.
  (1) 你吃了几个香蕉?
  (2) 你去过几次医院?
  (3) 教室里有多少学生?
  (4) 你吃过几次烤鸭?
  (5) 你的爸爸多高?

Unit 4 성질과 상태에 대해 물을 때

2 아래의 대화를 완성하세요.
  (1) 你买什么字典?
  (2) 你家离学校多远? / 你家离学校多少米?
  (3) 北京的夏天热不热?
  (4) 你现在学习忙不忙?
  (5) 你的汉语怎么样?

3 단어를 이용하여 문장을 만들어 보세요.
  (1) 你吃什么菜?
  (2) 我们的教室多大?
  (3) 你的姐姐聪明不聪明?
  (4) 我喜欢中国菜, 你呢?
  (5) 我的口语怎么样?

Unit 5 원인과 이유에 대해 물을 때

2 아래의 대화를 완성하세요.
  (1) 你为什么喜欢这部电影?
  (2) 我的钱包丢了。
  (3) 我昨天生病了。
  (4) 你为什么不吃猪肉?
  (5) 他母亲病了, 他要在医院照顾老人。

3 단어를 이용하여 문장을 만들어 보세요.

(1) 你的衣服怎么了?
(2) 你刚才怎么站起来了?
(3) 汉语怎么这么难?
(4) 你今天为什么没有吃早饭?
(5) 今天星期天，你为什么不休息?

Unit 6 　의견에 대해 물을 때

2 아래의 대화를 완성하세요.

(1) 晚上我们去看电影怎么样?
(2) 红色的好看还是蓝色的好看?
(3) 你喜欢学汉语还是英语?
(4) 去跳舞吧。
(5) 法国电影好看。

3 단어를 이용하여 문장을 만들어 보세요.

(1) 我们今天去游泳怎么样?
(2) 我们一起学习怎么样?
(3) 你喝茶还是喝啤酒?
(4) 我们去上海坐飞机还是坐火车?
(5) 我们一起跳舞怎么样?

Unit 7 　느낌을 물을 때

2 아래의 대화를 완성하세요.

(1) 今天天气怎么样?
(2) 你对什么感兴趣?
(3) 你对做饭有没有兴趣?
(4) 李老师对小王的印象怎么样?
(5) 非常好，美丽的校园和热情的学生都给我留下了很深的印象。

3 단어를 이용하여 문장을 만들어 보세요.

(1) 你现在怎么样?
(2) 你对汉语感兴趣吗?
(3) 你对中国画有没有兴趣?
(4) 你对上海的印象怎么样?
(5) 王老师给你留下了什么样的印象?

Unit 8 　동작이나 행위의 발생 여부를 물을 때

2 아래의 대화를 완성하세요.

(1) 今天你去不去上课?
(2) 今年他出不出国?
(3) 你去过北京吗?
(4) 你曾经去过美国吗?
(5) 你学没学过日语?

3 단어를 이용하여 문장을 만들어 보세요.

(1) 你去不去银行?
(2) 你吃没吃过中国菜?
(3) 你曾经去过九寨沟吗?
(4) 你曾经在北京住过吗?
(5) 中国画你没学过吗? / 你没学过中国画吗?

Unit 9 　동작이나 행위의 대상에 대해 물을 때

2 아래의 대화를 완성하세요.

(1) 你想喝点什么(酒)?
(2) 他想买什么裤子?
(3) 朋友后天过生日，送他什么礼物好?
(4) 我和他第一次见面，说什么好?
(5) 您要哪一件衬衫?

3 단어를 이용하여 문장을 만들어 보세요.

(1) 你要做什么?
(2) 我们听什么好?
(3) 你要告诉谁?
(4) 你现在去哪儿?
(5) 你正在看什么?

Unit 10 　동작이나 행위의 진행 방식에 대해 물을 때

2 아래의 대화를 완성하세요.

(1) 你怎么去学校?
(2) 请问，超市怎么走?

(3) 坐飞机吧。
(4) 怎么提高汉语水平?
(5) 机场很远，我们怎么去好?

3 단어를 이용하여 문장을 만들어 보세요.

(1) 怎么去饭店?
(2) 去故宫怎么走?
(3) 你怎么回学校?
(4) 衣服怎么穿好?
(5) 我们怎么去好?

Unit 11 동작이나 행위의 주체나 사물의 소속에 대해 물을 때

2 아래의 대화를 완성하세요.

(1) 这是谁的汉语书?
(2) 谁去过上海?
(3) 谁会打篮球?
(4) 小丽。
(5) 谁当班长合适?

3 단어를 이용하여 문장을 만들어 보세요.

(1) 这是谁的词典?
(2) 谁去找小李?
(3) 谁去好?
(4) 谁去交钱?
(5) 什么人去买票好?

Unit 12 일정한 특징을 가진 사람이나 사물에 대해 물을 때

2 아래의 대화를 완성하세요.

(1) 穿红衣服的那位是谁?
(2) 在你们班，谁汉语最好?
(3) 林白。
(4) 一个摇滚歌星。
(5) 那个最高的运动员就是姚明。

3 단어를 이용하여 문장을 만들어 보세요.

(1) 谁是他的哥哥? / 他的哥哥是谁?
(2) 你的弟弟是哪位? / 哪位是你的弟弟?
(3) 哪位是这里的导游? / 这里的导游是哪位?
(4) 谁最喜欢睡觉?
(5) 谁课本最多?

Unit 13 어디에 무엇이 있는지 물을 때

2 아래의 대화를 완성하세요.

(1) 宿舍里有什么?
(2) 有老虎，斑马，熊猫等等。
(3) 教室里有什么?
(4) 你的房间里有什么?
(5) 学校门口的南边有什么?

3 단어를 이용하여 문장을 만들어 보세요.

(1) 箱子里有什么?
(2) 书包里有什么东西?
(3) 你的房间里有什么?
(4) 图书馆里放着什么?
(5) 书店旁边正在建什么?

2. 추측과 검증하기

Unit 14 사람의 이름을 추측할 때

2 아래의 대화를 완성하세요.

(1) 你是王老师吗?
(2) 你是小王吗?
(3) 是的，我姓张。/ 不，我姓金。
(4) 是的，我是。/ 不，我不是。
(5) 你是从北京来的张老师吧?

3 단어를 이용하여 문장을 만들어 보세요.

(1) 你是小吴吗?
(2) 你是不是姓唐?

(3) 你是赵医生吧?
(4) 你是小孙吧?
(5) 你是不是韩教授?

Unit 15 사람의 신분을 추측할 때

2 아래의 대화를 완성하세요.

(1) 你是老师吗?
(2) 对，我是。/ 不，我不是。
(3) 你是不是老板?
(4) 不，我在这里已经工作两年了。/
    是的，我是。
(5) 你妈妈是老师吧?

3 단어를 이용하여 문장을 만들어 보세요.

(1) 他是汉语老师吗?
(2) 你是不是韩国学生?
(3) 你姐姐是导游吧?
(4) 你哥哥是不是司机?
(5) 你是演员吧?

Unit 16 사람의 이력을 추측할 때

2 아래의 대화를 완성하세요.

(1) 你是中国人吧?
(2) 你是不是南方人?
(3) 对，我是三星公司的工人。/
    不，我不是。
(4) 不是，我是从意大利来的。/
    是的，我是从美国来的。
(5) 你是从上海来的吧?

3 단어를 이용하여 문장을 만들어 보세요.

(1) 你是德国人吗?
(2) 他是不是天津人?
(3) 你是广州人吧?
(4) 你是不是从美国来的?
(5) 他是加拿大人吧?

Unit 17 시간을 추측할 때

2 아래의 대화를 완성하세요.

(1) 你们明天是八点开始考试吧?
(2) 今天是不是1月1号?
(3) 你是6点起床的吗?
(4) 是的，我明年要去美国。
(5) 大概一个小时。

3 단어를 이용하여 문장을 만들어 보세요.

(1) 我们是明天去故宫吗?
(2) 飞机是8点到北京吗?
(3) 会话课是不是10点开始?
(4) 我们12点左右去吃饭。
(5) 电影大概8点开始。

Unit 18 장소에 대해 추측할 때

2 아래의 대화를 완성하세요.

(1) 这是你的宿舍吗?
(2) 你是从中国来的吧?
(3) 不，这是部法国电影。
(4) 是的，是图书馆。/
    不，不是图书馆。
(5) 二楼是卖儿童衣服的吧?

3 단어를 이용하여 문장을 만들어 보세요.

(1) 这是时代酒吧吗?
(2) 你是从商店买的吗?
(3) 这里是不是电影院?
(4) 这是英语教室吧?
(5) 这是经理办公室吧?

Unit 19 구체적 사물을 추측할 때

2 아래의 대화를 완성하세요.

(1) 是的，是巧克力。
(2) 是的，这是旗袍。
(3) 这是韩国泡菜吗?
(4) 这是留学生公寓吗?

(5) 不，女厕所在那边。

3 단어를 이용하여 문장을 만들어 보세요.

(1) 这是烤鸭吗?
(2) 那手表是不是你的?
(3) 那是旗袍吧?
(4) 这是不是你的电子词典? /
   这电子词典是不是你的?
(5) 这是你的衣服吧? /
   这衣服是你的吧?

Unit 20 일에 대하여 추측할 때

2 아래의 대화를 완성하세요.

(1) 对，我们都很喜欢中国电影。
(2) 不，我一会再去图书馆。
(3) 是的，我是要去打篮球。
(4) 你今天是不是不在学校?
(5) 对，王老师住院了。
(6) 看(起)来晚上得熬夜了。

3 단어를 이용하여 문장을 만들어 보세요.

(1) 你们是在开会吗? /
   是你们在开会吗?
(2) 你看过京剧吗?
(3) 他是不是病了?
(4) 你刚刚起床吧?
(5) 看(起)来你又迟到了。

Unit 21 사물의 성질, 특징, 역할(기능) 및 수량에 대해 추측할 때

2 아래의 대화를 완성하세요.

(1) 不，这件毛衣是兔毛的。
(2) 泡菜是辣的吗?
(3) 对，青苹果很酸。
(4) 这间教室大概可以坐120人。
(5) 王老师身高1.8米左右。

3 단어를 이용하여 문장을 만들어 보세요.

(1) 你的衣服是黑色的吗?
(2) 词典是不是很有用?
(3) 他一定很聪明吧?
(4) 这个教室大概有20平方米。
(5) 这件衣服看(起)来很贵。

Unit 22 다른 사람의 감정에 대해 추측할 때

2 아래의 대화를 완성하세요.

(1) 你是不是不舒服?
(2) 是的，我对京剧不太感兴趣。/
   不，我对京剧很感兴趣。
(3) 你对学汉语感兴趣吗?
(4) 我对北京的印象非常好。/
   北京给我留下了非常好的印象。
(5) 你看起来心情不错。

3 단어를 이용하여 문장을 만들어 보세요.

(1) 他是不是饿了?
(2) 你对汉语(有)感兴趣?
(3) 你对饭店的印象好吗?
(4) 他看来心情很好。
(5) 这家酒吧给你的印象好吗?

Unit 23 행위나 동작의 방식을 추측할 때

2 아래의 대화를 완성하세요.

(1) 你是坐公共汽车去的吧?
(2) 你是打电话跟他联系的吗?
(3) 你是打电话告诉他的吧?
(4) 对，我是坐飞机来韩国的。/
   不，我是坐船来韩国的。
(5) 你是打电话订的飞机票吗?

3 단어를 이용하여 문장을 만들어 보세요.

(1) 你是跑来这儿的吗?
(2) 你是不是骑自行车去商店的? /
   你是不是骑自行车去的商店?
(3) 你是打电话订的火车票吧?
(4) 你是不是躺着看的书?

(5) 你是坐火车去的吧?

Unit 24　행위나 동작을 발생시킨 이유나 목적에 대해 추측할 때

2 아래의 대화를 완성하세요.

(1) 你是来北京旅游的吧?
(2) 不，他是来找李老师的。
(3) 你来上海是看朋友的吗? /
    你是来上海看朋友的吗?
(4) 对，我昨天因为不舒服没来上课。
(5) 是的，我是来买飞机票的。/
    不，我是来查航班信息的。

3 단어를 이용하여 문장을 만들어 보세요.

(1) 他是来旅游的吗?
(2) 他是不是来工作的?
(3) 你是来吃饭的吧?
(4) 你是来交作业的吧?
(5) 你是不是来看书的?

Unit 25　사물의 소속에 대해 추측할 때

2 아래의 대화를 완성하세요.

(1) 那手机是你的吧?
(2) 不，我的书包是黑色的。
(3) 那是你们班的汉语老师吗?
(4) 这是不是你的中文书?
(5) 这是小王的电子词典吧?

3 단어를 이용하여 문장을 만들어 보세요.

(1) 这是你家的狗吗?
(2) 那是不是你的杯子?
(3) 这是你的床吧?
(4) 这是不是他的书包?
(5) 那是你的孩子吧?

Unit 26　두 대상 간의 공통점의 유무를 추측할 때

2 아래의 대화를 완성하세요.

(1) 你的书包也是红色的吗?
(2) 对，我和哥哥都考了第一名。
(3) 你的车跟小王的车颜色一样吗?
(4) 不，王老师的汉语水平比我高。
(5) 你们的书价钱差不多吧?
(6) 我觉得它比那家更干净。

3 단어를 이용하여 문장을 만들어 보세요.

(1) 你们都是英国人吗?
(2) 日语和韩语一样吗? /
    韩语和日语一样吗?
(3) 你跟他都喜欢中国菜吧? /
    他跟你都喜欢中国菜吧?
(4) 他和她差不多高。/
    她和他差不多高。
(5) 我像爸爸一样喜欢打篮球。

Unit 27　어떤 장소에 누가 혹은 무엇이 있는지 추측할 때

2 아래의 대화를 완성하세요.

(1) 教室有电脑吗?
(2) 这家饭馆是不是有烤鸭?
(3) 房间里有电脑。
(4) 我们学校有足球场吧?
(5) 没有，家里的菜昨天吃完了。

3 단어를 이용하여 문장을 만들어 보세요.

(1) 你有房子吗?
(2) 这里是不是有茉莉花茶?
(3) 同学们都在车里吧?
(4) 教室里是不是有学生?
(5) 办公室里有老师吧?

3. 확인하기

Unit 28 이름을 확인할 때

2 아래의 대화를 완성하세요.

(1) 他是张老师吗？
(2) 对，我是小王。
(3) 你好，我是朱莉。
(4) 你好，我是余男，见到你很高兴！
(5) 你好，认识你很高兴！

3 단어를 이용하여 문장을 만들어 보세요.

(1) 他是王小明。
(2) 这是张老师。
(3) 这位是老李。
(4) 你是孙先生。
(5) 这是杰夫。

Unit 29 신분을 확인할 때

2 아래의 대화를 완성하세요.

(1) 我是汉语老师。
(2) 不，他是副校长。
(3) 你好，我是王小明的母亲。
(4) 你是这里的老板吗？
(5) 你是英语老师？

3 단어를 이용하여 문장을 만들어 보세요.

(1) 他是警察。
(2) 他是出租车司机。
(3) 这位是张秘书。
(4) 他姐姐是汉语老师。
(5) 这是银行经理。

Unit 30 이력을 확인할 때

2 아래의 대화를 완성하세요.

(1) 不，我是中国人。
(2) 对，我是南方人。
(3) 不，我是北京师范大学的学生。
(4) 你是日本留学生吗？
(5) 我的汉语老师是中国人。

3 단어를 이용하여 문장을 만들어 보세요.

(1) 他是天津人。
(2) 我最好的朋友是河北人。
(3) 我的姐姐是科技大学学生。
(4) 她是这家公司的员工。
(5) 他的爷爷是英国人。

Unit 31 시간을 확인할 때

2 아래의 대화를 완성하세요.

(1) 今天是星期二。
(2) 我的生日是7月16号。
(3) 我是去年夏天去北京旅行的。
(4) 他是什么时候第一次去中国的？
(5) 我是三年前开始学汉语的。

3 단어를 이용하여 문장을 만들어 보세요.

(1) 现在是10点。
(2) 我是6点吃晚饭。
(3) 这是他昨天交的作业。
(4) 他是下午2点离开的。
(5) 我是5月5号去上海的。

Unit 32 장소를 확인할 때

2 아래의 대화를 완성하세요.

(1) 那是图书馆。
(2) 商场二层卖女士皮鞋。
(3) 王老师的办公室在隔壁。
(4) 上个月我去云南丽江旅行了。
(5) 体育馆在操场东面。

3 단어를 이용하여 문장을 만들어 보세요.

(1) 这儿是酒吧。
(2) 那个地方是办公室。
(3) 香蕉是广东产的。
(4) 那是北京大学的留学生公寓。
(5) 北京是我最喜欢的城市。/
我最喜欢的城市是北京。

Unit 33 구체적인 사물을 확인할 때

2 아래의 대화를 완성하세요.

(1) 那是旗袍。
(2) 我送给老师一双绣花鞋。
(3) 那叫春联。
(4) 那是美洲豹。
(5) 它叫小雪。

3 단어를 이용하여 문장을 만들어 보세요.

(1) 这是爸爸的钱包。
(2) 桌子上是他的信。
(3) 我们叫它牡丹花。
(4) 中国人叫它旗袍。
(5) 我最喜欢的菜是中国菜。

Unit 34 사건을 확인할 때

2 아래의 대화를 완성하세요.

(1) 晚上我们班的学生是要去唱歌。
(2) 中午我是要去食堂吃饭。
(3) 我是1998年从北京大学毕业的学生。
(4) 他是在准备明天的考试。
(5) 对，明年夏天我是要去北京。

3 단어를 이용하여 문장을 만들어 보세요.

(1) 他是在说笑话。
(2) 我们是要包饺子。
(3) 我姐姐是去买飞机票。
(4) 他是腿不好。
(5) 我们是去上课。

Unit 35 사물의 성질, 특징, 작용을 확인할 때

2 아래의 대화를 완성하세요.

(1) 不，美式足球是橄榄形的。
(2) 川菜味道很辣。
(3) 这是治感冒的药。
(4) 现在北京的天气还是很热。
(5) 是呀，因为听说那座楼皇帝曾经住过。

3 단어를 이용하여 문장을 만들어 보세요.

(1) 苹果是甜的。
(2) 这是便宜的衣服。
(3) 教室还是很脏。
(4) 空调曾经坏过。
(5) 汉语还是很难。

Unit 36 과거에 발생한 행위나 동작을 확인할 때

2 아래의 대화를 완성하세요.

(1) 是的，我吃过中国菜。
(2) 是的，我曾经去过长城。
(3) 我没有见过熊猫。
(4) 我听说过那位明星。
(5) 我没看过那部2008年最流行的电视剧。

3 단어를 이용하여 문장을 만들어 보세요.

(1) 我曾经去过故宫。
(2) 他没有去过天津。
(3) 我曾经看过那本书。
(4) 他曾经卖过衣服。
(5) 我曾经丢过钱包。

Unit 37 생각이나 사고를 통한 선택을 확인할 때

2 아래의 대화를 완성하세요.

(1) 今天我们还是吃中国菜吧。
(2) 想了半天，我还是决定把这件事告诉老师。
(3) 想来想去，明年夏天我们还是去马尔代夫旅行吧。
(4) 想了很久，我打算在国内读书。
(5) 周末我打算出去运动。

3 단어를 이용하여 문장을 만들어 보세요.

(1) 我还是去看电影。
(2) 他还是不去医院。

(3) 我还是在饭店吃饭。
(4) 我还是想当老师。
(5) 他还是喜欢钱。

Unit 38　어떤 사람이나 사물의 공통점을 확인할 때

2 아래의 대화를 완성하세요.

(1) 刘翔也是中国运动员。
(2) 小张和小王都是二班的学生。
(3) 那座白色的楼也不是留学生宿舍。
(4) 在中国，大学不都是八点开始上课。
(5) 这些都是我的作业。

3 단어를 이용하여 문장을 만들어 보세요.

(1) 北京也是夏天很热。/
　 北京夏天也是很热。
(2) 他们都是师范大学学生。
(3) 他们都喜欢花。
(4) 他也不是有钱人。
(5) 我们都不是学生。

Unit 39　어떤 장소에 어떤 물건이 있는지 확인할 때

2 아래의 대화를 완성하세요.

(1) 这里没有网吧。
(2) 没有，现在我只有圆珠笔。
(3) 当然，这个楼里有厕所。
(4) 是的，这所学校有留学生。
(5) 这儿有韩国饭馆。

3 단어를 이용하여 문장을 만들어 보세요.

(1) 我有词典。
(2) 他们有学生证。
(3) 公园里有牡丹花。
(4) 这有很多衣服。
(5) 这有一家水果店。

Unit 40　사물의 소속(소유)관계를 확인할 때

2 아래의 대화를 완성하세요.

(1) 这是我的狗。
(2) 那是朱莉的电脑。
(3) 不，那是她的宿舍。
(4) 这是何总的手机。
(5) 对，他是我们班的学生。

3 단어를 이용하여 문장을 만들어 보세요.

(1) 那衣服是我的。
(2) 这是2班教室。
(3) 那是他的钱包。
(4) 这位是小李的妈妈。
(5) 这是他的自行车。

Unit 41　범위를 확인할 때

2 아래의 대화를 완성하세요.

(1) 除了周三以外，每天都有汉语课。
(2) 除了周四以外，她都没有时间。
(3) 还有德国，意大利和希腊。
(4) 除了寒假和暑假以外，韩国大学每个月都要上课。
(5) 除了周末以外，学校的图书馆每天都开门。

3 단어를 이용하여 문장을 만들어 보세요.

(1) 房间里除了空调以外，还有电视。/
　 房间里除了电视以外，还有空调。
(2) 他除了姐姐以外，也有妹妹。/
　 他除了妹妹以外，也有姐姐。
(3) 除了他以外，我们都是学生。
(4) 除了学习以外，我还去旅游。
(5) 除了茶以外，这些都是酒。/
　 除了酒以外，这些都是茶。

4. 서술하기

Unit 42 곧 발생할 행위동작을 서술할 때

2 아래의 대화를 완성하세요.

(1) 下课以后我想去运动。
(2) 我想吃饺子。
(3) 我要去中国学汉语。
(4) 电影就要开始了。
(5) 对，今年夏天我要去中国旅行了。

3 단어를 이용하여 문장을 만들어 보세요.

(1) 我想睡觉。
(2) 我想吃烤鸭。
(3) 我们要看电影。
(4) 现在就要下雨了。
(5) 飞机就要起飞了。

Unit 43 현재 진행 중인 동작을 서술할 때

2 아래의 대화를 완성하세요.

(1) 小王在喝咖啡。
(2) 昨天晚上8点我在看电影。
(3) 去年8月，我在打工。
(4) 对不起，我不知道你看着书呢。
(5) 你打电话的时候，我正洗澡呢。

3 단어를 이용하여 문장을 만들어 보세요.

(1) 李老师正在做菜。
(2) 我的同桌正在听音乐。
(3) 我正在开着车。
(4) 他正笑着。
(5) 他正在吃着饭呢。

Unit 44 과거에 이미 발생한 동작을 서술할 때

2 아래의 대화를 완성하세요.

(1) 我洗了衣服，还看了部电影。
(2) 我已经吃过饭了。

(3) 没有，昨天晚上我去唱歌了。
(4) 他在中国已经三年了。
(5) 现在都十二点了，快睡吧。
(6) 我听过中国音乐。

3 단어를 이용하여 문장을 만들어 보세요.

(1) 他已经休息了。
(2) 我喝完咖啡了。
(3) 现在已经12点了。
(4) 都2点了。
(5) 我曾经学过法语。

Unit 45 한쪽이 다른 한쪽에 의해 진행되는 동작을 서술할 때

2 아래의 대화를 완성하세요.

(1) 自行车给撞坏了。
(2) 我请王老师帮我辅导汉语。
(3) 小李让我在这等她一会儿。
(4) 王老师叫我去他办公室。
(5) 大雨会使很多航班都延误的。

3 단어를 이용하여 문장을 만들어 보세요.

(1) 小狗给孩子们抓住了。
(2) 电脑让我用坏了。
(3) 哥哥请我照顾爷爷。
(4) 老师叫我回学校。
(5) 大雨使我感冒了。

Unit 46 한 쪽의 행동이 다른 한쪽의 동작에 도움을 줌을 서술할 때

2 아래의 대화를 완성하세요.

(1) 母亲节我给妈妈买了一束康乃馨。
(2) 我去给爸爸买药。
(3) 张老师去给学生补习功课。
(4) 服务员为我们打扫房间。
(5) 我可以为父母做顿饭。

3 단어를 이용하여 문장을 만들어 보세요.

(1) 我给小王送去200块钱。
(2) 我给妈妈买了一件衣服。/
    妈妈给我买了一件衣服。
(3) 老师给留学生上汉语课。
(4) 我为他洗衣服。/
    他为我洗衣服。
(5) 他为我复习汉语。/
    我为他复习汉语。

Unit 47 쌍방이 공통으로 진행하는 행위나 동작을 서술할 때

2 아래의 대화를 완성하세요.

(1) 我要和妹妹(一起)去马尔代夫旅行。
(2) 不，我和男朋友一起去中国旅行。
(3) 我要请小王帮个忙。
(4) 我约张老师谈学习的事。
(5) 我们晚上8点在公园见面。

3 단어를 이용하여 문장을 만들어 보세요.

(1) 我和他去旅游。/ 他和我去旅游。
(2) 爸爸和妈妈一起散步。
(3) 朋友请我喝咖啡。/ 我请朋友喝咖啡。
(4) 小王约他去北京。/ 他约小王去北京。
(5) 我和女朋友约会。/ 女朋友和我约会。

Unit 48 두 사람 혹은 여러 사람이 같은 동작을 하는 것을 서술할 때

2 아래의 대화를 완성하세요.

(1) 我也要去图书馆，咱们一起去吧。
(2) 我也去过北京。
(3) 我也听懂了王老师讲的语法。
(4) 当然了，我们都听说过姚明。
(5) 我也喜欢看电视。

3 단어를 이용하여 문장을 만들어 보세요.

(1) 他也来过北京。

(2) 我也8点上课。
(3) 我们都7点起床。
(4) 他们都去图书馆。
(5) 朋友们都喜欢喝酒。

Unit 49 다른 사람에게 미치는 동작의 대상을 서술할 때

2 아래의 대화를 완성하세요.

(1) 我送给老师一支钢笔。
(2) 朋友送了我一条漂亮的裙子。
(3) 我要送给妈妈一件自己织的毛衣。
(4) 我希望你送我一辆自行车。
(5) 我带了一束鲜花送给他。

3 단어를 이용하여 문장을 만들어 보세요.

(1) 我送他一个苹果。/ 他送我一个苹果。
(2) 老师给他一本词典。/
    他给老师一本词典。
(3) 姐姐送给我一件衣服。/
    我送给姐姐一件衣服。
(4) 弟弟给我一副眼镜。/
    我给弟弟一副眼镜。
(5) 哥哥送给女朋友一个钱包。/
    女朋友送给哥哥一个钱包。

Unit 50 혼자 진행하는 동작을 서술할 때

2 아래의 대화를 완성하세요.

(1) 去。/ 不去。
(2) 我在想送什么礼物给王浩，明天是他的生日。
(3) 没有，我还在想。
(4) 我想要一部新手机。
(5) 我不喝咖啡，我要一杯茶吧。

3 단어를 이용하여 문장을 만들어 보세요.

(1) 我在学汉语。
(2) 我在想穿什么衣服。
(3) 同学们要听力课本。

(4) 他想看什么?
(5) 学开车要很多钱。

Unit 51 소식의 근원을 서술할 때

2 아래의 대화를 완성하세요.
 (1) 我听说他病了。
 (2) 听说他非常有钱。
 (3) 我听他的朋友说的。
 (4) 据说，他就是咱们的新校长。
 (5) 据朋友说，北京的冬天又干又冷。

3 단어를 이용하여 문장을 만들어 보세요.
 (1) 听说他喜欢牛奶。
 (2) 据说，明天会下雪。
 (3) 听他说，小李病了。
 (4) 据医生说，吃水果好。
 (5) 听小王爸爸说，他出国了。

Unit 52 원치 않지만 반드시 하게 되는 동작을 서술할 때

2 아래의 대화를 완성하세요.
 (1) 我身体不好，不得不坚持锻炼。
 (2) 我还没有完成工作，不得不熬夜。
 (3) 服务员正在打扫，我不得不等一会儿。
 (4) 我不会做饭，丈夫又出差了，我不得不在外面吃了。
 (5) 我的胃病又犯了，医生说不能吃生冷的，水果只好先不吃了。

3 단어를 이용하여 문장을 만들어 보세요.
 (1) 他只好休息。
 (2) 我只好去银行取钱。
 (3) 我不得不打电话通知。
 (4) 他不得不晚上学习。
 (5) 他不得不去上海。

Unit 53 어떤 사람이 사람, 일, 물건에 대한 의견을 서술할 때

2 아래의 대화를 완성하세요.
 (1) 对我来说，走路去学校太浪费时间了。
 (2) 在我看来，运动才是健康的减肥方法。
 (3) 对我来说，看电影才是一种享受。
 (4) 对我来说，周末睡觉才是一种很好的放松方式。
 (5) 据专家说，一日三餐都很重要。

3 단어를 이용하여 문장을 만들어 보세요.
 (1) 对爷爷来说，运动更好。
 (2) 对他来说，吃肉不好。
 (3) 在老师看来，听力最难。
 (4) 在姐姐看来，孩子最重要。
 (5) 在他看来，钱最有用。

5. 묘사하기 I

Unit 54 동작의 조건을 묘사할 때

2 아래의 대화를 완성하세요.
 (1) 我早上8点上课。
 (2) 我们在学校门口见吧。
 (3) 你在教室等我吧。
 (4) 我坐飞机去。
 (5) 我打电话告诉他。

3 단어를 이용하여 문장을 만들어 보세요.
 (1) 他7点起床。
 (2) 我在图书馆学习。
 (3) 我们坐车去医院。
 (4) 老师打电话通知他。
 (5) 小王用毛笔写字。

Unit 55   동작의 결과를 묘사할 때

2 아래의 대화를 완성하세요.

   (1) 听懂了。/ 没(有)听懂。
   (2) 整理好了。/ 没有。
   (3) 还行。/ 一般。
   (4) 打开了。/ 没有。
   (5) 交了。/ 没有。

3 단어를 이용하여 문장을 만들어 보세요.

   (1) 小张把房间打扫干净了。
   (2) 他已经搬走了。
   (3) 他跑得很快。
   (4) 他汉语说得很好。
   (5) 他把我弄哭了。/ 我把他弄哭了。

Unit 56   동작의 가능성을 묘사할 때

2 아래의 대화를 완성하세요.

   (1) 吃得了。/ 吃不了。
   (2) 做得完。/ 做不完也得做。
   (3) 看得懂。/ 能看懂百分之七十。
   (4) 能去，我已经复习好了。/
       不行，我还得再看看书。
   (5) 不算太贵，买得起。/
       太贵了，买不起。

3 단어를 이용하여 문장을 만들어 보세요.

   (1) 这件衣服我买得起。/
       我买得起这件衣服。
   (2) 法语他看不懂。/ 他看不懂法语。
   (3) 汉语他们听得懂。/ 他们听得懂汉语。
   (4) 这么多菜我们吃不完。/
       我们吃不完这么多菜。
   (5) 房间我进得去。/ 我进得去房间。

Unit 57   동작의 수량이나 시간을 묘사할 때

2 아래의 대화를 완성하세요.

   (1) 我在实验室工作了一整天。
   (2) 做了两个半小时。
   (3) 一天吃两次。
   (4) 买了两条裙子，一条裤子。
   (5) 有点儿大。/ 有点儿小。

3 단어를 이용하여 문장을 만들어 보세요.

   (1) 今天我坐了三次车。/
       我今天坐了三次车。
   (2) 我喝了一点儿水。
   (3) 汉语有点儿难。
   (4) 说一说你的意见。
   (5) 我买了三本书。

Unit 58   동작의 방향을 묘사할 때

2 아래의 대화를 완성하세요.

   (1) 因为警察过来了。
   (2) 他回家去了。
   (3) 他上课去了。
   (4) 应该站起来。
   (5) 知道了，我马上就下去。

3 단어를 이용하여 문장을 만들어 보세요.

   (1) 他向我跑来。
   (2) 同学们进教室去了。
   (3) 电脑从桌子上掉下去了。
   (4) 小王从办公室走出来。
   (5) 他从座位上站起来了。

Unit 59   동작의 목적을 묘사할 때

2 아래의 대화를 완성하세요.

   (1) 我是为了多了解一些中国的传统文化。
   (2) 为了锻炼身体。
   (3) 我猜是为了挣钱买房子。
   (4) 为了能和朋友打一会儿篮球。
   (5) 我想他是为了省钱。

3 단어를 이용하여 문장을 만들어 보세요.

   (1) 为了考试，他没有睡觉。
   (2) 为了照顾妹妹，姐姐要去北京工作。
   (3) 为了买房子，小李努力工作。

(4) 为了吃早饭，我很早起床了。
(5) 为了过生日，我早早走了。

6. 묘사하기 Ⅱ

Unit 60 사람이나 사물의 성질과 상태를 묘사할 때

2 아래의 대화를 완성하세요.

(1) 挺大的。/ 不大。
(2) 我喜欢聪明开朗的女孩儿。
(3) 很满意，因为我的房间每天都打扫得很干净。
(4) 当年非常漂亮。
(5) 有一张单人床，一个大衣柜，一张写字台和一个书架。

3 단어를 이용하여 문장을 만들어 보세요.

(1) 我的房间干干净净的。
(2) 他戴着一副眼镜。
(3) 水果曾经便宜过。
(4) 我没有紧张过。
(5) 床上放着3件衣服。
(6) 学生们在宾馆里住着。

Unit 61 내적인 감정을 묘사할 때

2 아래의 대화를 완성하세요.

(1) 很喜欢。/ 不太喜欢。
(2) 有时候想。/ 不想。
(3) 我不同意你的看法，我觉得都很重要。
(4) 北京很大，也很现代。
(5) 幸亏妈妈让我带雨伞了。

3 단어를 이용하여 문장을 만들어 보세요.

(1) 他很想家。
(2) 妈妈同意我的看法。
(3) 他给我留下了很好的印象。
(4) 他竟然感冒了。

(5) 幸亏我看书了。

Unit 62 내적인 바람이나 희망을 묘사할 때

2 아래의 대화를 완성하세요.

(1) 我还希望今年的假期能长一点呢。
(2) 是啊，真希望雨尽快停下来。
(3) 我希望能去海南玩一圈。
(4) 我希望能考上北大。
(5) 他希望涨20%。

3 단어를 이용하여 문장을 만들어 보세요.

(1) 他希望你把女儿带来。
(2) 女儿希望爸爸给买布娃娃。
(3) 李明希望留在北京工作。
(4) 希望得到高分数。
(5) 希望找一份新工作。

Unit 63 동시에 진행되는 동작을 묘사할 때

2 아래의 대화를 완성하세요.

(1) 我一边吃饭一边看电视。
(2) 不喜欢。
(3) 有时我一边听音乐一边看新闻。
(4) 很不安全，我从不那样。
(5) 不喜欢，那样对别人不尊敬。

3 단어를 이용하여 문장을 만들어 보세요.

(1) 我一边走路一边打电话。
(2) 妈妈一边洗衣服一边聊天。
(3) 爸爸一边看报纸一边喝茶。
(4) 老师一边讲课一边写字。
(5) 我一边走路一边喝水。

7. 부정

Unit 64 현재 진행 중이거나 이미 진행된 행위를 부정할 때

2 아래의 대화를 완성하세요.

(1) 对不起，我有课，不能去。
(2) 没去，我去了韩国饭馆。
(3) 不能，今天的作业太多了。
(4) 我没买过。
(5) 我没见过。

3 단어를 이용하여 문장을 만들어 보세요.

(1) 我没看见小李。
(2) 他不喝酒。
(3) 他没把钱包带来。
(4) 我没有吃过烤鸭。
(5) 他没去过上海。

Unit 65 시간을 부정할 때

2 아래의 대화를 완성하세요.

(1) 我不是8点开始上课的。
(2) 我们学校不是9月开学的。
(3) 我不是去年开始学习汉语的。
(4) 他不是1990年出生的。
(5) 我不是6岁就学会骑自行车的。

3 단어를 이용하여 문장을 만들어 보세요.

(1) 他不是7点起床的。
(2) 我们不是星期二去长城的。
(3) 电脑不是昨天刚买的。
(4) 我不是4点下课的。
(5) 我不是5月去旅游的

Unit 66 방향과 장소를 부정할 때

2 아래의 대화를 완성하세요.

(1) 我不是从美国南部来的。
(2) 我不是在学校门口的麦当劳吃的午饭。
(3) 他不是在北京见到他爱人的。
(4) 小王不是在伦敦开始学习画画的。
(5) 成龙不是在美国开始拍电影的。

3 단어를 이용하여 문장을 만들어 보세요.

(1) 我不是从北京来的。
(2) 钱包不是在教室找到的。
(3) 他不是从窗户进来的。
(4) 我不是在家里吃的早饭。
(5) 衣服不是放在箱子里的。

Unit 67 행위나 동작의 방식을 부정할 때

2 아래의 대화를 완성하세요.

(1) 我不是开车去机场接妈妈的。
(2) 我不是走路去学校的。
(3) 张老师不是骑自行车来上课的。
(4) 我们不是坐飞机去北京的。
(5) 我不是打电话跟朋友聊天的。

3 단어를 이용하여 문장을 만들어 보세요.

(1) 他不是坐汽车去的。
(2) 妈妈不是写信告诉他的。
(3) 他不是走路回家的。
(4) 他不是用筷子吃的饭。
(5) 他不是用铅笔写的信。

Unit 68 행위나 동작의 목적을 부정할 때

2 아래의 대화를 완성하세요.

(1) 我不是来北京学习汉语的。
(2) 我每天跑步不是为了减肥。
(3) 我不是为了让妈妈高兴。
(4) 我不是为了买到便宜的东西。
(5) 我不是为了到中国公司工作。

3 단어를 이용하여 문장을 만들어 보세요.

(1) 我们不是来喝茶的。
(2) 他们不是来上课的。
(3) 妈妈不是来买菜的。
(4) 我们不是来玩的。

(5) 他们买电脑不是为了打游戏。

| Unit 69 | 어떤 사람이 어떤 물건을 소유하고 있음을 부정할 때 |

2 아래의 대화를 완성하세요.
(1) 我没有汉韩词典。
(2) 教室里没有空调。
(3) 我房间里没有电视。
(4) 他没有上次汉语考试的题目。
(5) 网上没有这首歌的歌词。

3 단어를 이용하여 문장을 만들어 보세요.
(1) 他没有钱包。
(2) 我现在没有学生证。
(3) 饭馆旁边没有书店。
(4) 公园里没有小狗。
(5) 教室里没有空调。

| Unit 70 | 부정과 동시에 정정할 때 |

2 아래의 대화를 완성하세요.
(1) 不是小王，是小张。
(2) 不是可乐，是橙汁。
(3) 不是流行音乐，是古典音乐。
(4) 不是红色的，是黑色的。
(5) 不是美国，是德国。

3 단어를 이용하여 문장을 만들어 보세요.
(1) 他不是起床，是睡觉。/
    他不是睡觉，是起床。
(2) 我们不是上课，是开会。/
    我们不是开会，是上课。
(3) 我不是喝咖啡，是喝茶。/
    我不是喝茶，是喝咖啡。
(4) 哥哥不是去旅游，是回家。/
    哥哥不是回家，是去旅游。
(5) 我们不是去唱歌，是去跳舞。/
    我们不是去跳舞，是去唱歌。

8. 찬성(반대)

| Unit 71 | 찬성이나 반대를 할 때 |

2 아래의 대화를 완성하세요.
(1) 行。/ 不行，我朋友明天来看我，我们后天去吧。
(2) 行，咱们今天就去吧。/
    不行，我最近比较忙。
(3) 可以，你随便穿。/
    不行，我也要穿。
(4) 好吧，听你的。/
    我不同意，咱们还是省点儿钱吧。
(5) 行，但别回来太晚。/
    不行，放学回家先写作业。

3 단어를 이용하여 문장을 만들어 보세요.
(1) 好吧，我们看电影。
(2) 妈妈同意我去美国。
(3) 他同意去酒吧喝酒。
(4) 他不同意去上海。
(5) 走吧，我们去吃饭。

9. 제안(조언)

| Unit 72 | 제안이나 조언을 할 때 |

2 아래의 대화를 완성하세요.
(1) 我建议先别取消，天气预报有时不准。
(2) 早点儿休息吧。
(3) 我建议你去看医生，好好休息。
(4) 是啊，得抓紧时间复习了。
(5) 你不妨试一试，挺好的。

3 단어를 이용하여 문장을 만들어 보세요.
(1) 你是不是打个电话问问？
(2) 你得吃药了。
(3) 别关门，太热了。
(4) 你该看书了。

(5) 老师建议我吃早饭。/
我建议老师吃早饭。

Unit 73   부정적인 제안이나 조언을 할 때

2 아래의 대화를 완성하세요.

(1) 我去告诉他，别看电视了。
(2) 没有办法啊，都是工作上的事情。
(3) 你别生气，他的脾气你又不是不知道？
(4) 你别去了，你去了他肯定会发脾气。
(5) 你别去了，我替你去吧，他是让你去拿书的。

3 단어를 이용하여 문장을 만들어 보세요.

(1) 别生气了，生气对身体不好。
(2) 别忘了带上雨伞。
(3) 别听他说了，他的话不值得相信。
(4) 别再想了，事情都过去了。
(5) 别一直盯着电视看，眼睛会看坏的。

10. 평가하기

Unit 74   긍정적으로 평가할 때

2 아래의 대화를 완성하세요.

(1) 太雄伟了。
(2) 太棒了。
(3) 太好听了。
(4) 太漂亮了。
(5) 太好吃了。

3 단어를 이용하여 문장을 만들어 보세요.

(1) 这儿太舒服了。
(2) 中文歌太好听了。
(3) 妈妈的衣服太漂亮了。
(4) 那个孩子太可爱了。
(5) 那儿太美了。

Unit 75   부정적으로 평가할 때

2 아래의 대화를 완성하세요.

(1) 已经11点了，该睡觉了。
(2) 都四五十岁的人了。喝点儿酒怕什么。
(3) 太贵了，买不起。
(4) 太困了，让我再睡会儿。
(5) 太冷了，我怕冷。

3 단어를 이용하여 문장을 만들어 보세요.

(1) 已经三年了，应该回家了。
(2) 都6点了，快去打电话。
(3) 我太着急了。
(4) 那里太远了。
(5) 衣服太小了。

Unit 76   이성적으로 평가할 때

2 아래의 대화를 완성하세요.

(1) 很漂亮，只是有点儿小。
(2) 挺漂亮的，只是有点儿贵。
(3) 说得挺流利，只是声调有点儿问题。
(4) 挺冷的，只是很少下雪。
(5) 味道不错，只是有点儿贵。

3 단어를 이용하여 문장을 만들어 보세요.

(1) 他很聪明，只是有点懒。
(2) 茶很好喝，只是少了点。
(3) 作业做完了，只是有些累。
(4) 小王很想来，只是她没时间。
(5) 我不累，只是有点饿。

11. 비교하기

Unit 77   두 사물 간에 공통점이 있는지의 여부를 비교할 때

2 아래의 대화를 완성하세요.

(1) 红色的和蓝色的一样大。

(2) 我的车跟你的差不多。
(3) 我和你不一样，我喜欢去户外运动。
(4) 我家的车和你家的颜色一样。
(5) 他家像宾馆一样舒服。

3 단어를 이용하여 문장을 만들어 보세요.

(1) 弟弟和哥哥一样聪明。
(2) 我的课本跟他的一样。
(3) 英语和法语差不多。
(4) 这个和那个差不多大。
(5) 爸爸的笑容像阳光一样灿烂。

Unit 78 두 사물 중에 어느 한 쪽이 뛰어남을 나타낼 때

2 아래의 대화를 완성하세요.

(1) 姚明比乔丹高。
(2) 医生的工资比律师的还高。
(3) 苹果比西瓜还贵三元。
(4) 和你哥哥比，我哥哥更高一些。
(5) 和你比，我更喜欢在学校外的小店吃饭。

3 단어를 이용하여 문장을 만들어 보세요.

(1) 昨天比今天热。/
    今天比昨天热。
(2) 美国学生比英国学生多。/
    英国学生比美国学生多。
(3) 和中国菜比，我更喜欢韩国菜。/
    和韩国菜比，我更喜欢中国菜。
(4) 和听音乐比，他更喜欢看电影。/
    和看电影比，他更喜欢听音乐。
(5) 小李比小王有钱。/
    小王比小李有钱。

Unit 79 두 사물 간에 큰 차이가 없음을 나타낼 때

2 아래의 대화를 완성하세요.

(1) 我只跑了1,000米，没有你那么累。
(2) 我不如你，我只能写10个。
(3) 我家的房子不如你家宽敞，我家的只有90平米。
(4) 这家商店不如那家贵，那家商店的4块一斤。
(5) 英语没有汉语那么难。

3 단어를 이용하여 문장을 만들어 보세요.

(1) 看电影没有看书累。
(2) 衣服不如电脑贵。
(3) 今天不比昨天冷。/
    昨天不比今天冷。
(4) 坐火车没有坐飞机快。
(5) 英语没有汉语难。/
    汉语没有英语难。

12. 강조하기

Unit 80 시간을 강조할 때

2 아래의 대화를 완성하세요.

(1) 我是昨天下午5点到北京的。
(2) 我们是9月1日开学的。
(3) 小王是1990年出生的。
(4) 张老师是去年开始教汉语的。
(5) 王先生是昨天下午2点给你打电话的。

3 단어를 이용하여 문장을 만들어 보세요.

(1) 晚饭是6点做的。
(2) 电影是8点开始的。
(3) 我是过年回家的。
(4) 他是冬天去的。
(5) 小张是三月离开的。

Unit 81 방향과 장소를 강조할 때

2 아래의 대화를 완성하세요.

(1) 我是在韩国出生的。
(2) 我是在北京开始学习汉语的。
(3) 他是在美国开始喜欢流行音乐的。

(4) 小王是在中国认识李老师的。
(5) 这张照片是在中国拍的。

3 단어를 이용하여 문장을 만들어 보세요.

(1) 钱包是在教室里找到的。
(2) 衣服是在商场里买的。
(3) 我是在天津上中学的。
(4) 他的生日是在酒吧庆祝的。
(5) 我们是在大街上遇见的。

Unit 82 행위나 동작의 방식을 강조할 때

2 아래의 대화를 완성하세요.

(1) 我是骑自行车来上班的。
(2) 我是坐火车去北京旅行的。
(3) 小金是和李老师学好汉语的。
(4) 我是上网购买东西的。
(5) 他是用msn跟外国朋友联系的。

3 단어를 이용하여 문장을 만들어 보세요.

(1) 妈妈是坐汽车到的。
(2) 我是坐船走的。
(3) 他是用筷子吃的。
(4) 小李是看电视学的。
(5) 我是打电话订的。

Unit 83 목적을 강조할 때

2 아래의 대화를 완성하세요.

(1) 我是为了学习汉语来北京的。
(2) 他是为了看她妈妈去美国的。
(3) 他是为了在中国工作才学习汉语的。
(4) 我是为了买房子才这么努力工作的。
(5) 我是为了锻炼身体才每天起床那么早的。

3 단어를 이용하여 문장을 만들어 보세요.

(1) 他是来看书的。
(2) 我是来借书的。
(3) 小李是来过生日的。
(4) 他是因为下雨迟到的。

(5) 他是来工作的。

Unit 84 사물의 수량이나 행위, 동작의 횟수가 전혀 없음을 강조할 때

2 아래의 대화를 완성하세요.

(1) 我一首英文歌也不会唱。
(2) 我跟她一句话也没说过。
(3) 我哪儿也没去过。
(4) 我一口白酒都没喝过。
(5) 我今天什么也没吃。

3 단어를 이용하여 문장을 만들어 보세요.

(1) 他一件衣服也没买。
(2) 我一句汉语都不会说。
(3) 我什么都没想。
(4) 小张什么都听不见。
(5) 谁都不能看。

Unit 85 반드시 해야 하는 행위나 동작을 강조할 때

2 아래의 대화를 완성하세요.

(1) 你非做不可。
(2) 明天就要考试了，所以你非去上课不可。
(3) 只有你最合适，所以你非参加不可。
(4) 名单已经交给学校了，你非参加不可。
(5) 有信心，我非拿第一不可。

3 단어를 이용하여 문장을 만들어 보세요.

(1) 你非说不可。
(2) 他非来北京不可。
(3) 我非搬不可。
(4) 他非表演不可。
(5) 你非穿不可。

| Unit 86 | 어떤 상태가 전혀 존재하지 않음을 강조할 때 |

2 아래의 대화를 완성하세요.

(1) 我5点的时候刚吃过饭，一点儿也不饿。
(2) 我对这本书很感兴趣，一点儿也不累。
(3) 不适合她的年龄，一点儿也不漂亮。
(4) 没意思，一点儿都不好看。
(5) 不怎么样，一点儿都不好吃。

3 단어를 이용하여 문장을 만들어 보세요.

(1) 电影一点儿也不好看。
(2) 那首歌一点儿也不好听。
(3) 他一点儿也不聪明。
(4) 菜一点儿都不好吃。
(5) 我一点儿都不满意。

| Unit 87 | 어떤 사람, 사건, 사물의 특징이 일반적인 정도를 벗어났음을 강조할 때 |

2 아래의 대화를 완성하세요.

(1) 忙死了，连吃饭的时间都没有。
(2) 太好了，连老师都说他说得好。
(3) 太多了，连站票都没有。
(4) 太难了，连学习好的学生都说难。
(5) 太容易了，连小孩子都会做。

3 단어를 이용하여 문장을 만들어 보세요.

(1) 有的人连虫子都吃。
(2) 爸爸连吃饭的时间也没有。
(3) 他连一句话也不想说。
(4) 我连电脑也不会用。
(5) 小王连一句汉语都不会说。

| Unit 88 | 발생할 수 없거나 발생하지 말아야 할 상황을 강조할 때 |

2 아래의 대화를 완성하세요.

(1) 是啊，他怎么还不来呢？
(2) 可是老师怎么还不来呢？
(3) 可是怎么下雨了呢？
(4) 他怎么不高兴呢？
(5) 他怎么会不开心呢？

3 단어를 이용하여 문장을 만들어 보세요.

(1) 你怎么总是吃东西呢？
(2) 他怎么总是穿红衣服呢？
(3) 妈妈怎么还不休息呢？
(4) 老师怎么还不来呢？
(5) 小刘怎么还不交作业呢？

13. 변화하기

| Unit 89 | 변화를 나타낼 때 |

2 아래의 대화를 완성하세요.

(1) 从家到学校多远啊！
(2) 开始不害怕，后来越来越害怕。
(3) 她的汉语一天比一天好。
(4) 开始很难，可是后来越来越有意思。
(5) 中国的经济越来越好。

3 단어를 이용하여 문장을 만들어 보세요.

(1) 从昨天到今天累不累？
(2) 他越来越胖了。
(3) 我越看越喜欢。
(4) 他一年比一年高了。
(5) 饭馆的菜越来越好吃。

14. 시간의 지속과 공간의 확대

| Unit 90 | 시간의 지속과 공간의 확대 |

2 아래의 대화를 완성하세요.

(1) 从去年3月到今年3月刚好一年了。
(2) 从昨天下午1点到3点我在家写作业。
(3) 从这儿到公共汽车站不远。
(4) 我从8岁到现在一直学习汉语。

(5) 他从去年到今年一直在中国饭馆儿打工。

3 단어를 이용하여 문장을 만들어 보세요.

(1) 从你家到北京远吗？／
从北京到你家远吗？
(2) 从你房间到图书馆近吗？／
从图书馆到你房间远吗？
(3) 从这里到故宫有10站。
(4) 从8点到10点有课。
(5) 从昨天下午到今天中午都在家。

15. 관계

Unit 91　조건의 관계를 나타낼 때

2 아래의 대화를 완성하세요.

(1) 只要有假期我们就去旅行！
(2) 只要有机会就练习的话，才能学好汉语。
(3) 不是，只有会员才能进。
(4) 只要她父母同意就行了。
(5) 只要身高1米以上，就需要买票。

3 단어를 이용하여 문장을 만들어 보세요.

(1) 只要有钱，就可以买。
(2) 只要努力学习，就有好工作。
(3) 他只有生病，才不上课。
(4) 不管多大都要学习。
(5) 凡是学生都要学习。

Unit 92　가정의 관계를 나타낼 때

2 아래의 대화를 완성하세요.

(1) 如果努力工作，就能有一个光明的未来。
(2) 如果上了重点中学，就一定可以考上名牌大学。
(3) 如果多和中国朋友交谈，汉语水平就会提高。
(4) 他如果去了美国，就一定能见到他妈妈。
(5) 去吧，不会唱；不去吧，不好意思。

3 단어를 이용하여 문장을 만들어 보세요.

(1) 如果有钱，我就买车。
(2) 如果有时间，我就去旅游。
(3) 如果饿了，你就去吃饭。
(4) 如果生病了，你就去医院。
(5) 如果太累了，你就休息吧。

Unit 93　인과관계를 나타낼 때

2 아래의 대화를 완성하세요.

(1) 因为肚子疼，所以我没来上课。
(2) 因为最近没学习，所以汉语越来越差。
(3) 因为他想学好汉语，所以想去中国。
(4) 因为他考得很好，所以把成绩告诉了妈妈。
(5) 因为他准备好了，所以在看电视。

3 단어를 이용하여 문장을 만들어 보세요.

(1) 因为考试，所以看书。
(2) 因为感冒，所以去医院。
(3) 因为喝酒了，所以头疼。
(4) 他为我高兴。／我为他高兴。
(5) 妈妈为我担心。／我为妈妈担心。

Unit 94　병렬적 관계를 나타낼 때

2 아래의 대화를 완성하세요.

(1) 他的女朋友又高又漂亮。
(2) 我的汉字写得又大又工整。
(3) 那家商店的衣服又便宜又好看。
(4) 公园的老人们又唱歌又跳舞。
(5) 昨天的舞会又热闹又有意思。

3 단어를 이용하여 문장을 만들어 보세요.

(1) 他又饿又渴。／他又渴又饿。
(2) 小王又累又困。／小王又困又累。
(3) 教室又大又干净。／教室又干净又大。

(4) 他又跑又跳。/ 他又跳又跑。
(5) 衣服又便宜又漂亮。/
衣服又漂亮又便宜。

Unit 95 전환의 관계를 나타낼 때

2 아래의 대화를 완성하세요.
(1) 虽然很漂亮，但是很贵。
(2) 虽然路很宽，但是仍然经常堵车。
(3) 虽然下雨了，但是玩得很高兴。
(4) 虽然最近没时间，但是我会参加朋友的婚礼。
(5) 那家商店虽然很小，但是商品种类很多。

3 단어를 이용하여 문장을 만들어 보세요.
(1) 我有钱，但是不买车。
(2) 他有点懒，但是很聪明。
(3) 房间很小，可是舒服。
(4) 教室很大，但是没人。
(5) 我很俄，但是没下课。

Unit 96 순차적 관계를 나타낼 때

2 아래의 대화를 완성하세요.
(1) 我打算先喝咖啡，然后看电影，最后回家。
(2) 来中国以前我已经考过了HSK高级。
(3) 以前吃过几次中国菜。
(4) 到学校以后我先擦黑板，然后扫地。
(5) 要想保持眼睛健康，首先要注意眼睛休息，其次是注意补充维生素。

3 단어를 이용하여 문장을 만들어 보세요.
(1) 他去商场买衣服。
(2) 回家以后打电话给我。
(3) 我以前学过汉语。
(4) 先洗脸，然后睡觉。
(5) 我以前喜欢打篮球。

Unit 97 열거의 관계를 나타낼 때

2 아래의 대화를 완성하세요.
(1) 有的聊天，有的写作业。
(2) 有的看电影，有的打篮球。
(3) 有的喜欢下午做作业，有的喜欢晚上做作业。
(4) 一方面老师水平比较高，另一方面北京人比较热情。
(5) 一方面中国电影很有特点，另一方面可以多了解中国。

3 단어를 이용하여 문장을 만들어 보세요.
(1) 有的人漂亮，有的人聪明。
(2) 有的问题简单，有的问题容易。
(3) 有的时候冷，有的时候热。
(4) 有的苹果大，有的苹果小。
(5) 有的花红，有的花白。

Unit 98 점층의 관계를 나타낼 때

2 아래의 대화를 완성하세요.
(1) 我买了很多东西，不但买了衣服，还买了化妆品。
(2) 是啊，不但喜欢吃，而且喜欢做。
(3) 不是，除了中文书，还有外文书。
(4) 很多，除了食品，服装，还有书，家电。
(5) 早起既健康，又让人有精神。

3 단어를 이용하여 문장을 만들어 보세요.
(1) 苹果既大又甜。
(2) 我不但渴而且俄。/
我不但饿而且渴。
(3) 除了书还有词典。/
除了词典还有书。
(4) 我洗脸了还刷牙了。/
我刷牙了还洗脸了。
(5) 他既是老师也是班主任。

Unit 99 양보의 관계를 나타낼 때

2 아래의 대화를 완성하세요.

(1) 哪怕再忙，我也参加。
(2) 当然，哪怕下雨，我也来看比赛。
(3) 时间哪怕再少，我也能完成任务。
(4) 哪怕只复习了1个词语，我也能通过。
(5) 哪怕明天天气不好，我们也去爬山。

3 단어를 이용하여 문장을 만들어 보세요.

(1) 即使很热，我也不开空调。
(2) 哪怕你很俄，也不能吃饭。
(3) 即使没有票，我也要回家。
(4) 哪怕不睡觉，我也要做完。
(5) 那怕错了，你也要说汉语。